21世纪职业教育规划教材·公共事业系列

社会工作导论

主　编　赵钦清　田奇恒
副主编　沈　菊　王小丽
参　编　程　娟　陈　虹
　　　　何　静　唐娇华

北京大学出版社
PEKING UNIVERSITY PRESS

内 容 简 介

本书系统阐述了社会工作的工作手法，介绍了社会工作在我国不同领域中的运用及成果，探讨了社会工作在我国发展的趋势与方向。与目前已有教材相比，本书紧扣我国社会工作实践发展现状，注重理论联系实际，汇集了近10年来我国社会工作实践中的典型案例，并通过体验活动等内容的设计立体多元地体现了"入门教材"的作用。

本书不仅可以作为高职院校社会工作及相关专业的教科书，也可以作为社会工作专业本科自考考生、社会工作助理师资格证考生、社会服务与管理有关部门的在职工作人员，以及对社会工作专业感兴趣的社会人士的参考读物。

图书在版编目(CIP)数据

社会工作导论/赵钦清，田奇恒主编.—北京：北京大学出版社，2016.8
（全国职业教育规划教材·公共事业系列）
ISBN 978-7-301-26795-0

Ⅰ.①社… Ⅱ.①赵…②田… Ⅲ.①社会工作—高等职业教育—教材 Ⅳ.①C916

中国版本图书馆 CIP 数据核字（2016）第 009863 号

书　　　名	社会工作导论
著作责任者	赵钦清　田奇恒　主编
责 任 编 辑	陈斌惠　郗泽潇
标 准 书 号	ISBN 978-7-301-26795-0
出 版 发 行	北京大学出版社
地　　　址	北京市海淀区成府路 205 号　100871
网　　　址	http://www.pup.cn　新浪微博:@北京大学出版社
编辑部邮箱	zyjy@pup.cn
总编室邮箱	zpup@pup.cn
电　　　话	邮购部 62752015　发行部 62750672　编辑部 62765126
印 刷 者	三河市北燕印装有限公司
经 销 者	新华书店
	787 毫米×1092 毫米　16 开本　16 印张　349 千字
	2016 年 8 月第 1 版　2023 年 8 月第 6 次印刷
定　　　价	35.00 元

未经许可，不得以任何方式复制或抄袭本书之部分或全部内容。
版权所有，侵权必究
举报电话：010-62752024　电子信箱：fd@pup.pku.edu.cn
图书如有印装质量问题，请与出版部联系，电话：010-62756370

本书为民政部 2013 年度福利彩票公益金社会福利企事业单位管理人才培养支持项目成果

前　言

为回应中央 19 部门所颁布的《社会工作专业人才队伍建设中长期规划（2011—2020年）》的第七项重点工程，即"分类制定社会工作培训课程大纲，形成一批针对性、实务性和科学性强的社会工作培训教材"，我们主要针对理论学习基础相对薄弱的高职院校社会工作专业学生及社会服务与管理有关部门的在职工作人员编订本教材。本教材实务性强，案例丰富，希望通过有别于其他教材的编排方式，提高读者对社会工作的兴趣，激发读者的学习热情，提高不同层次读者的学习效果，从而推动我国社会工作专业人才队伍建设。

本书定位为社会工作专业的入门教材，主要为打算从事或了解社会工作的学生或社会人士提供整体性的介绍与引入。目前，社会工作概论类型教材较多，但整体来说理论性强，分析生硬，内容枯燥。对于职业教育学生或社会普通人士而言，生动活泼的语言和深入浅出的分析才能帮助他们更好地了解社会工作，进而才能产生继续学习或从事社会工作专业/行业的兴趣和动机。为此，本书在编写过程中精减了同类教材中单纯描述、过于烦琐的内容，并在内容的设计上采用了案例导入、图片展示、社会热点事件讨论、社会工作实践经验介绍等多种方式配合理论内容，引入了不拘一格的版面设计。

本书的编写成员分别来自高校或社会工作专业机构，单元一"认识社会工作"由田奇恒、赵钦清编写；单元二"了解社会工作的常用工作手法"由赵钦清、王小丽、唐娇华编写；单元三"熟悉社会工作服务领域：不同的群体"由赵钦清、沈菊、唐娇华编写；单元四"熟悉社会工作服务领域：组织与机构"由何静、程娟、赵钦清编写；单元五"社会工作的未来"由陈虹、田奇恒编写。特别要提出的是，单元五中任务二"社会工作行业发展的未来"由上海青翼社会工作服务中心主任陈虹撰写，对其在百忙中抽出时间参与本书的编写，深表感谢。

由于本书编写时间紧张，编者能力有限，疏漏之处在所难免，恳请广大读者批评指正。

编　者
2016 年 2 月于重庆

目 录

单元一 认识社会工作 ……………………………………………………… (1)
　　任务一　何谓社会工作 ……………………………………………… (1)
　　任务二　社会工作从何而来 ………………………………………… (9)
　　任务三　社会工作的主要理论观点 ………………………………… (19)
　　任务四　社会工作的价值观与专业伦理 …………………………… (34)

单元二 了解社会工作的常用工作手法 ………………………………… (47)
　　任务一　个案社会工作 ……………………………………………… (47)
　　任务二　团体社会工作 ……………………………………………… (66)
　　任务三　社区社会工作 ……………………………………………… (84)
　　任务四　社会工作行政与研究 ……………………………………… (93)
　　任务五　个案管理 …………………………………………………… (102)

单元三 熟悉社会工作服务领域：不同的群体 ………………………… (108)
　　任务一　儿童社会工作 ……………………………………………… (108)
　　任务二　青少年社会工作 …………………………………………… (121)
　　任务三　老年社会工作 ……………………………………………… (133)
　　任务四　残疾人社会工作 …………………………………………… (150)

单元四 熟悉社会工作服务领域：组织与机构 ………………………… (165)
　　任务一　家庭社会工作 ……………………………………………… (165)
　　任务二　学校社会工作 ……………………………………………… (175)
　　任务三　企业社会工作 ……………………………………………… (190)
　　任务四　医务社会工作 ……………………………………………… (204)
　　任务五　司法社会工作 ……………………………………………… (216)

单元五 社会工作的未来 ………………………………………………… (223)
　　任务一　社会工作教育的发展历史与趋势 ………………………… (223)
　　任务二　社会工作行业发展的未来 ………………………………… (233)

参考文献 …………………………………………………………………… (247)

认识社会工作

单元介绍

认识和理解社会工作是成为社会工作者的第一步,本单元将通过介绍社会工作的主要内容、发展历史、理论观点等方面展示社会工作的内涵,并帮助学生了解成为一名合格的社会工作者需要具备的素养与知识。

单元目标

1. 理解社会工作的内涵。
2. 认同社会工作的价值理念。

任务一　何谓社会工作

R 任务描述

本项任务通过引导学生阅读案例、参与体验活动等方式帮助学生了解以下两个问题:
1. 如何界定社会工作?
2. 社会工作有何意义?

D 导入案例

贫困学生4年只修完1门课　资助人欲起诉索善款

2003年8月10日,万州《三峡都市报》以《考上北大研究生　为挣学费当"扁担"》(记者注:"扁担"即扛扁担在街头下力挣钱)为题,报道了万州区太龙镇原岭坪村学生段某的故事。报道称,段某家庭贫困,2003年从河北秦皇岛的燕山大学机械工程学院毕业,被北京大学软件学院录取为软件工程硕士研究生，需要入学费用4.96万元。为了赚够学费，他只得冒着酷暑，和父亲一道走上万州街头，当起了"扁担"。

在万州经营小生意的开县人李富华看到了这篇报道，主动联系段某并资助了他学费。经《三峡都市报》报道，先后有数百人参与了资助行动。段某曾表示："自己完成学业后，一定要用真才实学回报社会，回报那些曾经帮助过自己的人们！"

但李富华慢慢发现这名受资助的学子缺少感恩之心：在走进北大校园后，他除了要钱，从不给自己打电话。2003年2月，由于很久没有得到段某的消息，李富华主动打电话给段某，谁知电话已经停机。后来他辗转找到北京大学软件学院了解情况，得知段某早已不在校读书，且与学校已失去联系。4年时间，段的研究生课程共12门，他却只修完了其中1门，5年学时，最后一年已不可能学完剩下的11门课程。

李富华经过多方打听得知，段某退学后，自己创业，并已经在万州购置了一套住房。深感自己的善良被欺骗的李富华一怒之下将段某告上法庭，要求索回自己4年中资助段某上学的钱。

(资料来源：http://news.sohu.com/20070730/n251309922.shtml，有改动。)

案例思考

1. 为什么李富华要将段某告上法庭？
2. 帮助他人需要专门的方法和技巧吗？
3. 助人的最终目标是什么？

体验活动

在教室的地面上画出两条相隔3米的直线代表河流，请一位同学扮演需要过河的盲人，其他同学扮演路人。请路人列出帮助盲人过河的方法，教师根据路人列出的方法帮助盲人过河。

活动结束后：

1. 请扮演盲人和路人的同学分别谈谈对于活动的体会。
2. 讨论所有的方法中哪些方法是可行的，哪些方法是不可行的，为什么？

知识链接

一、社会工作的界定

（一）社会工作的定义

社会工作，是指福利部门和服务机构针对个人、团体、社区、组织、社会等与其外在环境的不当互动而形成的弱势情况,利用专门的方法和技术,协助当事人改变或推动环境,促进两者的适应性平衡的专职性的活动。

社会工作由四个要素构成:一是工作对象(服务对象、案主或当事人)。社会工作的对象包含个人、团体、社区、组织、社会等多个层面。虽然社会工作开始将普通人士和强势人士纳入服务范畴并主要针对其弱势领域,但是弱势人士始终是社会工作的最初对象和核心对象。二是服务提供者。社会工作一般而言由福利部门和服务机构实施,社会工作者是关键力量。三是目标。社会工作旨在促进人与环境的"适应性平衡"。其基础目标是发挥治疗性功能,帮助解决人与环境互动不当引发的问题。其中间目标是满足个人和社会的需要,使其更好地发挥社会功能。其最终目标是消减不公平,维护社会公正。四是手段。社会工作认为人与环境的失衡源于两者的不当互动,其原因可能在于人,也可能在于环境。因此,实现目标的手段可以是助人自助而帮助当事人提高能力,可以是推动社会环境的重新组合,也可以是上述两者的综合运用。

在社会实践中,可以将社会工作理解为一个专业,一门科学,一门艺术,一种制度,它是通过社会工作实践活动帮助人们解决个人、群体和社区的问题,并帮助人们获得满意的人际关系、群体关系和社区关系。社会工作的焦点是"人与环境"的互动,帮助个人、团体、社区增强或恢复其社会功能。因此,助人是社会工作的本质所在,在实际生活中,并不是有爱心就能够真正地帮助人,盲目的帮助只能使受助人产生依赖心理,而不能解决根本问题。社会工作中的助人是指通过帮助使受助人能够自助的活动或行为,"与其授人以鱼,不如授人以渔"表达的正是这个道理。另外,真正了解受助人的困难和所需是助人的前提,如何做到切实了解受助人的情况,需要社会工作者具有丰富的实践经验和扎实的专业知识。

(二)社会工作的类型

1. 按服务对象的生理和社会特征分类

社会工作的对象包括有困难的个人或人群。按服务对象的生理特征分类,社会工作可以分为儿童社会工作、少年社会工作、青年社会工作和老年社会工作。除了上述类别外,按社会特征,社会工作还可分为妇女社会工作、残疾人社会工作。此外,还有针对有困难退伍军人的军人社会工作,针对失足青少年的矫治社会工作等。

2. 按服务对象遇到的困难分类

社会工作是帮助人们解决困难、从事正常生活的服务活动。服务对象的困难是社会工作者面对的直接任务。因此,按服务对象遇到的困难分类更能反映社会工作的范围及其功能。服务对象所遇到的困难大致可以分为如下几个方面。

(1)生活方面的问题。生活方面的问题包括因身体不适或身患疾病而难以自理,因心理发育不健全或受挫折而形成的自我封闭和心理失调,因婚姻变故或家庭成员冲突而造成的家庭关系不和,儿童无人抚养、老人无人赡养、赡养方面出现问题,住房紧张影响正常生活等。

（2）就业方面的问题。就业关系一个人的安身立命，是其社会地位和经济地位的重要依托。就业方面的问题现在已成为全社会共同关注的问题，具体包括失业或待业，就业中的性别歧视，工伤、劳资关系不协调，职工合法利益未能得到保护，退休金不足或退休后的福利、医疗缺乏保障等。

（3）个人行为方面的问题。个人行为失范不但会对他人和社会造成伤害，而且也不利于个人的发展。因此，改变某些偏差行为也是社会工作的任务。其中包括吸毒、酗酒、赌博和犯罪等。

3. 按工作手法分类

按照工作手法分类，社会工作可以分为个案工作、小组工作、社区工作、社会工作行政管理、社会政策和社会工作研究等。

（1）个案工作。个案工作以符号互动论为基础，以个人或家庭为服务对象，是社会工作者与服务对象的单对单互动。其目的在于协助人们解决依靠本身能力和资源无法解决的问题，运用专业知识、方法和技巧去协助失调者，改善其环境，增进服务对象与社会环境的适应性平衡。例如，针对缺乏求职技巧者可以采用行为修正方法，针对求职的错误想法可以采用认识治疗法，针对情感问题可采用情感治疗法等。

（2）小组工作。小组工作以群体动力论等理论为基础，凭借小组工作者的协助和引导，小组成员在各种社区机构的小组中发生互动，建立关系，并以个人能力与需求为基础，获得成长的经验，最终达成个人、小组、社区的发展目标。例如，专项学习训练可以采用发展型小组方法，糖尿病人的知识训练可以采用教育型小组等。

（3）社区工作。社区工作以社会发展、社会计划等理论为基础，是以社区及其成员整体为对象的介入手法。它通过组织成员有计划地参与集体行动，解决社区问题，满足社区需要。在参与过程中，让成员建立社区归属感，培养自助、互助和自决的精神，加强其社区参与及影响决策的能力和意识，发挥其潜能，最终实现更公平、民主及和谐的社会。例如，灾后重建可以采用地区发展模式，帮助失业者就业可采用社会规划模式等。

（4）社会工作行政管理。社会工作行政管理是机构成员将社会政策转化为社会服务的连续的、动态的社会行动过程，通过该过程将社会政策转化为具体社会服务，并使用实务经验来修正政策。例如，最低社会保障政策的落实和执行就是以社会工作行政为基础的。

（5）社会政策。社会政策是通过项目改变政策，通过社会行动改变环境，目标是防止和解决机构、社区及社会的问题，改善社区资源和社会服务。例如，西部大开发战略就是针对地区经济发展不平衡而出台的社会政策。

（6）社会工作研究。社会工作研究是获取知识和发现事实的过程。在此过程中，社会工作及其他领域的理论和实务工作者使用社会研究方法，收集和分析与社会工作有关的资料，协助达成社会工作目标。研究内容和研究目标与社会工作有关是其根本特征。例如，服务对象的需求评估、结果评估等就要采用社会工作研究。

4. 按社会工作的特点分类

社会工作是帮助人们从事正常生活的活动，它以社会弱势人士为主要对象。在现代社会，社会工作的范围进一步扩展，以致包括社会大众遇到的所有问题。从工作内容的特点这一角度着眼，社会工作可以分为救助、帮助和发展三种类型。救助是救人于危难的活动，如贫困、吸毒等；帮助是就一般困难而言的，是一般意义上的服务（如就业）；发展则是在受助人自认为面对未来能力不足的情况下社会工作给予的帮助，包括增长知识、增强处理人际关系能力、提高社会适应能力等。

当然，每种问题并不是独立存在的，如一名失业者同时可以是生活贫困者也可以是一名失范青年，所以，每种类型的社会工作也不是独立存在的，在实际工作中，我们往往需要综合运用多方面的工作类型。

（三）社会工作学科与其他学科的关系

社会工作所涉及的是一个非常广阔的社会生活空间，是一种十分复杂的社会行动。因此，社会工作与众多社会科学学科都有密切关系。这些学科包括哲学、社会学、社会心理学、政治学、经济学、伦理学等。

1. 社会工作与哲学的关系

哲学是关于世界观的学问，可以解释人类生存的意义，对人生目标提供指导，对个人、他人和社会规划提供准则，因而可以为社会工作提供理念和观察认识世界的工具。社会工作也受哲学的影响，保守主义、自由主义和激进主义等关于人类本质、个人行为、家庭、社会系统、政府和经济系统的不同观点对社会工作有重要影响。伦理是人们对善恶美丑的判断。社会工作发展史表明，人道主义、宗教伦理、民主公平理念、社会达尔文主义等是社会工作的重要基础，对社会工作由慈善到制度的转变发挥了重要作用。对人和社会的偏好、对社会工作工具价值的认识，使得社会工作区别于其他学科和专业。在社会工作实务面临困境时，哲学和价值论也是指导解决困境的重要指南。

2. 社会工作与社会学的关系

在社会工作实践中，社会工作与社会学有着十分特殊的关系。社会学是以社会整体为对象，研究社会关系与社会行为、社会结构及其功能、社会变迁及其原因，并揭示其规律的社会科学。社会学所要解决的基本问题是个人与社会（群体）的关系问题，即人们怎样组成社会，社会又如何运行以满足其成员的需要，并由于两者之间的张力而导致社会变迁。在许多国家，社会工作最初都是蕴涵在社会学之中，这一现象至今仍非常普遍。在我国的学科建设中，社会工作就是作为应用社会学而得到发展的。19世纪末20世纪初，当大量的社会问题导致社会工作产生的时候，也是社会学的繁盛时期。当时西方主要的社会问题基本上都是由于剧烈的社会变迁引起的，社会工作者采取了社会学的研究方法，从社会结构和社会制度中寻找问题的症结和解决问题的方法，这样，社会学的许多经典理论和实证方法便成了社会工作者最牢靠的知识背景。社会学研究社会问题和社会关系，结构功能理论、冲突理论等都是宏观社会工作的基础。社会工作虽然处处离不开社会学的痕迹，但二者的侧重点有所不同。社会学重在探讨原因，研究的是人们怎样、何时、为什么在一定的情境下作出行动，旨在发现社会问题，研究人们的行为，尽全力了解人们之间的互动关系，从而为解决问题提供参考。社会工作则在把握原因的基础上重点解决问题和满足需要，在了解人们行为的同时，更关注的是如何帮助人们解决问题，如何帮助人们提升他们的社会功能。

3. 社会工作与社会心理学的关系

社会心理学是研究在社会因素的影响下社会心理现象的发生条件及规律的科学。社会心理学自产生以来有两种取向：一是以心理学为基础发展起来的社会心理学（从自然科学的角度出发，通过实验方法探究人们心理发展的规律）；二是以社会学为基础发展起来的社会心理学（从社会现象出发，研究它对人们的心理乃至行为的影响）。人是生活在一定的社会环境之下，其行为和观念在一定程度上也是受到社会环境的影响和制约的。因此，研究环境如何改变或影响人的行为观念，对于更好地帮助他人是十分关键的。这也是社会工作与社会心理学关系密切的原因之一。

早期的社会工作受到社会心理学的重大影响，特别是20世纪30年代，弗洛伊德关于人的行为受其早期生活经验影响等思想对个案社会工作的开展影响很大。在现代社会中，精神紧张和压力，心理自闭等心理疾病的突出使得社会心理学在社会工作中更为重要。心理学是微观社会工作的重要基础，社会工作与社会心理学在具体的工作中也有许多共同之处，社会工作者和心理学家们都致力于帮助人们解决与个人或群体相关的问题，帮助他们提高与他人交往的能力等。两者的区别在于，社会工作更注重从当事人身处的社会环境出发来分析问题，也更趋向于利用社会资源，如经济资源、物质资源等来帮助当事人脱离困境；而心理学则更多的是注重对病人潜意识和心理内部因素的分析，更多的是使用药品，采取住院治疗等手段来达到帮助病人的目的。

4. 社会工作与政治学的关系

政治学主要是研究权力的科学，它不但研究国家政治体制，而且也研究行政和日常生活中的权力动作过程。社会工作与政治学关系密切，社会工作者在实际的工作实践中，受助人（案主）往往是弱势群体，是社会的弱者，他们因为这样或者那样的原因被剥夺了应有的权利，或失去了相关权利，社会工作者就是要为这些弱势群体争取应有的权利，改善他们的生活环境或社会地位，实现社会公平。另外，社会政策既是国家政治的表现，也是宏观的社会工作方法。一方面，政府通过制定社会政策来表达立国的思想，另一方面，也通过落实这些社会政策赋予社会弱者以权利，从而达到促进社会稳定的目的。社会工作主要是通过参与制定和实施社会福利政策来促进社会弱者的福利，通过向社会权力机构部门和广大社会群体披露弱势群体的生存状态而期望引起他们的关注，进而制定有利于弱势群体的政策，并在实施社会政策的过程中充分关注弱势群体的参与，以实现他们的最大利益。因此，也可以说，社会工作在一定程度上是具体的政治活动。

5. 社会工作与经济学的关系

经济学是研究人类经济活动的科学，它通过研究生产、分配、消费过程来揭示经济规律。经济学与社会工作的关系集中体现于福利经济学对社会工作的影响。社会经济学主张社会物质财富的公平分配，即政府通过收入再分配使社会弱势群体得到好处，并认为这不但有利于社会弱势群体的生活，也有利于社会稳定。因此，将社会物质更多地用于福利事业是社会财富效用的最大化。社会福利经济学所倡导的是对社会工作给予更多的物质支持，这正是社会工作所需要的。在具体的社会工作实践中，社会工作者会使用到许多经济学知识，如社会救助中的家庭生计调查，社会保险服务中保费的计算等，社会经济活动中的核算，以及社会服务机构运行中的财务管理、人力资源管理、服务项目管理等方面，都与经济学有直接关系。

6. 社会工作与伦理学的关系

伦理学是研究人类行为对错、善恶的科学。从社会工作的起源看，慈善事业是从宗教伦理上发展起来的，而西方社会工作以资产阶级人道主义为旗帜，强调博爱、平等，强调对社会弱者的同情，这是伦理思想在社会工作理念层面的反映。另外，社会工作本身也带有浓厚的伦理色彩。社会工作的本质是助人，如果没有基本的伦理操守，没有爱心和同情心，根本无法成为一名合格的社会工作人员。

二、社会工作的功能

（一）恢复社会功能

恢复社会功能具体来说可以分为治疗功能和康复功能。治疗是消除导致社会功能失调的因素，康复是重组和重建互动模式。例如，治疗功能是指社会工作者会帮助一个丧失部分听力的孩子获得助听器，帮助一个失业者申请社会救助，或者帮助一个孤儿安置到寄养家庭中。而康复功能则可能是帮助获得助听器的孩子在心理上接受并习惯使用这一器具，帮助失业者在获得救助后提升自信、习得技能，从而真正摆脱困境，以及帮助孤儿适应他的新家。

（二）提供资源

提供资源既包括提供个人资源，又包括提供社会资源，目的是使受助对象获得更佳的社会功能。它可以划分为发展性和教育性两个类型的资源提供方式。发展性方式是使现有的社会资源得到更有效的使用，或是使个人的能力得以充分发挥以获得更佳的社会互动。家庭服务会提供的某些服务是这一类型工作的例证。例如，社会工作者通过个别会谈和联合会谈帮助一对夫妇更好地互相理解，并敞开心扉进行有意义的沟通。教育性方式是让公众了解为什么需要提供新的社会资源或改变社会资源的分配方式，以及这样做需要具备的前提条件。又如，社区服务就属于这一类型，社区社会工作者通过社区活动让社区居民了解社区可提供的资源有哪些，以及可以通过哪些途径获得这些资源。

（三）预防社会功能失调

预防社会功能失调包括及早发现、控制和消除有可能损害社会功能有效发挥的条件和情况。它可以分为两大类：一类是预防个人和群体互动中的问题；另一类是预防社会问题。以婚前辅导为例，它是要防止损害社会能力的个人和社会问题。这一服务旨在通过辅导让准夫妇预见到婚姻生活中会出现的问题，对婚姻深思熟虑并充分了解，避免因缺乏这方面知识所引发的问题。预防社会问题一般用于社区工作领域。又如，社区社会工作者会调动所有的社区组织和经济资源，以减少青少年越轨行为。这些活动包括建立一个青少年活动中心，聘请专业人员来中心工作，组建志愿者服务队帮助那些处于越轨边缘的青少年。

（四）维护基本权益

要维护社会公平，实现社会正义，就必须维护社会弱势群体的基本权益。社会弱势群体之所以会成为无法自立的人往往是因为被剥夺或失去了相应的社会权利。因此，社会工作在帮助社会弱势群体的过程中，为社会弱势群体伸张正义的同时就是维护了受助对象的基本权益。

阅读案例

妇女刺绣小组工作简报

2010年7月29日，刺绣小组负责人林福美及妇女代表姚良翠同师傅到成都荷花池购买培训所需的各类材料，回来后组织了第一次刺绣小组缝纫技能培训。培训第一天的主要内容是学习使用缝纫机，师傅拿出一块布，让妇女们在上面纵横交错地扎。开始妇女们都还积极，但是第二天来到绣坊得知还是培训使用缝纫机时，就觉得没什么兴趣了。活动组织者与师傅商量后，决定培训妇女制作一些简单的小物件，以此来提高妇女的积极性。因为做一些小物件，既能练习使用缝纫机，又能练习裁剪，同时比较容易出成果。此后，妇女参加培训的积极性果然提高了很多。

（资料来源：《中大社工服务中心&中大香港理大映秀社工站2010年7—8月工作简报》，有改动。）

思考题

1. 社会工作的本质是什么？
2. 我国社会工作与民政工作的关系是什么？

任务二　社会工作从何而来

任务描述

本项任务通过阅读与讨论引导学生了解并思考以下两个问题：

1. 社会工作是如何产生的？
2. 社会工作的发展经历了哪些历程？

导入案例

《中国慈善发展报告（2015）》发布

2015年6月12日，《慈善蓝皮书：中国慈善发展报告（2015）》在北京发布。

数据显示，2014年慈善公益事业取得丰硕成果。截至2014年年底，全国共有正式登记的社会组织60万个，比2013年度增长9.7%，全国直接登记的社会组织超过3万个。社会团体30.7万个，民办非企业单位28.9万个，基金会4044个，分别比2013年增长了6.2%、13.3%和13.9%。2013年，全国实际接受现金及物资的社会捐赠总量为954亿元。其中，货币及有价证券捐赠750.87亿元，物资捐赠折价203亿元。另有彩票公益金社会公益使用量为118亿元，当年志愿服务捐赠折算价值约412亿元。全核算社会捐赠总量为1484亿元。

蓝皮书指出，慈善会系统和基金会系统始终处于中国社会捐赠的主导型地位，约占中国慈善捐赠资源接收量的80%。基金会系统在发展过程中处于变革期，非公募基金会的增量已经由井喷期步入平稳增长期，公募基金会也在变革自身的收入结构，社会捐赠在基金会系统总收入中的占比已经发生微妙变化，逐步呈相对降低趋势。民政系统接收捐赠量相对降低，已经不足百亿元。

从捐赠源头来看，民营企业继续领衔"慈善捐赠脊梁"称号，超大额捐赠数量相对降低，无论是国企还是民企，都步入一种理性捐赠的状态，在继续布局各自公益慈善战略的路径上，组织化、捐赠委托、直接捐赠三种形态继续在浓厚的社会慈善氛围中发酵。

（资料来源：http://intl.cssn.cn/dybg/gqdy_gqcj/201506/t20150617_2038110.shtml，有删减。）

案例思考

1. 为什么近年来我国的慈善投入有如此大幅度的增长？
2. 根据本任务学习的内容，试分析慈善与社会工作之间的关系。

体验活动

请5位同学分别扮演"国王""乞丐""教育大臣""生产大臣""医疗大臣"，除"国王"之外，所有人拿着写有自己身份的纸面对面站成两排，"国王"手上拿着写有1千万元的卡纸向其他人走去，向每个人提问："你有什么需要？"扮演其他角色的同学根据自己的身份提出相应的需要，并尽可能地说服并打动"国王"以争取得到"国王"手中的资源。"国王"根据自己的判断作出最终的决定。

活动后分享：
1. 请扮演"国王""乞丐""大臣"的同学分别谈谈对于活动的体会。
2. 讨论现实社会中社会资源的分配是如何进行的。

知识链接

一、社会工作专业的产生和发展

社会工作学科的产生与许多社会科学学科一样，并不是预先设定的，而是在特定的历史条件下，应社会需要而产生的。社会工作产生并成为一门专业和学科是在18世纪中期至19世纪末期的西方欧美国家，其历史文化和当时的社会现实为社会工作提供了生长的土壤。

（一）欧美国家社会工作产生的历史背景

1. 思想渊源

（1）古希腊、古罗马和古希伯来的福利思想。古希腊、古罗马和古希伯来作为欧美国家思想的源头，与社会工作专业的产生和发展有着深厚的渊源。古希腊文化注重与他人分享以获得幸福，哲学家柏拉图的《理想国》便是宣扬平等自由的精神；古罗马宗教鼓励富人帮助穷人,把帮助穷人列为富人的宗教责任,富人通过帮助穷人获得尊敬;古希伯来人则强调公正地分配社会财富。这些思想的发展为社会工作专业在近代欧美国家的发展奠定了重要的思想基础。

(2) 基督教文化的熏陶。基督教的基本观念是"博爱",宣扬的是无条件的爱,不求回报的爱。爱亲人、爱朋友、爱陌生人甚至爱自己的敌人。基督教成为统治阶级的统治工具后,一方面虽然禁锢了民众的思想,另一方面也将博爱的信念深深地植入民众的内心,无形中推动了"利他主义"观念在民众中的普及与深入。人们在爱的感召下,自然对身边需要帮助的人伸出友情之手。

(3) 人道主义的价值观念。如果说古希腊、古罗马、古希伯来文明与基督教文化是社会工作的思想源头,那么,人道主义价值观念对社会工作的价值观更是有着积极的作用和直接的影响。人道主义是文艺复兴时期所提倡的以人为本的理念。它提倡人性的解放,呼吁人性的自由和平等,重视人的价值和尊严,认为人可以掌握自己的命运而不是神的奴仆。人道主义在启蒙运动中得到进一步的发展,也影响到自然科学和社会科学各门学科的形成和发展。

2. 直接动力

18世纪60年代,英国首先完成了工业革命。19世纪30年代以后,西欧主要国家法国、德国也相继完成了产业革命。这不但极大地促进了经济的发展,而且对这些国家的社会结构造成了巨大冲击。以前的那种人依附于土地的闭塞状态,以及自给自足的社会生活状态逐步消逝,而变为互相联系、互相依赖的状态;种种宗法关系被破坏无遗,金钱关系代替了一切;一切古老的关系及素来被尊崇的见解和观念被逐步消除,一切神圣的东西都被亵渎,一切固定的社会规范都逐渐解体,而一切新形成的关系尚未固定就陈旧了。大量的人口从农村涌向城市,社会生活在繁荣的同时变得动荡不安。社会问题层出不穷,贫穷、饥饿、失业、堕落充斥着社会的各个角落,面对这一切,许多人开始关注并致力于解决这些社会问题,以使社会摆脱病态。可以说,这是催生社会工作的直接动力。

(二) 社会工作的出现

18世纪末期至19世纪中期,为解决工业化所带来的社会问题,志愿性的社会工作开始出现。

1. 英国的伊丽莎白济贫法

英国是工业革命的发源地,受工业化及城市化的影响,其城市贫困问题也十分严重。为了解决当时的贫困问题,最先由教会开办了济贫事业。随着贫民的增多,教会财力入不敷出,政府逐渐接办了教会的工作。伊丽莎白执政以后,颁布了一些济贫法案,其中,以1601年的《济贫法案》(*Poor Law*)最著名。该法案正式承认政府有济贫责任,并建立了初步的救济行政制度与救济工作方法。

《济贫法案》有以下具体规定:(1) 每教区应向地主征收济贫税。(2) 贫民救济应由地方分区主办,每教区设立监察员若干名,中央政府设立监督人员。(3)有工作能力的贫民须参加工作,以工作换取救济。教区设有贫民习艺所供男女儿童习艺,教区也有义务代为介绍工作,或配给原料与工具,强制生产。(4)禁止无家可归者及无业游民行乞游荡,设立救贫所收容救济,强迫其在收容所工作。有家者给予家庭补助,使其仍在家居住。(5)人民有救济其贫穷家人或亲属的义务,贫民不能由家人或亲戚处获得扶养时再由教区救助;且救助对象也限于在该区出生者或最近在该区住满三年者。(6)把贫民分三类:体力健全者进入"感化院"或"习艺所"工作;不能工作者包括患病者、老年人、残废者、精神病患者及需抚育幼小子女的母亲们,令其入"救济院"或施予"院外救济";失依儿童包括孤儿、弃婴等则设法领养或寄养。

《济贫法案》为英国奠定了政府主持社会救济事业的方式。其中,教区须为所在地居民充实救济经费,为不能工作者及儿童准备粮食,为体力健全者准备工作。这些原则表明,政府真正接受了对无力自供者的救济义务,成为后来各国社会救助的依据。而政府的参与、专人的负责、院外救济的实施等做法,也已隐含了某些社会工作的观念与方法。

2. 德国的汉堡制和爱尔伯福制

德国也是工业化较早的国家,所遇问题与英国相似。为了解决贫困问题,德国汉堡市于1788年开始实行所谓"汉堡制"。该制度由布希教授起草,规定该市设一中央办事处,综合管理全市救济业务,全市分若干区,每区设监察员一名和赈济员若干名。救济方法为助人自助;为失业者介绍工作;把贫苦儿童送往职业学校习艺;把患病者送往医院诊治;对沿街乞食者不准施舍,取缔无业游民并不让贫民养成依赖习惯。该制度实施13年,取得了一定成效,但后来因为贫民不断增多和救贫人员不足而趋于衰落。

1852年,爱尔伯福市修正并改良了"汉堡制",提出了"爱尔伯福制"。该制度将全市分564段,每段约居民300人,其中贫民不得超过4人。每段设赈济员一名,综合管理济贫工作。求助者必须与赈济员接洽,赈济员要先到求助者家中做家境调查,查明确实需要才给予补助。补助后仍需每两个星期前往调查一次。发给赈济款必须是法定的最低标准,不许养成贫民的依赖心理。赈济员还负责办理段内有关贫穷的预防工作,如介绍职业、训练、管理游民等。赈济员为荣誉职务,由政府分派地方热心人士担任。全市每14段为一赈济区,每区设检察员一名,领导区内各段赈济员,并由区内14段联合组成一个赈济委员会,每两星期开一次会,由区监察员做会议主席,讨论有关全区赈济工作并制成报告或提案,提交由全市各区联合组成的中央委员会。中央委员会为全市最高救济机关,总体支配管理全市济贫所、医院及院外救济事项,两个星期开会一次。

德国的"汉堡制"和"爱尔伯福制"的做法有所不同,但是,它们都遵循着助人自助、不让贫民养成依赖心理等原则,并都有相应的济贫事业组织管理架构和程序。这些精神和做法对后来的社会工作制度与方法产生了深远的影响。

3. 英美的慈善组织会社

慈善组织会社(Charity Organization Society)于1869年在英国首次出现,1877年扩

展到美国,形成了一个风行英美的慈善组织会社运动。随着英国工业化的迅猛发展,失业人口日渐增多,加之《济贫法案》的实施并非尽如人意,因而人们对贫民问题更为关注,各种目标的慈善组织纷纷建立。他们征募捐款,救济贫民。由于这些组织缺乏联系协调,出现了相互冲突和重复浪费等现象。索里牧师有感于这种状况,建议成立理事会以协调政府与民间慈善组织的活动。于是,第一个慈善组织会社于1869年在伦敦成立。

慈善组织会社的目标是要把英国尤其是伦敦的慈善事业组织起来,使之密切配合,发挥最合理作用。第一,成立中央的管理与联系机构,并将伦敦划分为若干区,每区成立一个分支机构,每区设志愿委员会,主持救济分配工作。第二,各区办理区内所有救济机构受理申请救助案件的总登记,另特设询问部,供济贫法监护人、各慈善组织及个别慈善家收集有关申请救助者的资料,使同时向多个机构求助的职业乞丐暴露真相。第三,各区派员对所有申请案件进行个别详细调查。第四,提高救济款配额,使其能满足申请人的生活需要。

美国的第一个慈善组织协会于1877年在纽约布法罗成立,由于在人口稠密地区独立性的福利机构如雨后春笋般出现,迫切需要协调机构。随后,美国另一个社区福利机构——社会机构委员会成立。委员会的工作是专门收集资料,并阐明从中获得的社会需求、社会问题,以及解决方法方面的。

慈善组织会社对社会工作的产生有很大贡献。一方面,他们派友善访问员访问申请者,以了解其社会背景和确定应采取的措施。它强调调查后按个别情况对每一案件分别处理。这种个别化做法促使了个案工作的产生;另一方面,他们推动各救济机构、慈善组织为解决社区问题,采取协调合作的步骤,也为社区组织工作的产生奠定了基础。

4. 英美的睦邻组织运动

继慈善组织会社后,英美又兴起了睦邻组织运动(Settlement Movement)。自1884年英国在伦敦东区贫民区首创汤恩比馆(Toynbee Hall)后,美国也于1886年创立了睦邻组织。该运动源于英国维多利亚女皇时代,原因有两个:一是当时英国的社会科学研究者和社会工作者力图对社会问题进行实地研究和实际解决;二是发起人有感于产业革命和政治革命虽然促进了工业化和城市化,但同时造成了贫富分化。他们认为,让一些受过高等教育的人和贫民共同生活,不但可以使贫富打成一片,实现政治平等与民主,而且可以使贫民获得接受教育和享受文化生活的机会。同时,知识分子与贫民共同生活,可以促进对贫困问题的深入了解和合理解决。

在上述背景之下,巴尼特(Barnett)牧师1884年在伦敦东区贫民区首创了汤恩比馆。该地区为伦敦最贫困的教区之一,有许多失业者、患病者及住在污秽拥挤住宅里的人。于是,巴尼特发动当时就读于牛津、剑桥大学的学生前往该地服务贫民,与贫民共处,以便实际了解贫民生活情形,研究对策。当时,牛津大学经济学讲师汤恩比(Toynbee)与巴尼特志同道合,与贫民共同生活,为贫民服务,但不幸因肺病而死,年仅30岁。为纪念亡友的牺牲精神,并号召知识青年为贫民服务以继承汤恩比的遗志,巴尼特约集友人成立了社区睦邻服务中心，取名"汤恩比馆"，这也就是第一个睦邻组织。

第一座美国睦邻服务中心于1886年在纽约成立，三年后，芝加哥建立了最著名的睦邻服务中心——赫尔大厦，在它的带动下，类似的邻里服务中心很快出现在美国的其他城市。

睦邻服务中心有几个特点。第一，设于贫民区，备有宿舍，所有的工作人员与贫民共同生活，其口号为"工作者与工作对象相亲相爱"。第二，没有既定的工作计划，视居民实际需要开展工作。第三，尽量发动当地人力，培养其自动自发和互助合作的精神，为地方服务。第四，除了使社区睦邻中心成为当地的服务中心外，还尽量设法将本国及外国的文化介绍给当地居民，使之亦成为当地的文化中心。

睦邻组织运动对于社会工作的产生与发展有重要意义。它说明社会工作旨在寻求个人与社会生活的改善，工作方式应从个人与社会双方同时入手；社会工作应随时依据实际需要来安排工作，并应发动、组织或配合社会力量；社会工作应以整个社区为工作对象，并以促进全面的社会福利为目的；进行社会工作的方法，不仅可用于个案工作，而且可用于团体工作与社区组织。

英国《济贫法案》、德国"汉堡制"和"爱尔伯福制"、英美慈善组织会社和睦邻组织运动，以解决贫困问题为己任，解决社会问题和满足人们需要。从事该工作的既有民间团体，又有政府部门，工作对象主要为贫民，而且把服务传递给贫民的主要是志愿工作者。该时期的社会工作因此而被视为志愿性社会工作。

（三）社会工作专业的出现

随着社会工作实务的发展、训练和教育的演进以及专业组织的建立，社会工作日益走向专业化。19世纪末至20世纪初，社会工作在西方已进入专业发展的阶段，它表现为社会工作理论和基本方法的形成、社会工作专业培训和教育的发展及社会工作的专业组织的出现。

1917年，美国学者玛丽·E. 芮奇蒙德（Mary E. Richmond）发表《社会诊断》一书，试图使社会工作方法成为一套独立的知识。此后，她又发表了《什么是社会个案工作》，此后，社会个案工作作为一种专业方法被社会工作者普遍接受。到了20世纪30年代中期，个案工作一直是社会工作界普遍承认的唯一的工作方法。自20世纪20年代开始，小组工作被纳入社会工作训练课程，小组工作理论的建构也积极开展起来。到20世纪40年代中期，小组工作作为社会工作的专业方法之一被接受。另外，社区工作作为一种专业工作方法也逐步发展起来。起初它只是一种服务于个案工作的间接方法，后来，社区社会工作者形成了自己的专业团体，并运用自己的专门知识去解决社区中的问题，到20世纪60年代，社区工作已被正式承认为社会工作专业的一个基本方法。

19世纪末，社会服务机构开始关心其为贫民和独立人士服务的连续性。改善贫民状况协会和慈善组织会社从其建立之初就对志愿人员提供一些服务训练。1893年，在英国，由济贫院和慈善组织会社建立了一个两年制的"慈善训练"学校，开创了社会工作训练和教育的先河。1898年，美国慈善组织会社举办了为期6个星期的夏季训练课程，1910年后增至两年。1946年，美国社会工作教育审议会成立，该协会的成立统一了社会工作教育标准，促进了社会工作专业教育的发展，提高了社会工作的专业化水平，特别是社会工作专业教育的制度化，进一步提高了社会工作专业界对专业知识的垄断，从而使专业教育成为社会工作专业的入口。

社会工作专业组织的发展进一步强化了社会工作专业化的发展进程。美国于1918年成立了"美国义务社会工作者协会"，1919年成立了"美国学校社会工作者协会"，后来社区工作者和其他社会工作者也相继成立了自己的专业组织。1956年，在55个国家的专业社会工作人员协会的基础上成立了国际社会工作联盟，这个联盟的成立，使社会工作专业化的进程扩展到世界范围，而专业组织在世界范围的建立更推动了社会工作的专业化进程。

二、社会工作在中国的发展

（一）中国古代社会工作

1. 民间社会救济和社会救助

社会工作就其专业标准的角度来看，中国的社会工作专业发展只有短暂的历史，但从一般性助人活动来看，中国自夏商周时代就有了丰富的社会福利思想和社会救助实践。中国古代的社会福利思想是君主统治思想的一部分，是一种治国之策，但仍然为处于困苦境遇中的人们提供了一定程度的帮助。民间社会救济和社会救助具有强烈的自发性特征，它主要有如下几种形式。

（1）家族。在传统的、生产力水平低下的农耕社会，家庭是最基本的生产和生活单位。人们在日常生产生活中，为了提高生产力，获取充足的食物，同时，为了能互助互济，共同抵御因为自然灾害或疾病带来的困窘，有血缘关系的家庭或家族很自然地联系起来，共同从事农业生产，并进行合理的社会分工。

（2）同乡。在血缘关系无法顾及的情况下，人们因为同处一地，朝夕相处形成了浓厚的乡土观念，同乡、同村之间的帮助结成的地域关系成为提供生活安全保障的另一道安全网。

（3）行会。行会是中国传统社会特有的一种民间组织，是指有共同利益的人以行业为纽带结合起来，在维护同行的经济利益、调节商业纠纷、订立行规、训练学徒、介绍熟人寻求职业等方面，提供了经济照顾和服务，很大程度上免除了人们的后顾之忧。

（4）宗教。宗教是另一种不可忽视的民间社会救助力量。在中国民间，佛教和道教都有很强的影响力。佛教的济世渡人、乐善好施，道教的积功累德、安己利人等宗教道义在调节人与人和谐相处、教导教徒帮助他人、救济贫民方面发挥着重要的作用。例如，唐朝武则天长安年间（701—704年）设置的"悲田院""养病坊"等，主要收容孤儿、老人、穷人和生病的人，经费由官府支付，而管理则由寺院的僧尼来负责。

2. 政府的社会救助制度

（1）保息六政。据《周礼》记载，大司徒以保息六养万民，其中，"六养"就是指慈幼、养老、赈穷、恤贫、宽疾、安福，即爱护儿童，赡养老人，提供社会救助、医疗保健，维护社会安全等，可以说基本上涵盖了现代社会工作的主要内容。周朝还以本俗六安万民，即一曰微宫室，二曰族坟墓，三曰联兄弟，四曰联师儒，五曰联朋友，六曰同衣服。也就是说，住宅建设和精神伦理建设要并重。福利的真义应该是物质与精神兼有，整体和个体兼顾，政府与民众并举。为使民众能够生得其所、活得愉快、死得安全，不仅要慈幼、养老，而且还要赈穷、恤贫、宽疾、安富来配合。

（2）九惠之教。《管子》一书中写道："入国四旬，五行九惠之教，一曰老老，二曰慈幼，三曰恤孤，四曰养疾，五曰合独，六曰问疾，七曰通穷，八曰振困，九曰接绝。"这些内容类似于现在各国实施的老人福利、儿童福利、社会救助、医疗服务、婚姻咨询、健康服务、创业服务、就业服务等。

（3）社仓乡约。社仓是由人民自行组织，或是由政府督导人民办理，类似一种农贷合作组织的救济设施，由当地群众捐集粮食，或是由政府贷给粮食，在各乡设仓储存，在灾荒之年用以救济百姓。

乡约，就是指住在邻近地区的人，共同遵守的规约，大约起始于北宋的"吕氏乡约"。该乡约由宋代蓝田吕大钧及其兄弟、邻里亲友以书面的形式约定而发起，内容分为德业相劝、过失相规、礼俗相交和患难相恤四大项，后经朱熹倡导而推至全国。

（二）20世纪上半叶社会工作在中国的发展

进入20世纪后，我国社会发生了巨大变化。国内政治局势动荡，社会危机长期持续，严重威胁人民生活，国家和民族的命运也不时处于危急状态。同时，由于西方帝国主义列强的经济、军事和文化侵入以及中国人自觉向西方寻求民族自救的道路，西方文化也以各种方式进入中国。20世纪初，一些传教士在中国的大学开始讲授社会学、社会服务等课程，一些大学的师生开始从事社会服务活动。另外，一些在西方受过正规教育，同时受西方文化影响的知识分子为了救国救民也从事农村发展活动，其中以晏阳初倡导并极力推行的华北平民教育运动最为典型。这是中国知识界施行的、具有一定专业性质的社会工作实践活动。虽然因战争等原因，这些实践活动并没有取得预期的效果，但它在世界社会工作发展史上仍有重要意义。

（三）1949年至改革开放期间中国的社会工作

1949年中华人民共和国成立之后，我国建立了社会主义制度。为了加速发展工业化和加强对社会的组织动员能力，国家实行计划经济，并实行"单位体制"，与落后的小农经济条件下靠家庭、家族解决问题的思路相反，政府希望组织力量解决人们遇到的生活方面的问题。政府不但成为全部社会资源的占有者，而且也成为解决各种社会问题的责任人。于是政府成为全能政府。在这种体制下，政府通过其代表者——各种社会组织或单位，并通过国家工作人员，以行政程序和行政手段向人们提供生存资源和力所能及的帮助，从而形成靠行政架框解决社会问题的模式。这样，在计划经济时期，我国就排除了专业社会工作存在的必要性。如果说我国的行政人员实际上承担了社会服务、社会工作的职能的话，那么，这种实际上的社会工作可称为行政性、非专业社会工作。

（四）改革开放以来中国社会工作的发展

1979年，我国决定恢复社会学，社会工作课程作为应用社会学也在一些大学恢复起来。随着"政企分离"改革政策的推行和政府及群众团体职能由管理型向服务型的转变，加之民政等部门对干部知识化、专业化要求的提出，社会工作作为一个专业的要求自然被提上议事日程。1986年，国家教委决定在北京大学等学校设立社会工作与管理专业。这些学校随即开始招收社会工作与管理专业的本科生。这样，专业社会工作教育开始起步。与此同时，民政等部门对干部进行在职培训，讲授社会工作内容，从而形成了以往的行政性社会工作与现在的专业社会工作相结合的发展格局。

阅读案例

锡城掀起社工热　社工证通过率连续两年全省第一

"你社工证考过了吗？"在锡城各大社区居委会，这是个流行的询问语。此外，一些养老机构中，连护理员和保育员都会去考社工证。截至目前，无锡市共有9410人通过审核报名参加社工考试，其中已有2582人取得资格证书。无锡人考证热情很高，近两年社工考试通过率在江苏省内排第一。

政府推手，社工证成"小巷总理"最热衷的证书

在黄巷街道杨木桥社区，今年刚生完孩子的尤敏一回到社区，第一件事就是考社工证。对她来说，孩子才几个月大，还要在工作之余抽时间考证，难度可想而知。不过，她表示，所在的社区，几乎每个工作人员都在为这张证书努力。"男的45周岁以下，女的40周岁以下，上面都要求有社工证"，符合条件的人都会去考证，目前社区5名80后人手一证。

而在这背后，政府的推动是一个重要因素。以南长区为例，截至2013年7月1日，在编专职社工的年工资待遇达到55 381元。该区还定期推出一定数量的事业编制，面向社工开展"竞争择优进编"工作。社工收入和地位的变化，让社工证的含金量大增。

无锡市为了鼓励考生参加考前培训，对于每位参加培训的学员都给予相应的学费补贴，并提供免费餐饮。

社工是推动社会公平和发展的新职业

河南姑娘任琳琳是南长区的一名专职社工，她负责的一个叫作"童梦家园"的项目，是专为那些外来打工者家庭的孩子提供融入帮助的。这个周末，她将邀请中信银行的工作人员给小朋友们讲压岁钱的增值方法，还将邀请幼儿园的教师来教授手工，同时还要为现场服务的义工朋友进行一些维护方面的培训。这个项目执行约有两年了，每次要为50个左右的外来务工人员的子女服务，从而有效地让这些孩子融入无锡的城市生活中。

而像任琳琳这样的社工目前已开始活跃在社会保障、社会福利、社会救助、社区矫正、安置帮教、婚姻家庭、残障康复、教育辅导等方方面面。一些业内人士表示，社工不是社区工作者，不做行政事务，也不像义工利用业余时间助人，而是通过协调各种资源，促进社会发展并获得收入的一种职业。例如，当一个企业家行使其企业责任时，他也许不知道如何找到并帮助一位孤独的老人，社工正是执行者，由其来执行这份善意。

社工是高端人才，未来发展前景广阔

据国家社会工作专业人才培训基地负责人魏晨介绍，在苏州等地，作为高端人才引入的社工，在社保和买房上都有优惠。2010年中央发布的《国家中长期人才发展规划纲要（2010—2020年）》进一步将社会工作专业人才作为加强社会建设的重要力量提升为与党政人才、企业经营管理人才、专业技术人才、高技能人才和农村实用人才相并列的第六支主体人才地位。

在广州、深圳等地，社工独立于政府之外，成立自己的事务所。他们通过自己的服务，解决金钱解决不了的问题，实现社会财富的再分配。有人预言，随着政府购买服务、企业社会责任实施、基金会捐赠行为的增多，社工需求量会越来越大，将迎来自己的春天。

（资料来源：http://jsnews.jschina.com.cn/system/2013/11/16/019308361.shtml，有改动。）

S 思考题

1. 催生社会工作产生的因素有哪些？
2. 我国社会工作的发展与西方社会工作的发展有哪些异同？

任务三　社会工作的主要理论观点

R 任务描述

本项任务旨在通过阅读与讲解，帮助学生理解社会工作理论的发展历程并思考：

1. 社会工作的理论框架是如何形成的？
2. 社会工作的主要理论观点与社会工作实践活动之间有哪些关联？

D 导入案例

波波玩偶实验

　　波波玩偶实验是美国心理学家阿尔伯特·班杜拉于1961年进行的关于攻击性暴力行为研究的一个重要实验。他在1963年和1965年又对此专题继续进行深入研究。波波玩偶是与儿童体形接近的一种充气玩具。在该实验中，班杜拉选用儿童作为实验对象，因为通常儿童很少有社会条件反射。班杜拉试图使儿童分别受到成人榜样的攻击性行为与非攻击性行为的影响。然后将这些儿童置于没有成人榜样的新环境中，以观察他们是否模仿了成人榜样的攻击性行为与非攻击性行为。

　　班杜拉为这个实验制定了4个假设：目击攻击性成人榜样行为的被试，将试图模仿或实施类似的攻击性行为，即使榜样不在现场。此外，他相信这些孩子的行为将会与那些目击非攻击性成人榜样行为的被试以及没有观察任何榜样的孩子（控制组）大为不同。榜样不在现场时，观察非攻击性成人榜样行为的被试所表现出来的攻击性行为，将不仅少于目击攻击性成人榜样行为的被试，而且少于没有观察任何榜样的孩子。儿童将更乐于模仿同性榜样的行为，因为儿童通常更为认同同性的成人与家长。由于攻击性行为更多地具有男性化的特征，男孩玩偶是与儿童体形接近的一种充气玩具。波波玩偶实验对于班杜拉研究观察学习、创建其社会学习理论起到了关键作用。

（资料来源：http:zh.wikipedia.org/wiki/波波玩偶实验，有改动。）

案例思考

1. 推测实验结果，班杜拉是否验证了他的假设？
2. 查找相关资料，找到实验结果，并思考个体的行为是如何产生的。

知识链接

社会工作是一项高度专业化的活动，它的基本特征之一就是其大部分的实践过程和工作技巧都是建立在一定的、系统的理论知识基础之上，而非仅仅依赖于社会工作者个人的经验与悟性。学习和了解社会工作理论，是现代社会工作者必须接受的专业训练项目之一。

一、理论在社会工作中的地位

（一）社会工作需要理论的原因

理论是由一系列逻辑上的相互联系的概念和判断组成的知识体系，它从一个一般性水平较高的层次上来描述和解释某类现象的存在与变化，是对经验知识的抽象概括。理论可以有许多种不同的形式。作为一种概念之间内在关系的陈述，其种类是多样的。但从大致上来说，理论可以分为四种，即描述性的理论、解释性的理论、预测性的理论和提供解决方案的理论。所谓"社会工作理论"，则是对社会工作者在社会工作过程当中所运用的各种理论知识的总称。

社会工作需不需要有系统的理论知识来加以指导？对于这个问题，并不是所有的人都会作出肯定的回答。无论是过去还是现在，都有一些人认为社会工作主要是一种具体的实务活动，它所处理的对象与问题千变万化，各有特征，因此它更多的是依赖于社会工作者个人的经验与悟性，而不是依赖于系统的理论知识。作为一种具体的、所处理的对象与问题千变万化的实践活动，社会工作的成效与其承担者个人经验之间的确存在密切的相关性。一个有着丰富经验的社会工作者在处理一项个案时，往往会比一个初出茅庐的新手做得更好。然而，这并不能成为否定、轻视理论学习与研究的理由。任何事物都是个性与共性的统一，完全只具有或几乎只有个性而没有共性的事物是不存在的。只要我们认真观察和分析，就能把共性寻找出来。这种我们所寻找出来的共性与我们的个人经验一起，是构成我们知识中的一个很重要的部分，也就是我们今天所说的理论知识。理论知识是对许多个人经验的总结，它揭示了许多个人经验中所包含的共性、普遍性和恒常性的内容，并且对之加以深入系统的探究和合乎逻辑的说明，使人能把握住对象的本质与内在趋势。

理论基础是社会工作专业必不可少的特质之一，社会工作专业实践中的理论及其应用是帮助社会工作者解决助人问题过程中出现的困难的必然要素，它能有效地帮助社会工作者澄清社会问题和受助者个人的困境，在分析问题的基础上，发展出解决问题的相关技巧和策略。早期社会工作专业受到其他相关学科的影响很大，因此，也借用了其他学科如心理学、社会学等的有关理论，但社会工作专业经过长期的发展，逐步从规范理论和实践中总结出自身的理论框架，这也是本章我们将要具体学习的内容。

（二）理论在社会工作过程中的功能

在社会工作过程中，理论至少具有以下几种功能或作用。

（1）解释人的行为与社会过程，确定社会工作者将要协助解决的问题的性质与原因。社会工作的基本职能就是帮助人们解决他们在生存与发展过程中所遇到的各种问题。确定社会工作者将要帮助人们去解决的问题到底属于何种性质，以及产生的原因是什么等，是社会工作过程的首要环节。在这方面的理论具有重要的指导作用。社会工作中的许多理论（如心理分析理论、标签理论、系统理论等）都可以帮助人们了解人的行为与社会过程，了解各种行为问题和社会问题的性质与原因，从而使社会工作者对将要面临的问题有一个清楚的认识。

（2）根据理论对行为与社会问题的性质与成因所作的解释，设定社会工作过程的工作目标。大多数社会工作理论都会以它们自己对人的行为、社会过程以及行为和社会问题的看法为基础，明确地或含蓄地告诉人们，社会工作过程的工作目标应该是什么。例如，心理分析学会告诉我们，人的行为问题是由于人格结构失衡所致，社会工作的基本目标就是要帮助服务对象重新恢复人格结构上的平衡；行为主义会告诉我们，有问题的行为源于个体对当前环境作出了不恰当的反应，社会工作的基本目标就是要帮助服务对象学习和掌握恰当的反应模式，等等。

（3）提出一套达到上述目标的实务工作方法、技巧及模式。这也是社会工作理论对社会工作最重要的功能之一。一个"好用"的社会工作理论，会对如何解决社会工作者与服务对象所面临的各类问题提供一套行之有效的程序、方法与技巧模式，如危机干预模式理论和任务中心模式理论等。这些程序、方法与技巧模式虽然不能为社会工作者提供一种处处灵验的"万能处方"，却可以为他们提供许多宝贵的引导和启示。

由此可见，理论在社会工作过程中具有重要作用。毫无疑问，在社会工作过程中，个人经验也具有上述各方面的作用。然而，个人经验虽然具有生动、具体等优点，但它主要是一种覆盖有限时空范围的表象知识，不能在上述几个方面为社会工作提供一般性的、理性的指导。而理论为社会工作所提供的，正是这种一般性的、理性的指导。

（三）社会工作理论的发展历程和逻辑结构

社会工作的发展在西方国家迄今为止已有一百多年的历史，然而西方社会工作理论的历史却相对较短。社会工作经历了一个从没有理论指导到自觉采用理论指导、从指导理论的单一化到指导理论的多元化、从主要借用心理学的理论到尝试借用心理学、社会学、认识论等学科的理论这样一种发展演变历程。参照大卫·豪的描述，我们可以把这个发展过程大体划分为以下七个阶段。

第一个阶段可以称为"调查"阶段。这是社会工作的最初阶段。在这个阶段，社会工作者主要关注的是他们所从事的实际工作，而很少对这些工作的本质、过程与方式方法等进行理论的思考。他们主要是实干家而不是思想家。对于大多数人来说，社会工作主要是一种"助人的艺术"。社会工作者对理论及理论的用途缺乏明确的认识。从理论发展史的角度来说，社会工作者在这一阶段主要是起着一个"调查者"的作用。他们通过自己的实际活动搜集和积累了大量的事实材料，为以后社会工作理论的形成与发展提供了必要的资料基础。

第二个阶段可以称为"精神分析学"阶段。在这个阶段,一部分社会工作者开始意识到单以经验来指导自己的实践是不妥当的,社会工作不应只是一门"艺术",而应是一门科学。他们开始采用一定的科学理论来指导自己的工作实践。然而这一时期唯一被社会工作者采用的理论是精神分析学理论。社会工作几乎等同于精神分析工作。由于仅有一种理论指导着实践,社会工作的理论空间显得既单调又静寂。

第三个阶段是"精神分析学派"与"功能主义者学派"并立的阶段。20世纪30—50年代,一些美国的社会工作者逐渐形成了一种与精神分析学派不同的社会工作观。这种被称为"功能主义学派"的新的社会工作观,在关于人的本质、关于社会工作的过程与方法等问题上与精神分析学派都有着巨大的分歧。对精神分析学派来说,个体的行为被视为过去事件尤其是儿童时代人生经历的结果。只有洞察了一个人心理世界所经历的早年过程,才有可能将他从当前行为模式的羁绊中解救出来。社会工作的任务就是探寻和治疗服务对象的心理疾患。社会工作过程的中心是社会工作者,针对问题进行诊断,对治疗方法作指示,对治疗过程作出计划安排。与此相反,功能主义者则认为个体的行为主要是他当前所处情境的结果。当前所处情境既包括环境,也包括社会工作机构的功能。个体行为不是被过去事件决定的。给予一定的机会,在一种结构性和社会性的关系中,个体能够改变他自己。因此,社会工作的任务不是对服务对象加以治疗,而是要与服务对象一道,建立一种有助于服务对象潜能得以发展的、积极的、开放的相互关系,使服务对象的能力与行为发生变化。社会工作过程的中心也不再是社会工作者,而是服务对象本人。到20世纪50年代,这两个学派不断发生冲突,他们都坚持自己的观点并依据自己的观点向服务对象提供相应的服务。

第四个阶段被称为"获得"的阶段。20世纪60年代,可应用于社会工作的理论在数量上获得了巨大的增加。社会工作者竞相从弗洛伊德心理学、认知心理学、社会学等学科借用指导性理论。社会工作的职业知识空间被迅速而非系统地充实起来。这是一个充满生机的时期。社会工作者对理论观念的竞逐被视为社会工作健康发展的一种标志。

第五个阶段可以称为"盘点"阶段。由于社会工作理论在数量上迅速增加,到20世纪60年代,许多社会工作者感到有必要对这些理论作一次清点、整理和评估,以便对社会工作的"家底"有一个确切的把握。这一阶段的成果是产生了许多不同的理论清单。

第六个阶段是"理论统一"阶段。尽管社会工作理论的迅速发展充实了社会工作的理论空间,但也使社会工作者在理论选择方面感到无所适从。并由此产生了一种普遍的心态,即希望能把这些理论统一起来,将它们置于"同一个屋顶之下"。在20世纪70年代,许多人相信所有的社会工作理论及实践享有共同的目标和关怀,那些体现了社会工作本质的共同的概念、原理与技巧能够从现有的各种理论与实践中抽取出来。人们竞相发展一种能够把各种社会工作方法融合在一起的"一元化"的理论框架。其中,"系统理论"的呼声最高,这种理论试图用"社会功能"这个概念来把各种理论与方法统一起来。然而,随着一批激进理论和人文主义理论的出现，它很快便受到了人们的攻击和批评。不仅如此，"统一"社会工作理论的愿望也开始受到人们的质疑。一些人认为，"系统理论"之类的现有的社会工作"统一理论"是超前的、不充分的和虚幻的。另一些人则认为，由于不同的理论在观察世界的方式上明显是水火不相容的，因此，社会工作理论的统一是不可能的。各种理论将在相互竞争中并存下去。这种多元化的社会工作理论观便将我们引导到社会工作理论发展的第七个阶段，即我们目前所处的阶段上。

第七个阶段是"理论归类"的阶段。在这个阶段，多元理论并存被当作一个既定的事实，社会工作者不再去追求构造"统一"的理论框架，而是通过对纷呈繁杂的各种理论进行整理、归类的方式来使理论空间有序化，其结果则是产生了许多不同的理论分类模式。迄今为止，这些理论分类模型仍然是西方社会工作者们把握社会工作理论世界的基本工具。

二、社会工作的理论流派

（一）精神分析学派

精神分析学派是建立在弗洛伊德及其追随者的理论基础上的。之所以获得"精神分析"的称谓，是因为这个理论的潜在假设是行为来自人们心理世界的运动和互动。它强调心理激发行为的方式，以及心理和行为如何影响个人的社会环境并如何受个人社会环境的影响。精神分析理论是社会工作中第一个有很强解释性的理论，为后来的理论创造了生存环境。该理论对社会工作的影响体现在特别重视感觉和潜在意识因素，而不是事件和想法。很多社会工作常见的概念，如潜意识、洞察、攻击、焦虑、移情等都来自精神分析理论。

1. 弗洛伊德的精神分析理论

精神分析理论产生于19世纪末20世纪初，创始人是奥地利心理学家弗洛伊德。精神分析理论是从精神病临床工作中发展起来的，它不仅对心理学有重大影响，而且在社会科学领域中得到了扩展和应用，成为解释和说明人类行为发展和变化的理论之一。

弗洛伊德假定人是各种驱力的复合体，这些驱力构成了本我（Id）（Id的字面意思是It，是不知来源的、未分化的压力）。本我推动人们着手解决自身的需要，但由于人们的行为并不总是带来所向往的结果，据此就有了自我（Ego）的发展。自我是一系列有关个体理解及操纵环境的实用想法，自我控制本我。例如，当儿童的自我学到不适当的排便招致不赞许和不愉快时，他们就会控制自己的排便。自我管理个体与他人和物的关系即客体关系。超我（Superego）则发展出一套一般的道德原则来管理自我。人格有许多重要的特征，其中之一是自我如何处理冲突。为了社会责任，自我和超我要共同对本我实施控制，这个事实又导致了进一步的冲突。弗洛伊德认为，人格发展的基本动力是本能，尤其是性本能，它是最重要的生命本能。这里的"性"具有泛性论的色彩，如父母之爱、子女之爱、一般的人类之爱以及对具体对象和抽象观念的忠诚等。在弗洛伊德看来，人格的发展是伴随着性的发展而发展的，个人的性生活并非开始于青春期，而是开始于婴儿期。因为性本能虽然是天生的，但它会随着生理的成熟而改变，也就是说，性本能的成熟会在人格的发展过程中留下一些特殊的痕迹。因此，当性本能成熟，它的能量慢慢地从身体的某一部位转移到其他部位时，婴儿就进入了另一个新的人格发展阶段。按照年龄顺序，弗洛伊德将人格发展分为下列五个时期。

(1) 口腔期（Oral Stage）：0～1 岁。弗洛伊德认为，由于这个时期的婴儿大部分时间都是在咀嚼、吸吮或咬东西，因而口腔期的性本能或欲望是通过口腔而得到满足的。成年人中所出现的抽烟、饮酒、吮吸或咬东西的快乐，都是口腔期快感的延续和发展。另外，婴儿期的喂奶方式会改变婴儿今后的人格，如太早断奶或喂奶时间过于规律的女婴今后可能成为渴望亲密接触或过度依赖丈夫的女人。这说明早期的经验对婴儿今后的人格发展具有长期和深远的影响。

(2) 肛门期（Anal Stage）：1～3 岁。在这个时期，随意大小便本是婴儿性本能的最主要的满足方式，但由于父母按照常规训练婴儿大小便的习惯，从而干扰了婴儿性本能的满足。弗洛伊德认为，在训练婴儿大小便的过程中，必须营造合适的情绪和气氛，这对婴儿今后的人格发展具有重要的作用。例如，如果家长经常给予表扬和奖赏，婴儿将来可能就会具有自立和富有创造性的人格，而父母常以惩罚或批评式的方式进行训练，婴儿将来可能就会具有焦虑、压抑、散乱及浪费的人格。

(3) 性器期（Phallic Stage）：3～6 岁。儿童在这个时期开始从肛门转至自己的性器官以获得快感。弗洛伊德认为，儿童从这个时期开始表现为依恋父母中异性的一方。在这一时期正常发展的儿童，今后将会出现正常的男女行为特征以及正常的男女关系，否则，将会出现过分男性化、过分女性化或不男不女的行为特征以及异常的男女关系。

(4) 潜伏期（Latent Stage）：6～12 岁。这个时期儿童的性本能相对平静并一直延续到青春期。

(5) 两性期（Genital Stage）：12 岁之后。这个时期是发展成熟的性特征的时期。青少年摆脱父母的束缚，并尝试建立自己的生活方式。弗洛伊德认为，两性期会一直延续到人的生命结束之时。

弗洛伊德认为，性器期是最为关键的时期，这个时期的满足不当可能会造成长期压抑的童年创伤，从而成为成年期人格变异或困扰的潜在因素。弗洛伊德最伟大的贡献在于提出了潜意识的概念，改变了人们对人类行为的看法。但他的理论研究主要采用非标准化的研究方法，许多学者对此提出了疑问。

2. 埃里克森的心理社会发展理论

埃里克森（Erikson）是美国的精神分析医生，也是当代美国著名的精神分析理论家。他对弗洛伊德精神分析学理论进行了重大发展，把弗洛伊德只强调内心欲望的人格理论发展成强调社会环境在发展自我中的作用，同时，把发展从一个人出生到青年期的概念推展到一生的工作。他把人的一生分为八个阶段，认为在每个发展阶段个体都要经历一个"危机"，即个体要在正负经验中发展出特定品质，如果个体不能在特定时期发展出特定品质，那么,个体自我的发展就会有困扰。在八个发展阶段中,埃里克森特别强调青少年期的认同发展,并认为这是自我发展的最关键的环节(见表1-1)。

表1-1 埃里克森的人生八大阶段

发展阶段	主要危机	美德(品质)
出生到12~18个月	● 信任和不信任 ● 发展对周围世界的感受,是否安全	希望
12~18个月到3岁	● 自主和羞愧 ● 在怀疑和羞愧中发展独立性	意志
3~6岁	● 进取心和罪责感 ● 在挫败中学习不断尝试新事物	目的
6岁到青春期	● 勤业和自卑 ● 开始学习在特定环境中的生存技巧以及感受到自己的不足	技能
青春期到成年	● 认同和认同混乱 ● 发展自我认同感,角色混乱引起认同混乱	诚实
成年早期	● 亲密和疏离 ● 开始对他人作出承诺,如果不成功,会产生疏离或者专注自我	爱
成年中期	● 创造和休眠 ● 培养和指导下一代或者感到自身的枯竭	关怀
成年晚期	● 整合和绝望 ● 接受自己的生命,接受死亡,或者关注功能的丧失和对死亡的绝望	智慧

精神分析学派对社会工作有很深远的影响,了解精神分析的相关理论是理解其他社会工作理论的前提。现代精神分析理论已经不再视驱力为影响行为的基础,而是更关注个体如何与他们的社会环境互动,心理分析理论变得更具社会性而非生物性。弗洛伊德对西方文化有普遍的影响,他的很多思想也成为西方文化的基本要素,其对社会工作的影响也是基于这个事实而不仅仅是理论被直接应用。因此,中国社会工作在本土化的过程中,需要考虑到该理论的社会背景的转换,思考文化差异如何影响着精神分析理论并指导我国社会工作实践活动。

(二)认知行为理论

与精神分析学派强调个体自身的欲望和动力不同,认知行为理论关注的是外在环境如何影响个体的外显行为。该理论认为,除了一些天生的反射外,个体通过学习获得了大多数行为,这说明行为来自于自身之外的影响。因此,人们才能学习新行为以满足自身需要和取代带来问题的现有行为。认知行为理论的焦点在于如何做一系列事情帮助个体引起行为的转变,而不关心在这一过程中有什么变化在心理世界中发生。为更好地理解这一理论，下面将对该理论流派的相关理论观点加以简单介绍。

1. 行为主义观点

认知行为理论起源于行为主义，该理论产生于20世纪初的美国，创始人是美国心理学家华生。行为主义强调环境反应对个体行为的影响。巴甫洛夫的经典条件反射理论认为，人可以通过学习两种刺激之间的表面关联（前后出现），而学习对一种本来没有直接联系的刺激产生反应。例如，给婴儿喝牛奶时播放音乐，经过多次重复之后，当音乐响起时，婴儿会有进食反应。沃森进一步认为可通过控制环境来塑造不同个性的儿童。

斯金纳的操作条件反射理论认为，个体会重复那些引起其本身满足的行为，而减少那些引起其自身厌恶反应或导致惩罚的行为。所以，可以通过强化和惩罚的过程来改变个体行为。强化是指能经起某种行为再出现的行为后果，可以是正强化，即得到实物奖励、口头鼓励、称赞和某种人际关系的建立等；也可以是负强化，即拿走令人厌恶的东西、改变环境等。如果没有强化，行为会自然中止，所以，斯金纳又提倡用间歇性强化来延缓行为终止的速度。惩罚是指引起某种行为强度下降或消失的行为后果（如让个体意识到可能的危险等）。

强化和惩罚似乎没有客观的标准。例如，为了让孩子"听话"，很多父母选择口头"指责"的方式。父母把"指责"看成惩罚，希望孩子能减少"不听话"或停止"不听话"。但是，少之又少的孩子能在父母的指责面前停止"不听话"。好一点的后果是孩子不把指责当成强化，也不把它当成惩罚，由此，"不听话"行为的出现频率保持不变；差一点的后果是孩子把"指责"看成父母的"关心和反应"，满足了孩子内心深处对父爱和母爱的渴望，所以"不听话"行为的频率反而增加。因此，选择强化物是关键，理想的强化物应能帮助案主理解强化物背后的原因，同时强化物要着眼在非物质性的一般强化物上，可以通过观察日常生活中有哪些东西会对案主起到强化作用，并运用案主喜欢和经常性的行为作为对要鼓励的不常出现的行为的酬赏。例如，一个儿童喜欢与同伴在小区内游戏，而如果想鼓励他做家庭作业，可以首先与其达成协议，以完成一小时家庭作业为外出条件。然后，家庭作业的量可以增加，而所允许游戏的时间则可以减少。

2. 社会学习理论观点

班杜拉的社会学习理论将行为主义的观点进行了扩充，将认知考虑到了行为形成的过程中，认为很多学习是通过人们的观察、思考和自身经验获得的，人们通过模仿周围的人来学习。社会学习理论强调个体在学习过程中具有更大的主动性，指出学习是一种观察和模仿的过程，个体不是被动地等待环境的反应，而是参与构建学习环境和反应，而且个体的认知功能在学习过程中起重要作用。首先，个体认知能力决定了个体在生长过程中需要不断寻找学习和模仿的对象，一般来说，个体有选择与自己有类似气质的人进行模仿的倾向，或容易被这样的人吸引。其次，认知能力会影响观察和模仿的质量和水平，如有智力缺陷的儿童与正常儿童相比，在观察学习同样的内容时，可能需要更长时间和更详细的指导。

3. 认知发展理论

瑞士心理学家皮亚杰在研究儿童认知发展中作出了突出的贡献，通过对儿童行为的观察及提出问题，皮亚杰提出了认知发展四个阶段理论，即肌动期（0~2岁）、前运思期（2~7岁）、具体运思期（7~12岁）和形式运思期（12岁以上）；认为每个阶段的儿童对世界及各种物质间关系都会有新的认识，每个发展阶段都是在前一阶段上的质变，也是后一发展阶段的基础。

皮亚杰认为，在每个发展阶段中，个体主要是运用组织、同化和调适三种原则来认识世界。其中，组织原则是最基本的，个体运用事物和事物间的联系在头脑中形成"心理图谱"，这种图谱由感觉肌动期的简单、单一功能逐步发展为后面几个阶段的复杂和多重功能。当有新的事物和刺激出现时，个体先用同化原则使新事物与旧图谱发生接触。个体有一种在个体和环境之间追求平衡的取向，也就是说，个体认知发展是个体持续适应环境的过程，当不平衡出现时，个体就会尝试改变来重新取得平衡。

皮亚杰认知理论的一个发展是用信息加工取向来探究认知发展。这种方法把个体行为背后的过程包括知觉、理念、记忆和问题解决等用信息处理过程来表达，研究个体如何获得、储存、转换和运用符号来作出智力活动，并且认为个体在信息加工过程中存在差异。

皮亚杰认知发展理论是认知学派兴起的巨大推动力。研究者开始不满足于仅仅观察刺激和反应，而想了解个体怎么理解刺激，又有什么因素影响反应。皮亚杰通过细致的观察，否定了在认知层面儿童是成人缩影的观点，强调成人和儿童在认知功能和特点上有质的不同。这个观点在很大程度上影响了中小学的课程设置。但是，这个理论更多的是在对普通儿童观察的基础上发展而成的，对于特殊儿童却没有深入探讨，也没有关注文化差异的问题。

社会工作运用认知行为理论的主要目的是增加好行为和减少坏行为，以便人们对人际事件有更适宜的反应。该理论可在很多社会工作情境中使用，运用该理论的优势在于它清楚地阐明了行为改进的目标，以实用的行为治疗技术可以处理很多行为问题，如学校恐惧症、儿童问题和精神领域的相关问题。但认知行为理论自被纳入社会工作中以来备受争议，主要原因有二：一是该理论有太多的术语和正式程序，对于"以生命影响生命"的社会工作者而言，这很不人性；二是该模式是社会工作者而不是案主操纵行为，在介入过程中，很有可能将工作者的意愿强加给案主。

（三）危机干预和任务中心模式

我们将危机干预和任务中心模式放在一起介绍主要是因为两者之间有一些共同的特征，一起介绍有利于我们比较对照，也有利于我们的理解。

1. 危机干预

危机干预最早由林德曼在从事火灾后急性悲伤反应的研究中提出。之后，卡波兰在其有关预防性精神病学的作品中从技术角度对其进行了全面深入的阐述,所以说,该方法是起源于精神健康领域,涉及的是病症的预防而非治疗。从理论上来说,危机干预运用了来自心理分析的自我心理学中的元素,所以它关注的是个体对外界的情感反应和如何理性地控制这些情感反应。

危机是社会工作的一个焦点,是人们生活中的转折点,当人们面对突如其来的危险事件时,痛苦会激增,稳定状态会被颠覆。卡波兰将危机定义为"人们实现重大生活目标时受到阻碍,这种阻碍在一定时间里通过一般的方法不能消除,继而就出现崩溃和沮丧,此时许多试图自身解决问题的能力都流于失败"。戈兰在1978年提出危机干预理论,包含以下要点。

(1) 每一个人、每一个团队和每一个组织都会有危机。

(2) 危难事件是一些重大问题或一系列困难,它会引发危机。

(3) 危难事件也许是可预期的(如青少年期、结婚、搬家)或是不可预期的(如死亡、离婚、失业、自然灾难等)。

(4) 当危难事件使人们失去平衡能力,脆弱状态就出现了。

(5) 当平衡被扰乱,我们会尝试用常用方法来处理。如果这些方法不行,我们就会尝试新的解决问题的方法。

(6) 伴随每次失败都会有紧张压力感产生。

(7) 落在没有解决的所有问题上面的那个问题称为"急促因素",它加剧了紧张并引发失调状态,这个状态就是危机状态。

(8) 急促因素可能被案主当作主要问题带到工作者面前,但这不是危机,只是引发危机中的序列中的一点。危机的线索经常是很明显的小事情,却带出极大的情感反应。

(9) 压力事件通常以三种方式中的一种呈现:威胁、损失以及挑战,而案主情绪反应有焦虑、抑郁和轻度焦虑,希望,期待。

(10) 过去处理问题成功经验越多,就有越多的解决办法可用,所以实际危机状态较不可能出现。反之,人们会经常进入实际危机状态并觉得难以逃避。

(11) 所有的危机都会在6~8周内得到缓解。

(12) 处在危机中的人比不处在危机中的人更易接受帮助,在危机时期的干预比在其他时间段更有效。

(13) 危机过后的"重整"阶段,人们会保留新学到的解决问题的方法,因此在危机阶段学到的有效解决问题的方法,可以增加人们将来应付问题的能力。

罗伯特在1991年描述了处理危机的七个阶段,分别概括如下。

第一阶段:评估案主和他人面临的危险和安全情况。

第二阶段:与案主建立和谐关系并有适当沟通。

第三阶段:辨认主要问题。

第四阶段:处理感觉且提供支持。

第五阶段：探讨可能的其他处理方法。

第六阶段：形成一个行动计划。

第七阶段：提供跟进的支持。

当见到案主后，社会工作者要考虑是否需要使用危机干预的方法，明确其目前处在危机过程中的哪一阶段，且要全局考虑案主所处的情境和此情境与案主过往经历导致的心理问题的互动。例如，查尔斯在父亲死后两星期去见社工，自述感到非常痛苦。这里很容易将他父亲的死看作危机，但实际上这只是急促事件。如果全面考察他的情况就会发现，他最近因为一份新工作搬到另外一个镇，因而这种生平第一次离开旧的生活环境，再加上生活变故，他会是十分有压力的。这就形成了一个危难事件。由于在新的环境中感到孤独和缺乏支持，他已经失去平衡并处在一种很脆弱的状态。虽然他试图处理这个问题，如外出与新朋友交往或参加一个社交俱乐部，但他并不能从中寻找到新的平衡。在一些场合他因喝得太多而陷入窘境。这显示他已经试图去解决自己的问题，但失败了，转而陷入了更大的压力和紧张中。父亲在世时，他周末一直回父亲家，可父亲突然去世了，他处理完后事后，就倍加觉察出自己的孤独。将父亲死亡当作危机，就会难以处理产生实际危机状态的幕后问题，如果不是有这些问题的存在，父亲的去世也许可以应对。

2. 任务中心模式

任务中心模式完全产生于社会工作领域内部，研究发现：第一，将长期治疗删减后，其治疗效果与全程的长期治疗效果一样，这与期望相反；第二，有计划的短期治疗也是有效的；第三，据此所设计的任务中心模式是有效的。在任务中心模式中，社会工作者解决案主呈现的问题，带着明确时间限制的简短治疗是这个模式的本质特征。任务中心模式关注的问题如下。

（1）案主提出或接受的问题。

（2）能被解决的问题，而这种解决行动是在与社会工作者面谈之外进行的。

（3）能被清楚定义。

（4）来自案主想要在生活中改变的事情。

（5）来自案主"不满足的需求"，而不是由外人定义的。

任务中心模式干预策略的目的很明确，一是帮助案主解决他们关注的问题，二是提供好的解决问题的经验，这样案主可以改进他们将来处理困难的能力，使其更愿意接受帮助。

危机干预和任务中心模式是近年来社会工作领域中使用最广泛的短期治疗的方法。其共同点在于：两者都强调短期干预方法；两者的模式都是结构化的；行动都是事先计划好的；都使用合同或其他明确达成的工作者和案主之间的协议，并在合同内有对所使用的技术和手段的详细说明。但是，在任何情况下运用危机干预或任务中心模式是有区别的：经典的危机干预是打破瓦解案主正常功能的一系列事件的行动。任务中心模式聚焦于特定的问题类别。危机干预运用实际任务来帮助人们重新适应，但其焦点落在人们的情感反应上,这里的情感反应是指对处理日常问题能力方面出现的危机和长期变化的情感反应。任务中心模式聚焦于完成实际任务的情况,这类任务的完成能解决特定问题。成功地完成任务有助于解决情感问题。这两个模式为在社会工作扩展过程中提供了很经济的方法,如果采用长期治疗的方法将会使人力成本增加到不可负担的程度。

(四)系统理论

社会工作的系统理论是为了回应对精神分析理论的不满而出现的众多不同的理论进展之一,其社会学聚焦似乎抵消了精神分析理论不能充分回应社会工作的"社会"的缺失。系统理论是以一般系统理论及其社会学版本——结构功能主义等为基础形成和发展起来的一种社会工作理论,一般系统理论最早起源于生物学,该理论主张所有的有机体都是系统,各个系统由不同的亚系统组成,并相应的是更大系统的一部分。由此,人是社会的一部分,且由流通系统和细胞构成,它们由原子构成,而相应地原子由更小的物质构成。这一理论被应用于团体、家庭和社会等社会系统以及生物系统。系统理论的价值在于它应对"整体"而不像别的理论那样只应对人类或社会行为的部分要素。它把人与生活环境看作是由功能上相互依赖的各种元素所组成的系统整体,协调或均衡是该系统运行与维持的基本条件,也即个体生存与发展所必需的条件。当这个条件得不到满足,即系统内部的各个子系统或各个元素之间不能有效配合、相互协调时,系统均衡就会受到破坏,个体的生存与发展就会出现问题。社会工作的基本任务就是要帮助恢复各个子系统或元素之间的均衡关系,使它们能够重新有效配合、相互协调。

系统理论认为,有三类系统可以向人们提供帮助,即非正式的或原生的系统(如家庭、邻居、朋友和同事)、正式的系统(如社区、协会等)和社会的系统(如医院、学校等)。但问题人群是那些可能无法使用这些助人系统的社会群体或个人,社会工作者要试图找出案主与其环境的互动之中导致障碍出现的因素。社会工作从系统理论的角度可以被界定为改变媒介系统、案主系统、目标系统和行动系统,如果社会工作者分析人们参与其间的系统,其工作便更加清晰。

系统理论是一种与传统的强调个人化和心理学的传统社会工作理论风格不同的理论,是少数的、综合的、以社会学为基础的社会工作理论之一。这一理论的优点是更加强调不断变化的环境而非心理学视角,焦点集中在个人对他人的影响,而非内在的思想和感觉,而且该理论提醒社会工作者面对实现同样目标的替代方式的可能性,避免了对行为或社会现象的直线的、决定主义的因果解释。

(五)社会角色理论和沟通理论

1. 社会角色理论

角色理论被社会工作界普遍视为社会学和社会心理学对社会工作的伟大贡献,角色理论是关于个体与他人的关系以及他人的期望和反应导致个体怎样以具有特色的方式进行回应的理论。角色理论假定人们在社会结构中占据一定的位置,每一个位置都有相应的角色。其中,角色是指与社会结构中的位置相关联的一整套期望或行为。社会成员间的互动从本质上说是社会各类角色的互动。因此,在分析社会互动行为时需要从普遍意义上分析人们是如何理解其所扮演的角色内涵以及这一过程是如何影响互动结果的。角色理论有一系列的概念用以解释角色地位是怎样在日常生活中对人们的互动行为发生影响的,包括角色期望、角色获得、角色冲突、角色中断、角色模糊等。

社会工作将角色理论主要运用于两个方面:一是解释案主及自身的行为,分析信息传递的途径和方法,以及有可能存在的障碍;二是注重角色如何为社会期望和标签所构建。有时,人们身处将其标示为越轨或犯罪的社会系统之中,一旦被贴上标签,他们就很有可能受到所贴标签的影响,并按标签的角色期望去行动,而这将引起一个更为强烈的标签过程。研究表明,社工极易为案主贴上负面的标签。角色理论提醒我们,在社会工作实践中,要小心评估和提供服务以回避贴标签的体系和行为。

2. 沟通理论

沟通理论是以社会心理学、人类学和社会语言学中有关人际沟通的一些理论为基础而形成的一种社会工作理论,这种理论强调人际沟通在人际关系中的重要性,它认为许多人的行为问题都是出在人际沟通方面,如不能恰当地接受、选择与评估信息,不能很好地给予或接受信息反馈,等等。社会工作的一个基本任务,就是帮助人们消除这些沟通过程中的障碍,使人们的相互沟通得以顺利完成。在社工的干预过程中,通常以以下四种方式在内容沟通层面进行操作。

(1) 以鼓励的方式获取信息、利用问题、重组案主的评论以显示对此的理解。

(2) 给出反馈,显示社工如何评估案主所说的话。

(3) 提供信息,包括解释社工行为的材料,直到社工听到整个故事了解全貌。

(4) 改变来自案主的信息以影响相互冲突的信息或过分及不精确的信息。

(六) 人本主义理论

人本主义是在哲学观的基础上建构起来的,人本主义相信有意识的人具有理性,可以选择并自由行动。人本主义对社会工作理论而言既是基本的也是边缘的。说其基本,是因为很多人习以为常地将其视为社会工作者的基本态度。说其边缘,是它不被视为一种视角,因为它更多地被视为一种指导实践的一般哲学立场而非一种界定具体实践取向的方式。

在社会工作产生的动力部分已经介绍过人本主义的基本观点,这里主要介绍对社会工作产生重要影响的人本(Personal-centred)的观点。卡尔·罗杰斯是对社会工作最具有影响力的人本主义学者,他认为社会工作过程成功的必须条件包括几个方面:真诚和适当的;对案主无条件的正面支持;对案主的世界观具有同理心。

罗杰斯(Rogers)认为,社工的取向应该是非指令性、非评价性的,要"积极聆听""准确同理"和"真诚开放",强调应聚焦在"此时此刻"而非案主问题的历史,每一个

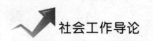

人都应被视为独一无二的个体。罗杰斯的人本观点被直接运用于社会工作的服务活动中，构成了社会工作的基本工作原则。同精神分析理论和行为主义理论不同的是，人本主义的学者主张将案主视为自己的情境专家，案主求助的原因会被视为有可能解决问题的基础，案主的资源和与他们现有的合作被用于迈向解决问题的实践。虽然人本主义以及社会工作这一类似的观点被公众质疑为过于理想化，但"优势视角"仍是社会工作实践的重要指导理念。

（七）女权主义理论

女权主义的思想在几个世纪以前就已经出现，但是作为一种社会运动和明显的意识形态其历史并不是很长，它出现于 20 世纪 40 年代，在 60 年代成为西方工业社会广泛出现的社会运动。女权主义的发展主要有三种派别，即自由派女权主义、社会主义女权主义与激进派女权主义。不同派别的女权主义关注的重点虽有所不同，但都致力于寻求男女之间的平等。该理论认为，福利国家是满足男性的需要和利益的建构，社会中妇女被男性剥削和压迫，女性成为依附品并且在劳动领域被排斥。该理论还认为，在私人领域（家庭）中，男性占主导，家庭劳动主要由女性承担却不被承认；在经济领域里，男女同工不同酬；在政治领域中，男女的权利受到不平等对待；在个人生活领域中，女性被视为工具，受到歧视，社会中存在着对妇女角色不公平的界定。

（八）马克思主义视角

马克思主义视角是以马克思主义的基本理论——社会存在决定社会意识、经济基础决定上层建筑、阶级斗争决定社会结构及形态的变迁等——为指导而形成的一套社会工作理论。该理论批评"传统"社会工作立足于社会问题的心理学解释，倾向于将复杂的社会问题化约为个人的心理问题，让案主为社会问题承担责任。该理论主张从社会存在、经济基础及阶级压迫中寻找社会问题产生的根源，主张社会工作的任务就是与服务对象一道，通过以阶级斗争或其他集体行动改变现有的社会现实来解决社会问题。马克思主义将权力、意识形态、阶级和身份、性别和压迫带入社会工作，特别强调权力直接与社会歧视相关联。从整体上来说，马克思主义更多地关注社会结构本身的改变，而较少关注服务对象心理、意识状态上的变化。

（九）赋权与倡导理论

赋权（Empowerment）也被译为增权，赋权的目标在于通过削弱影响个体决定权、行动权的社会性或个体性障碍，通过增强个体运用权力的能力与自信，或者通过从环境中向个体注入一定的权力等方式，帮助案主获得对自己生活的决定权与行动权。而倡导的目标在于代表无权势者的利益与社会中的强权者和社会结构进行对话。赋权与倡导理论是从马克思主义变通发展而来的一种社会工作理论。马克思主义希望通过大规模的社会变革来解决现存的各种社会问题，然而现实中许多可行的社会工作却是与个体、家庭、群体或小型社区有关的，为了能给这些小规模的社会工作实践以理论上的指导，从而将这些小规模的社会工作实践与社会变革的大目标协调起来,一些倾向或同情马克思主义的社会工作者提出了"增权"或"倡导"的理论,这种理论主张在宏观的社会变革未发生之前,社会工作者应协助服务对象为了他们的利益向现存的社会结构争取权利,促使现存的社会结构作出一些有利于服务对象的制度或政策安排。

阅读案例

民政部《中国社会工作》刊登湖东"社区危机干预案例"

2013年1月下旬的《中国社会工作》杂志刊登了苏州工业园区第五元素社区的危机干预案例。

2012年12月20日下午,苏州市社会工作者协会一届二次会员大会在苏州大学独墅湖校区学术报告厅举行。苏州工业园区湖东第五元素社区报送的《大爱无疆——社区危机干预案例》成功入围,荣获2012年苏州市社会工作案例三等奖,并作为唯一的社区社会工作示范案例在大会上进行了现场汇报,展示非凡园区里社区工作者专业的风貌。

第五元素社区选送的社区危机干预这一案例,讲述的是一外籍居民家庭不幸发生小孩坠楼事故后,居委会工作人员运用小组工作、个案辅导等社会工作专业方法,成功实施危机干预的故事。社区工作人员以社区居民为服务对象,通过多方渠道及时制订了合理的危机干预方案,一方面使广大居民的紧张情绪得到释放,另一方面使处于危机中的外籍家庭感受到了来自社会各界无私的支持和关心。与会专家给予该案例高度评价,在现场点评时指出,第五元素社区的危机事件服务计划合理、评估准确、方法多样、反思到位,对其他社区具有很强的示范意义。

会后,《中国社会工作》杂志社编委会表示对第五元素社区的"社区危机干预案例"

很有兴趣，便与社区工作人员联系投稿事宜。社区工作千头万绪，园区这些新生代的小巷"总理"们，已经不满足于婆婆妈妈地走家串户，他们将自己习得的专业社会工作知识实践到一线的社区工作中，遇到突发状况，也会冷静面对，以最专业的姿态迎接着每一天烦琐的社区工作，而第五元素社区这篇《大爱无疆——社区危机干预案例》正是园区基层社区日常工作的一个缩影。

（资料来源：http://shequ.sipac.gov.cn/InfoDetail.aspx? InfoID=1264，有改动。）

S 思考题

1. 综合所学的社会工作理论观点，试分析社会工作关于人类行为和社会环境的基本假设有哪些。
2. 结合社会工作理论的发展历程，请思考社会工作各理论流派的逻辑关系是怎样的。

任务四　社会工作的价值观与专业伦理

R 任务描述

本项任务通过阅读与讨论引导学生了解并思考：
1. 社会工作价值观的意义与作用是什么？
2. 如何内化社会工作的价值观与专业伦理？

D 导入案例

大学生救起七旬老人自己溺亡

2011年8月14日上午11点左右，常州纺织服装职业技术学院机电工程系2010级学生高正志，在经过老家淮安金湖县陈桥镇张坝村一组时，发现一位老人落入村边的洪金灌溉总渠。由于当时正开闸送水灌溉，水位很深，情况十分危急。高正志奋不顾身跳入湍急的水中救人。经过一番努力后，老人得救了，但此时高正志却因为力气耗尽，没法自救，最终不幸溺水身亡。

获救的老人叫高牧林，今年70岁了，与高正志在同一个村庄，就住在高正志家附近。得知高正志因救家父而遇难，高牧林的儿子跑到事发现场，一顿嚎哭。据高正志的叔叔介绍，高正志从小就很懂事，"经常帮他爸妈做家务，干农活，村民们也都很喜欢他"。正志的不幸，令邻里乡亲感到十分惋惜。听说儿子出事，正志的父母悲痛万分。"那种心情和悲伤，无法形容，整个就崩溃了。"正志的叔叔高先生告诉记者，出事后的几天里，正志父母不吃不喝，"哭得声音都沙哑了。医生专门到家里给他们输液。孩子火化的时候，医生也全程陪同，生怕他们再因悲伤过度出事"。

据高先生介绍，正志的父母如今都有40多岁了，皆是农民出身，家境一直贫寒，供正志上学很不容易。正志是家中的独子，暑假之后就上大二。"都快能工作养家了，没想到突然就没了……"高先生说，出事后，正志父母的精神状态一直不好，亲戚们都来安慰，也没什么用，正志的妈妈哭喊着："就算给我金山银山，我也不要，我只要我儿子！"8月22日左右，正志爸妈双双进了医院，接受一些心理治疗，这两天才刚刚出院回家。

（资料来源：http://news.sina.com.cn/s/2011-09-01/031623085050.shtml，有改动。）

案例思考

1. 案例中的事情发生后，社会上展开了关于"大学生为救老人而牺牲值得吗"的讨论，你的观点是什么？
2. 请分别从"值得"与"不值得"两个方面分析两种观点所反映的社会价值观。

体验活动

撤离现场

将全班学生分为两组分别扮演商场工作人员和顾客，工作人员组中请3个同学扮演经理、销售冠军和劳动模范，顾客中请3个同学扮演孕妇、儿童和坐轮椅的人，准备相应道具帮助学生进入角色。模拟情景是商场发生火险，所有人员要在3分钟之内撤离到安全地带，否则有生命危险。在活动场地上划出一个安全区域，与"商场"保持一定距离，画出一条从"商场"到"安全地带"的撤离路线，并使用桌椅等放置在"商场"与"安全地带"之间模拟楼梯或其他道路障碍。由教师计时并监管活动过程，一旦有学生在撤离过程中违反规则即须立刻重回"商场"，计时结束后清点"安全地带"的人，其他未进入"安全地带"的人即宣布死亡。

活动后分享：

1. 讨论在活动过程中是如何决定撤离人员的先后顺序的？为什么？
2. 如果活动再进行一次，结果会不一样吗？为什么？
3. 在活动过程中觉察到的自己的价值观有哪些？这些价值观是如何形成的？

知识链接

一、社会工作的价值观

社会工作之所以被称为助人自助的专业，与其哲学基础、价值观和专业伦理紧密相关。社会工作不但受哲学的影响，而且受价值观的影响。在社会工作的发展过程中，已形成其专业价值观。这些价值观一方面对社会工作发挥重要影响，另一方面也使社会工作者在实践中遭遇价值冲突。

（一）相关概念的界定

1. 价值

价值一词源于拉丁文"Valere"，其含义是"有力的、超越的"。价值是哲学的重要部分，是人们对善恶美丑的判断。价值观是价值的系统化，是概括性的、对期望事物带有情感色彩、有历史起源与经验基础、被一个群体共同认定的行为规范。

哲学意义上的价值是指一事物对主体的积极意义，即一事物所具有的能够满足主体需要的属性和功能。它涵盖了各个不同领域事物的价值，具有高度的概括性和普遍性。理解这一概念应把握以下两点。第一，哲学上的价值与具体领域事物的价值的关系。哲学上的价值是指主体需要与事物属性之间的特定关系，即事物对主体的积极意义。哲学上的价值与具体领域事物的价值是一般与个别的关系。在日常生活中，不同的东西具有不同的价值。粮食、水果等食物具有满足人们营养需要的属性；衣物、房屋等具有满足人们穿、住需要的属性；书籍、艺术等具有满足人们精神需要的属性。可见，事物各有自己的价值。而这些具体的价值又可以概括为几个领域，如经济价值、道德价值、审美价值等，这是具体事物、具体领域的价值。而哲学世界观领域的价值，是在具体价值的基础上概括和抽象出来的，它比具体领域事物的价值更广泛、更抽象。这些具体领域的事物之所以有价值，是因为这些领域的事物的属性能够满足人的需要，这一点是共同点。第二，价值是指一事物对主体的积极意义。

这里的"事物"，既包括物质现象，又包括精神现象，如衣服、粮食、房子、车辆等。物质产品能够满足人们衣、食、住、行等方面的需要；音乐、电影、图书等精神产品能够满足人们精神生活的需要，它们具有各自的属性。它们对主体的积极意义，就是哲学上的价值。例如，西红柿生长在野外，没有与人发生关系时，并不具有价值，后来人们逐渐发现了它能观赏和食用，它才具有价值。

2. 价值观

人们在认识各种具体事物的价值的基础上，会形成对事物价值的总的看法和根本观点，这就是价值观。理解这一概念应把握以下两点：第一，价值观作为一种社会意识，是在一定的社会存在基础上产生的，并随着社会存在的变化而变化。第二，价值观作为一种社会意识，对社会存在具有重大的反作用，对人们的行为具有重要的驱动、制约和导向作用。

价值观会受到历史、社会、文化和区位等条件的影响和制约，反映出社会重要部分所持的社会偏好或标准。在个人主义占主导的西方国家里，价值观的核心是个人，社会意识各层次的构建则围绕该核心而展开，例如"个性比共性更重要"就是美国社会公认的价值观。而在东方文化尤其在中国文化中，价值观的核心则是群体，"先集体后个人"是东方价值观的典型代表。

（二）社会工作的价值观

社会工作不但建立在一套价值之上，而且本身就是一个利他主义的专业，社会工作实务本身就是一个道德实践过程。

1. 社会工作价值观的发展

早期的社会工作实践与宗教有着千丝万缕的联系。古埃及的《死亡之书》包含7个怜悯法令，即对饥者、渴者、裸者、囚犯、陌生人、病人和垂死的人的救济和帮助。基督教扩大了早期的社会工作实践，在12个领域里从事慈善工作，即照顾寡妇、孤儿、病人、穷人、残疾、囚犯、俘虏、奴隶、难民，埋葬死亡穷人，提供就业服务和为需要者提供饮食。显而易见，早期社会工作实践在一定程度上把救助看作一种施舍，是对受助者的怜悯，它承认和容许受助者的羞耻感及不平等的意识。较为正式的社会工作始于工业化和都市化的社会进程。正式社会工作包括慈善组织会社、睦邻运动和设施发展。此时的社会工作在价值观念上抛弃了救助过程中的尊卑意识，而是出于同情和怜悯。它承认人们之间互相帮助，是平等的。20世纪以后，社会工作作为一门专业开始发展。这时社会工作中的宗教价值逐渐让位于以科学和知识为基础的专业价值，人本身无条件地被放到社会工作专业的中心位置来考虑。帮助人，不再是出于一种宗教上的义务，而是一种人道主义义务。社会工作完全被放到人与人的关系的天平上来检验。

2. 当代社会工作的价值观

对于社会工作的价值观，学者们见仁见智。贝姆从社会工作关于人、社会和专业和角度把社会工作价值观概括为：每个人都有与生俱来的自我实现的权利，且都有达此目标的能力；作为社会成员，每个人都有义务寻求自我实现的方法以贡献于社会；社会有义务协助个人自我实现，也有权利利用成员的贡献使社会更充实和更富足；每个人都需要和谐发展的社会予其力量和机会，满足生理、心理、经济、文化、审美及各种精神方面的基本需求；由于社会日趋复杂和相互依赖、增强，为了协助个人实现自我价值，也就更迫切地需要专业社会组织；为了让每个人不仅能实现自我价值，而且能贡献社会，社会组织必须在社会认可和社会提供的情况下，以满足个体与社会的需求。

莫拉莱斯（Morales）和谢弗（Sheafor）把社会工作价值分为三方面：第一，对人的价值偏好。相信人的价值与尊严是与生俱来的；人具有能力与动机去追求更满意的生活；人要对自身与他人负责，除了自己之外还要想到其他人；人需要归属；人有共同需求，也有独特偏好。第二，对社会的价值偏好。社会必须提供机会让每个人成长发展，以实现其最大的潜能；社会应提供资源与服务，以满足人们的需求并避免食而无粮、教而无师、病无良医、住无蔽身及种族歧视等问题的发生；人人有平等机会参与社会的建构过程。第三，社会工作的工具价值。社会工作者相信所有人均应受尊敬与保持尊严，应使人有最大机会决定其生活方向，应协助每个人与他人互动以建立满足人需求的社会，相信个人具有独特性而不以刻板印象对待。

赫普沃斯（Hepwort）、鲁尼（Rooney）和拉森（Larsen）把社会工作的价值观概括为四个方面：第一，人有获得资源以解决问题并发展潜能的权利。社会工作一直关心人在社会中是否幸福，其焦点在于环境对每个人问题的产生、发展和严重化的影响力量。因此，社会工作者承诺向案主提供支持以协助其获得所需资源。社会工作者要持守对社会工作专业价值观的承诺，具备运用社区资源的知识和技术，形成并实施能有效满足人类需要的政策和方案。第二，人的价值和尊严是天生的。社会工作者相信人有天生的价值和尊严，无论过去或目前、信念、生活方式及生活状况如何，当他们担负起应负责任时，社会工作者应对案主的尊严和价值给予支持。第三，每个人都是独特的，且必须努力加以维护；尊重案主的个别差异与接纳和非批判的态度有密切关联，对社会工作者而言两者同样重要。不同个人有很大差异，社会工作者必须进入案主的主观世界，以尽可能了解另一个人并相信案主的个别性。第四，人在拥有适当资源时均有能力成长且改变，因此，对处于任何状况中的人都应给予支持，以增加其解决问题的能力和选择生活方式的机会。社会工作者尊重人有自决及参与助人过程的权利。社会工作者采取能力取向、强调案主的正向物质和未被开发的潜能，便能让案主感到有希望和被鼓励，并培养其自尊感。

夏学銮指出，社会工作有相对独立的价值观念，主要包括：个人在社会中首要地位的承诺；为满足社会公认需要的社会变迁承诺；对社会中所有人的经济、身体和精神福祉和社会正义的承诺；尊重和欣赏个体和群体的差别，个别化对待的承诺；发展案主的能力、帮助他们自助的承诺；向他人传递知识和技能的承诺；把个人感情和需要与专业关系分离开来的承诺；尊重案主隐私和保密的承诺；不顾个人挫折、坚持不懈地改善案主状况的承诺；高标准的个人和专业行为的承诺。

综上所述，社会工作价值包括个人价值与尊严，对人的尊重，重视个人改变的潜能，案主自我决定权，提供个人发挥潜能的机会，寻求满足人类共同的需要，寻求提供个人足够的资源与服务以满足其基本需要，赋予案主权利、平等的机会，没有歧视，尊重多元性，对社会改革与社会正义的承诺，保密与隐私权，愿意将专业知识与技巧提供给他人，等等。

（三）社会工作价值观的功能

社会工作价值观在实务中具有重要作用，这些作用体现在如下四个方面。

1. 社会工作使命的本质

社会工作专业的创始者和从业者都深信，社会工作的基本目标是帮助生活遭遇困难的人。社会工作并非纯技术性的,而是有价值基础的,旨在通过各类服务来协助弱势人群。社会工作的价值并非随机或易变的规范,也非外在社会价值观的反映,而是对集体责任的思考,隐含了社会工作者在社会中的角色。

2. 社会工作者与案主、同事和社会的关系

社会工作者的价值观影响到与案主、同事、社会成员的关系。有些社会工作者会选择他们认定的受害者给予帮助,有些社会工作者选择对犯罪者进行帮助,有些社会工作者选择为低收入家庭服务,有些社会工作者则选择为富有家庭服务。这些选择都会受到社会工作者价值观的影响。

3. 社会工作者服务方法的运用

社会工作价值观也影响服务方法的选择。有些社会工作者偏好对行为偏差的青少年运用当面对质的技巧;另有些社会工作者则批评当面对质技巧缺乏人性化的考量,而偏好强调案主自我决定权及治疗关系的建立。

4. 实务工作中伦理两难的解决

社会工作价值观会影响如何解决专业责任与义务冲突时发生的伦理两难。伦理两难通常涉及价值冲突。例如,社会工作者一方面要尊重案主自决,另一方面又要遵守虐待儿童须通报的法规。社会工作者的最终决定是基于其对社会工作价值本质的信念,尤其是有关特定专业责任与义务何种优先的考虑。

正是由于社会工作价值观在实践中的重要作用,社会工作者应了解个人价值观在其与案主接触过程中所扮演的角色。社会工作者如果在实务工作中无法察觉自己的价值观在起作用,则容易在没有察觉的情况下,将其价值观强加在案主身上,致使助人过程产生偏差,侵犯案主的自决权,也会造成案主内在的罪恶感,甚至拒绝继续接受服务或治疗,也会影响到社会工作者的工作效果,从而无法达到服务目的。

(四)社会工作中常见的价值观冲突

社会工作者在实务中常会遭遇价值悖论。由于社会工作是一门艺术,因而社会工作者必须根据价值而不是知识来决策。这表明,社会工作者使用的改变技术常常建立在理论和价值之上,而不是干预技术之一。罗肖泉和尹保华在《社会工作实践中的伦理议题》一文中,从社会价值观、专业价值观和个人价值观等三个维度把社会工作的价值冲突概括如下。

1. 社会价值观与专业价值观的冲突

专业价值观是对社会价值观的反映,两者应当是一致的。专业价值观与社会价值观是不相悖的,只是在重点、优先次序上或者诠释上可能会有很大的不同。因此,社会工作的特殊伦理决定了专业核心价值观必然与社会价值观存在冲突。它对弱势群体利益、社会正义给予高度关注,要求为他人福利无私奉献、勇于承担社会责任,而这显然与一些人信奉

的为追求效率而牺牲弱势群体利益、为追求个人利益而牺牲他人利益、只讲个人权利而不承担社会责任的社会价值观存在矛盾。这种矛盾对社会工作专业发展产生过巨大冲击。例如，在专业化过程中，社会工作实践就一度偏离了道德使命的轨道，而一味奉行管理主义的经济效益至上理论或技术主义的单纯精神治疗理论。从 19 世纪 60 年代开始兴起的"激进社会工作"理论对管理主义和技术主义的批评，代表了社会工作专业对道德使命的再一次自觉意识。应当说，社会工作专业价值观与社会价值观之间的冲突，反映了应然与实然的矛盾，体现出社会工作专业的道德理想性特征。

2. 专业价值观内部的冲突

由于社会工作价值观涉及方方面面，复杂的实务情况必然在价值观中有所反映。社会工作专业又处于社会环境之中，社会各个方面对其价值要求也存在差异，而这种差异会反映到社会工作价值观中，由此导致了社会工作价值观本身的冲突。即使在社会工作核心价值观中，这种冲突也是存在的。《美国社会工作者协会伦理守则》就将社会工作的核心价值观概括为六个方面，即服务、社会正义、个人尊严与价值、人际关系的重要性、廉正、能力。其中，个人尊严与价值既要求尊重案主的隐私权，又要求能保护第三方不受伤害，当案主的秘密涉及对第三方的危害时，社会工作者就面临着如何选择的问题。

3. 专业价值观与个人价值观之间的矛盾

社会工作者是社会工作伦理责任的焦点，社会工作者的价值观应与专业价值观一致，但这种一致并非自然形成的。社会工作者除了受专业价值观的影响外，还受到社会环境和文化背景的影响，这有可能使其个人价值观与专业价值观产生冲突。例如，案主自决是专业价值观的重要内容，但对注重情感关系的中国社会的专业工作者来说，对案主完全保持中立和情感疏离是不太容易做得到的，积极干预甚至是包办代替似乎更符合中国传统。

4. 社会工作者个人价值观与案主价值观的冲突

社会工作的重要方面是双方以各自的价值观为尺度对对方言行进行评估，如果两者价值观不一致，进一步协作就会受到影响。例如，社会工作者不赞成同性恋，而案主却是同性恋者，社会工作者能理解和同情其境遇并呼吁他人尊重其选择吗？社会工作者和案主的价值观冲突在实际工作中也屡见不鲜，文化、教育、环境、民族、性别、年龄等方面的差异是造成价值观冲突的主要原因。

二、社会工作的专业伦理

社会工作的专业伦理是社会工作哲学及价值观的具体化。价值观与伦理不同的是，价值观关注的是好的、想要拥有的东西，伦理关注的则是对的、正确的东西。伦理从价值观中推导而来，必须与价值观协调一致。而社会工作者在实务中同样会遭遇到伦理冲突或困境，因而需要妥善加以解决。

（一）伦理与专业伦理

伦理，即人类道德的原理，它是一种规范人类思考、言行与社会关系的道德理想标准，目的是使人类社会能够达到真、善、美的境界。伦理与道德相比，道德主要在于辨认个人内心行为之善恶，而伦理则侧重于个人外在行为之对错。伦理也是一种价值观，但是伦理与价值还是略有不同的，价值是一般社会大众渴望、喜欢做某种特定事物的意念或理由。而伦理主要是指人伦关系，即人与人之间相互对待的道德准则，它给社会成员提供了行为评判的标准。何谓伦理，并没有一定之规。李增禄认为，伦理是对一种相关行为的标准和期望，而且能够对有关个人或团体规范其责任。徐震认为，伦理与道德有重叠之处，均指个人行为是否符合社会规范而言。但它们也有不同之处，即道德是指个人的品德与私德，是个人意志的选择，而伦理则涉及其行为对他人的影响，已进入社会秩序的范围。综上所述，伦理是人们的行为标准和准则，对人们的行为具有制约作用。

迪尔凯姆（Durkheim）将伦理分为两大类。第一类是对所有人的伦理，它界定全体社会成员的行为，调节全体社会成员之间的关系。第二类是对特定的社会团体的伦理，它主要规范团体成员行为。社会工作专业伦理就是属于对特定的社会团体的伦理，它主要是规范社会工作者群体的助人服务行为。

伦理又可分为个人伦理和专业伦理。个人伦理是指个人对其群体相对的与相互的关系，以德行为中心，并随社会发展而细分为家庭伦理、社区伦理、环境伦理等。专业伦理是指专业团体对其案主的专业关系与服务关系，以责任为中心，又可分为企业伦理、科技伦理、行政伦理、助人伦理等。社会工作伦理属于专业伦理。社会工作者通过其团体的讨论与共识，以集体自律的方式，订立专业守则或公约，要求全体成员共同遵守。具体来讲，专业伦理有三种功能：一是可以成为该专业的指针，使该专业的人员言行及治疗行为有所规范；二是可以使专业人员在完成工作时能凭借其伦理守则而维护专业原则；三是可以提供一种标准，来评判专业的实施有无瑕疵。

（二）社会工作的专业伦理

社会工作的专业伦理是社会工作依其哲学信念和价值取向发展而成的一套伦理实施原则，是引导与规范社会工作活动的依据。社会工作伦理的制度化、操作化就形成了社会工作专业伦理守则，它是社会工作者在助人活动中要自觉遵循的行为准则。关于社会工作专业伦理守则对社会工作及社会工作者的意义和功能，总结众多学者的观点，主要有以下三个方面。第一，引导约束功能。社会工作伦理守则对社会工作者在助人活动中应该做什么、不应该做什么做了详细的规定，它的目的在于把社会工作者的活动引向正确的方向，约束其不致走向错误的方向。第二，评价监督功能。《美国社会工作者协会伦理守则》规定了社会工作者的行为标准，这个标准的建立，一方面可使社会工作者、案主以及其他人根据此标准来评价工作者服务活动的质量与效果。另一方面，这个标准的建立，同时是对社会工作者行为举止的监督，当工作者的行为举止偏离了伦理守则的要求时，案主或者他人有权提出建议，甚至批评或控告。第三，区分认同功能。社会工作伦理守则是专门为社会工作者及助人活动而制定的，它作为一种符号，就是把社会工作者及活动与其他人及活动区别开来，通过此种区分来建立社会工作者的专业形象和社会工作的专业地位。同时，这种区分能使社会工作者内部建立起群体认同感，维护专业认同。

根据《美国社会工作者协会伦理守则》，社会工作的专业伦理包括如下六个方面。

1. 对案主的伦理守则

对案主的伦理守则包括：持守对案主福祉的承诺；尊重案主自决权；尊重案主知后同意的权利；服务必须符合自己专业能力，否则必须谨慎；具备应对多元文化的能力；应对过程避免利益冲突；尊重案主隐私权并遵守保密之原则；尊重案主取得记录的权利和遵守相关原则；避免与案主的性关系；肢体接触应有所规范；不得性骚扰；不得使用诽谤性语言；确保服务付费的公平合理；采取合理步骤协助缺乏决定能力之案主；努力确保服务中断之后的持续服务；持守服务终止的原则。

2. 对同事的伦理责任

对同事的伦理责任包括：尊重同事；持守同事共有资料的保密责任；数据处理的谨慎；妥善处理同事间跨专业的合作和争议；提供同事必要的咨询；持守服务转介的原则；避免和同事有性关系以影响案主权益；不对同事性骚扰；协助同事处理个人问题以免影响干预。

3. 在实务机构中的伦理责任

在实务机构中的伦理责任包括：提供符合能力的咨询和督导；负教育和训练责任；公平审慎的绩效评估；个案记录须正确、讲时效、重保密和妥善储存；设立确实的付账与管理制度；落实个案转介制度；担负行政工作责任以确保资源的充足和公平分配；强化延续教育与人力发展；持守对雇主承诺；组织和参加工会；在不违反伦理原则的前提下处理劳资争议。

4. 作为专业人员的伦理责任

作为专业人员的伦理责任包括：能力的强化、发挥、依其所能提供服务；包容，不应歧视；个人行为不干扰专业任务；诚实不诈和不诱骗；不让个人问题影响专业判断和表现；不诈称或言行超越能力资格和机构授权之范围；绝不诱导或操纵案主；不邀功。

5. 对专业的伦理责任

对专业的伦理责任包括：对专业知识和价值的追求；专业廉正之促进；评估和研究的坚持与促进；坚守评估和研究的相关伦理原则。

6. 对社会全体的伦理责任

对社会全体的伦理责任包括：参与公共事务；参与社会和政治行动；促进社会福祉和正义；协助解决公共紧急事件。

（三）社会工作实践中的伦理困境

专业伦理是社会工作者实践活动的指引。由于社会工作伦理守则中存在着不明确或无法明确之处，以及消极义务与积极义务并存等因素的影响，社会工作者在实践活动中通常会遭遇到伦理困境。这种伦理困境可以概括为以下五类。

1. 目标冲突导致的困境

社会工作最基本的目标在于协助有需要者，并对社会问题予以关注及采取行动。这意味着社会工作同时将关注个人福利和社会问题作为目标。由此可能造成的伦理困境是：当弱势群体福利与健康人群福利发生冲突、个人自由与社会控制发生冲突、个案工作与社会运动发生冲突时，当如何作出抉择？

2. 忠诚冲突导致的困境

社会工作者要同时忠诚于案主、雇主、社会机构、职业及社会整体。这些忠诚有时相互冲突。例如，案主往往相对软弱，依赖社会工作者争取利益；社会工作者相对于机构来说也是软弱的，机构掌握着社会工作者的工作机会。当案主和机构的利益与要求发生矛盾时，社会工作者应当首先忠诚于案主还是机构？

3. 责任冲突导致的困境

社会工作伦理困境产生于社会工作者已接受的两个矛盾职责：一是当案主提出确保或增进个人福利的要求时，社会工作者有提供专业帮助的职责；二是不干涉案主自由的职责。既要求社会工作者运用专业知识和技巧帮助案主，又要求充分尊重案主自决权。当案主自由选择从专业角度来看不利于案主时，或者为了案主福利而须牺牲其自由时，社会工作者应当运用专业知识去干预案主的自我决定吗？

4. 角色冲突导致的困境

社会工作实践中的角色冲突表现在两个层面：一方面，社会工作者承担多种角色，而每种角色有不同的义务。同一社会工作者的时间精力有限，究竟先履行哪项义务呢？另一方面，同一社会工作者处于不同角色时，会遭遇来自各方的期待。当这些期待难以两全时，他们就处于困境。

5. 利益冲突导致的困境

社会工作者的日常工作往往影响到不同的人和群体的利益，这些利益都是社会工作者须考虑和顾及的，但又往往不能两全。为了保护案主，工作者可能牺牲自己利益；为了保护案主，可能牺牲其他案主的利益；为了增加案主福利，可能要呼吁社会制度的迁就；为了保持职业的纯洁，社会工作者可能告发同事的不道德行为。如此复杂的情况需要社会工作者裁决，应当优先考虑谁的利益？

三、社会工作实践中的伦理抉择

社会工作者遇到伦理困境时必须作出抉择。针对前述五种伦理困境，可以有如下解决困境的原则、标准及模式。

（一）伦理抉择的原则

考虑到社会工作本身的强烈道德特性以及这些抉择本身的伦理相关性，伦理抉择的基本原则应当是道德优先性。第一，出于道德考虑的抉择。在作出伦理抉择时，应首先衡量其道德合理性，而不是出于政治、经济、技术或专业目标实现的考虑。第二，符合道德标准的抉择。应当以社会一般的道德标准和社会工作的专业道德标准为依据进行，而不是依据一时的感情冲动或个人偏好。第三，为了道德目的的抉择。应当为了满足案主的最大利益和更好地实现服务目标，在周密考虑后于服务开始前作出抉择，而不是在服务结束后为自己辩解。这三项原则的共性就是社会工作者的道德良知和道德责任感。

（二）伦理抉择的标准

在同样符合道德标准的情况之间作选择，还必须考虑责任和义务、利益和正当性的优先权问题。西方一些社会工作伦理研究者提出了各自伦理优先次序的观点，这对当代中国社会工作者具有借鉴价值。他们首先都把保护生命放在最高优先位置，其次都强调培养人们的独立和自由意识、尊重隐私权、保密、诚实等原则。他们还提出，个人福利的权利优先于法律、法规和组织的规定；防止伤害的义务（如教育及社会救助）及提升公共利益的义务优先于个人财产所有权的权利。这与中国所提倡的集体主义及宁死不屈的传统精神有所不同，可视为强化法制和经济利益过程之后的现代西方国家向"以人为本"的复归，对于正在建设法制国家和强调经济利益的中国而言，也是箴鉴在前。

（三）伦理抉择的模式

伦理抉择是连续过程，而且会因社会工作者的知识能力、实践环境、案主情况等而呈不同状态。虽然并不存在完全固定不变的模式，但在任何伦理抉择过程中都必须考虑三个方面问题。第一，相关的价值观和伦理原则，包括社会价值观、职业价值观、个人价值观、一般伦理学原则和专业伦理学原则。第二，相关的参与者，包括案主、可能被影响者、协作同事、其他专业人员及社会组织机构。第三，相关的效率和效益，包括所选择行为的代价和成本、对社会利益和个人利益的保护度、是否符合最小伤害原则等。社会工作者还应当注意，他们的抉择并非完全孤立的，借鉴有关文献中的成功案例，请教有关专家、与同事们共商都是使最终抉择更科学合理的重要保障。当然，仅靠社会工作者的道德责任感有时并不能完全解决实际问题，专业知识和技巧是作出合适抉择的前提。

针对其他类型的困境，也可采取如下可操作的疏解途径。一是集体研讨。经常举行分业或分项的工作研讨会；细分业务，如将家庭暴力分为儿童虐待、婚姻暴力及老人虐待加以讨论；参与人数不必太多，而以具有实务经验及研究兴趣者为限。二是学术研讨。鼓励社会工作专业的学生研究各种伦理议题，用实证方法，取本土资料，将理论、政策与方法均包括在内。三是通案处理。例如，根据社会工作者的经验与观察，加以分类归纳。使某种类型的"个案"按发生背景与原因分门别类，形成一种"通案"；而后通过公会或协会建议政府从政策与立法上加以解决。四是案例分析。从分业分类中，收集具有伦理难题的个案，邀请实务与学术两方面的专家共同分析，并逐年汇编成册，参照医学界对特殊病例的分析及司法界对司法判例整理成册的做法，可以为社会工作专业伦理困境的抉择提供更多的依据，以累积前人经验，启发后人智力。

作为不断完善的专业和职业，本土社会工作实践必须整合国际社会工作者通用的哲学价值和伦理、本土的传统文化和当代主流的意识形态。对上述三者分别采用借鉴和本土化、扬弃和当代化、认同和操作化等不同思路，是真正领悟社会工作的哲学、价值和伦理，从而达成社会工作多层面目标的有益手段。

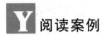

阅读案例

高校学生管理中社会工作价值冲突理论的运用及个案分析

每个人认识事物及其属性的基础不尽相同，自身需要的尺度以及确定各种事物是否有价值及其价值大小的观念也就不甚相同，这就造成了社会工作者和案主之间有可能存在价值冲突，下面就以所做的两个个案来进行分析。

个案一：案主是一位大三学生，因家庭成员突发变故，家里需要其辍学回家打理家族企业，该生在办理退学手续时却又非常矛盾，犹豫不决。通过案主的叙述，其本人还是倾向于辍学接管企业，但是又怕能力不足，无法驾驭企业，因此徘徊不定。而我个人认为辍学是一种半途而废、不求上进的表现，因此陷入了价值困境中。假如把这种价值取向付诸实现，就很难保持客观的立场并对案主有积极的帮助。在面对这种价值矛盾时，一个经常使用的办法是"案主自决原则"，即案主有权利持有和表达自己的观点，并按照自己的观点行事，只要这样做不损害其他人的权利。我们首先帮助案主准确地界定问题之所在，找出解决问题的所有方案，并逐一分析各方案的优点和缺点之后，再由案主自己决定如何选择。这与一般的思想政治教育工作往往选择一个行为模式，然后用这一模式去重新塑造案主的观点恰恰相反。在此案中，虽然我反对辍学，但是我应该让该生明白辍学与否都是可行的选择。因此，我和该生将辍学与否的理由详尽地列出，案主经过反复比较和仔细思考后，决定"暂不办理退学手续，回家与家庭成员认真商量一下，确定今后个人及企业将如何发展之后再作决定"。虽然没有辍学是我最初的愿望，但是在经过有效的社会工作方法的运用后，在没有外界的干扰下让该生作出了自己的决定才是令我最欣慰的地方。

个案二：这是一个极端的案例，大一新生张某在入学体检时查出患有白血病，家境贫寒的他面临突然的变故，非常绝望，因此想到了自杀。在与该生的交谈过程中，我尝试用在前一个案例中使用过的案主自决的方法进行实务，和该生一起将自杀与进行治疗的各种影响因素及其后果进行分析。但该生分析了所有可能的因素之后，依然觉得没有理由继续忍受痛苦，而且就算接受治疗，治愈的概率甚小，高额的治疗费用会成为家人的负担。这又使我陷入了价值矛盾之中，不知道是否应该阻止该生自杀。

在使用案主自决的方法失效后，经过仔细分析案情，我转而使用另一种解决方法：将社会工作的道德伦理原则按照其重要性的程度排成序列，然后根据序列来作出价值判断。这些价值序列是：(1) 保护生命（个人与社会的基本生存需要）；(2) 维护独立性、自主性和自由;(3)营造平等的机会;(4)提高生活质量;(5)保护每一个社会成员的隐私权;(6)讲真话,并开放所有的相关信息;(7)根据自愿接受的原则行动。根据这个价值序列,我在价值1"保护生命"和价值2"维护独立性、自主性和自由"之间遇到了矛盾,根据价值序列原则,应当毫不犹豫地服从第一条原则,保护他的生命。首先让他了解到:自杀非解决问题的唯一方法,以及杀死自己是不可逆转的大事;困难是暂时性的,是可以解决的;专业人员(及其他人士)愿意分担、支持和协助他。我多方寻找关于白血病治愈方面的信息,给予其进行治疗的勇气,然后通过与其家人的沟通了解到家里人也是十分希望尽全力对该生进行治疗,通过其家人的鼓励和支持给予他治疗的信心和决心,医院方面也表示可以适当减免该生治疗所需的费用。在努力使第一条原则实现后,即该生答应接受治疗,并不再考虑自杀的情况下,通过其家人和院方的配合,对他的生活心态进行调整。通过使其对以前美好时光的回忆和对治愈后生活的憧憬,培养他积极的治疗心态,变被动接受治疗为主动要求治疗,增强他的自信感和自控感,鼓起他的求生欲。

(资料来源:王俞森.高校学生管理中社会工作价值冲突理论的运用及个案分析[J].价值工程,2012(2):221,有改动。)

思考题

1. 假如你在一家医院做医务社会工作者,有一位服务对象是60岁的老人,他不爱说话,身体虚弱,且情绪波动较大。一天下午,老人的女儿B女士来见你,她告诉你她的父亲是肝癌晚期,经医生诊断所剩之日不多。她的家人都很难过并且决定向老人隐瞒事实,因为他们知道如果老人知道后病情会越加恶化,会更快地离开他们。B女士要求社工和她一同向老人隐瞒事实。面对这种情况,你会如何决定?为什么?

2. 假如你是一位学校社工,正在为一位重点中学的高三女生服务。她在学校的表现属于中上。就在三个月前,这个女生遇到了一个男孩,并深深地爱上了他。以后她便失学并深夜才回家。她的老师和家长非常担心,加强了管束,但这却使她更加叛逆。在高中毕业的前两个月,这个女生决定放弃高考,她想马上开始工作,并最终搬出家庭与男生同住。那个男生最近正在一个发廊当学徒。他告诉你他很喜欢这个女孩子,对女孩子的计划没有太多的意见。他觉得现在的相处方式很快乐。他感到没有改变的迫切需要,但如果女孩子坚持的话,他不介意和她住在一起。这种情况下,你会怎么做?为什么?

3. 在学习完本单元后,你是否想成为一名专业的社会工作者?

单元二

了解社会工作的常用工作手法

单元介绍

理解和掌握社会工作手法是社会工作者必须具备的技术和能力,本单元将通过介绍社会工作的常用工作手法,如个案社会工作、小组社会工作、社区社会工作、社会工作行政管理与研究和个案管理的主要工作模式与操作技巧,并帮助学生了解成为一名合格的社会工作者需要具备的技术与能力储备。

单元目标

1. 掌握社会工作的常用工作手法。
2. 熟练运用每个工作手法的技巧。

任务一　个案社会工作

R 任务描述

本项任务通过引导学生阅读案例、参与体验式活动等方式帮助学生了解以下几个问题:

1. 个案社会工作的含义是什么?
2. 个案社会工作的基本技巧有哪些?

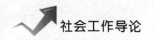

D 导入案例

助人的双手比怜悯的心灵更温暖

他，十余年捐资助学；他，孤寡老人的"好儿子"；他，孤儿心中的"红亮哥哥"。他就是海南大学政治与公共管理学院土地资源管理系教师赵红亮。

赵红亮出生在河南省安阳市龙泉乡西洪沟村的一个农民家庭，很小的时候，由于一次生病打针，致使左腿残疾，走路一直有些不方便。上中学时，又因一次意外致使腰部受伤，赵红亮就这样在人生青春坎坷路上挣扎了5年。但是，在父母的言传身教下，赵红亮养成了坚强乐观、不怕困难和助人为乐的品格。

赵红亮做好事不留名，十余年间，他以"向群弟"的署名一直坚持捐资助学。自2002年10月海口市秀英区东山镇向群小学收到署名为"向群弟"的第一笔金额为220元的汇款单起至今，每年向群小学都会收到落款为"向群弟"的几笔捐资助学的汇款单，少则50元，多则5000元，每一笔都为家境贫困、濒临失学的儿童撑起一片蓝天。与此同时，学生们还收到课外读物及工具书近万册。时至今日，已经有很多学生考上重点高中，进入大学，毕业后找到一份自食其力的工作，成为家里的顶梁柱。无名英雄"向群弟"的先进事迹在向群小学及整个海南迅速成为人们学习的榜样。

2002年11月，赵红亮同儋州市敬老院的孤寡老人和孤儿结下了不解之缘。他自学中医穴位按摩、常用药膳、聋哑儿童心理辅导等知识，自购血压计、拔罐器等医用器具，定期为老人和孩子们做保健，成为孤寡老人的"好儿子"，孤儿们心中可敬可爱的"红亮哥哥"。

在赵红亮的不断关注、四处奔走及当地政府的努力下，2008年，儋州市建起了属于孩子们自己的"家"——儿童福利院。这年春节，远在河南老家过年的赵红亮接到福利院孩子们的电话："红亮哥哥，告诉你一个好消息，我们有新家啦！"时至今日，赵红亮依然在努力帮助适龄的弃婴、弃童到附近的小学读书，呼吁好心人看到报道后，到福利院领养一些孩子，组成新的家庭。他为和谐社会的创建坚持不懈地做着一位公民应有的努力。

大学期间，赵红亮积极组建青年志愿者服务队，到图书馆和周边村镇开展志愿服务，利用周末为贫困中小学生提供免费家教。他积极参与送文化科技下乡和基础医疗护理的宣传，向偏远地区赠送科普读物和衣物。

大学毕业后，赵红亮自愿放弃回河南老家当公务员的机会，而选择到贫困偏远的国家级贫困县——白沙县南开乡黎苗少数民族山区扶贫支教。为了提高教学能力使自己胜任教学工作，赵红亮每天早起晚睡，点着蜡烛学习；他还省吃俭用购买课外读物和报纸杂志，让学生尽可能多地了解山外的事情及国内国际时事政治。通过几年的努力，使得大山里走出了当地黎苗少数民族自己的大学生；同时，赵红亮自学热带农业科技知识，对当地农民进行宣传，增鼓农民的"钱袋子"，成为了当地农民的"致富明灯"。

2013年3月，赵红亮作为海南唯一的先进代表赴京参加了由中央宣传部组织召开的纪念毛泽东等老一辈革命家为雷锋同志题词 50 周年座谈会，与来自全国各地的 30 多名代表重温老一辈革命家的题词，交流学雷锋的经验体会。同月，又应邀参加了中共海南省委宣传部召开的纪念毛泽东等老一辈革命家为雷锋同志题词 50 周年座谈会，并在会上作主题发言。海南省委组织部拍摄了一部专题片《"向群弟"——赵红亮》参加全国优秀电教片展演，并在全国党员干部现代远程教育网上播放，引起了积极反响。

《光明日报》曾经两次在头版头条报道其事迹：2009 年 7 月 3 日，以《赵红亮，展现当代大学生别样风采》为题报道；2012 年 12 月 4 日，以《海南大学教师赵红亮的新故事："向群弟"原来是他》为题报道，把它作为新专栏"培育和践行社会主义核心价值观"的开篇。

(资料来源：http://news.sina.com.cn/c/2013-09-19/065028253454.shtml，有改动。)

案例思考

1. 赵红亮为什么受到人们的尊敬？
2. 作为社会工作者，我们从赵红亮的身上学到什么？

体验活动

将学生分为 3 组，每组学生呈纵队站列并保持单臂距离，每人手拿一支彩笔。每组分发 15 枚鸡蛋，依次由第一位组员向后一位组员传递鸡蛋，直至最后一位组员。传递过程中每位组员都必须为所传递的每颗鸡蛋着色，3 组全部完成后请每组组员展示本组的彩绘后的鸡蛋并阐述加工理念。

活动后分享：

1. 活动过程中如何才能保持鸡蛋的完整？
2. 有两枚完全一样的鸡蛋吗？为什么？
3. 设想彩绘过程就是社会工作服务过程，而每枚鸡蛋就是每一个的服务对象，请尝试分析服务过程的注意事项。

知识链接

一、个案工作的含义及构成要素

（一）个案工作的含义

个案工作是个案社会工作（Social Cases Work）的简称，是社会工作的一种重要方法。它在社会工作传统的三大方法中起源最早，而且是其他方法的基础。个案工作是专业工作者遵循基本的价值理念、运用科学的专业知识和技巧、以个别化的方式为感受困难的个人和家庭提供物质和心理方面的支持与服务，以帮助个人和家庭减轻压力、解决问题、挖掘生命潜能，不断提高个人和社会的福利水平。

个案工作作为一项专业的助人工作，不同于以往随意性强、缺乏稳定性和专业性的个人慈善工作，也不同于其他把助人者视为专家、权威的助人工作，而是一种受专业价值观引导的、持续性的、专业的、与受助者地位平等的、重在挖掘培养受助者能力，也为受助者解决具体困难的助人方法，其本质是助人自助，即个案工作既可以协助受助者解决问题，也可以帮助受助者预防原有问题再发生及激发潜能、增强自助能力。

(二) 个案工作的构成要素

1. 个案工作的对象

个人是个案工作的首要工作对象，但不是所有个人都是其工作的对象，而主要是指面临各种社会适应不良问题的个人，这些问题影响个人功能的正常发展或妨碍个人的成长。其次，家庭也是个案工作的对象。家庭相对于个人来说较为复杂。早期个案工作就是以那些遭遇贫穷或犯罪家庭为主的，而现代社会的家庭问题比较复杂，如婚姻危机家庭、单亲家庭、空巢家庭、关系失调家庭。在个案工作的辅导过程中，往往习惯把工作对象（即个人或家庭）称为案主。

2. 个案工作的主体

个案工作的主体是指接受过专业训练的社会工作者。他们必须拥有哲学、伦理学、社会学、心理学、法律等学科中关于人和社会的关系，人类行为与人际关系调整等方面的专业知识，还要有相当丰富的个案工作实践经验。因此，要求社会工作者不断丰富知识、提高能力、参加实践、增强综合素质。

3. 个案工作的内容

个案工作的内容是指个案工作者所需解决的案主的主要问题。这涉及判断问题的标准。什么样的问题是需要社工提供帮助的，而什么样的问题是案主自己可以解决的，什么样的问题是案主必须自己解决而社工无法代替其解决的。

4. 个案工作的方法

个案工作的方法是指个案工作者在帮助案主过程中所采用的具体步骤和技巧。这种方法的专业性较强。例如，个案工作者和案主在建立初步良好关系的时候，要采用聆听、接纳、自我暴露等技巧。各种个案工作模式也是科学地观察和帮助求助者的方法，它与日常的生活经验不同，不是简单的感性经验的积累，而是以科学的假设为基础，有着严密的逻辑体系。

5. 个案工作的目标

个案工作的目标是指通过个案辅导工作希望受助对象达到的状态。它可从以下两个角度来阐明。首先，从服务对象的角度，个案工作的基本目标是要协助那些社会适应不良和社会功能失调的个人或家庭，增进其生存和发展的能力。但是这种助人目标的实现是以帮助案主能独立应付日后生活适应的挑战为前提的。其次，从个案工作者的角度，个案工作的帮助目标是个案工作者进行具体辅导工作的指向，也是个案工作是否有效的判断标准。因此，个案工作的目标不仅是案主自己的要求，同时是个案工作者在理解案主问题基础上希望其达到的健康状态。由此可见，个案工作目标是在个案工作者与案主互动的基础上产生的，需要双方的共同努力才能达到。在辅导过程中，除了总的帮助目标（终极目标）外，通常还有子目标，即实现总的帮助目标的阶段目标。

二、个案工作的基本原则

个案工作者要真正达到助人的目标，必须考虑案主在求助过程中的基本心理需求，才能行为适当，达成良性的互动关系。比斯台克（Biestek）把案主在个案工作中的基本心理需求归纳为七种，而个案工作的基本原则正是为了满足案主的这些需求，为个案服务提供指导。

（一）个别化原则

个别化原则是将案主看成独特的个人，重视案主对待困难和问题的个人感受与看法。这一原则要求个案工作者认同和了解每个个案的独特性，并运用不同的方法来帮助案主达成较好的适应。

（二）接纳原则

接纳原则是指个案工作者理解和全面地看待案主，包括他的长处和弱点，他的适宜的和不适宜的品质，他的正面和负面的感受，他的建设性的和非建设性的态度与行为，需要完全保持案主与生俱来的尊严和个人价值。接纳具有对个案工作者和对案主的双重功能。首先，接纳能帮助个案工作者理解案主真实的自我，能使其工作更有效。其次，接纳能帮助案主从不想要的防卫中解脱出来，使其能安全地表达自己，因而能用更为现实的方式面对自己和自己的问题。

（三）承认的原则

承认原则是指承认案主作为一个人的价值、他的发展潜能以及改变的能力。社会关系适应不良的人常受指责并倾向自责，以致自我形象非常低劣，对自己的能力疑虑重重，经常表现出过分的敏感与自卫，尤其忌讳被人看成无用或失败的人。因此，个案工作者不能以轻视、反感、责备的态度对待案主，而应对案主抱有尊重的态度，帮助案主从防卫中解脱出来，以更切实的方法来面对自己和处理自己的问题。

（四）理解关怀的原则

在个案工作中，个案工作者需要适度的情感介入。工作者如果不投入一点感情，就会表现出冷淡、冷漠与例行公事的态度。这种冷冰冰的、置身事外的态度是无法达成助人功效的。案主常常希望自身感受或表达的情感能获得个案工作者的了解、支持与共鸣。个案工

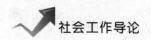

者真诚的关心与期望能够给予案主心理上的支持，加强其安全感与信任感是促使案主改变的动力。

（五）非批判的原则

个案工作者的角色是了解和帮助案主，而不是对案主作出是非对错的评判。评判的态度也是审批的态度，其目的是得出某种价值判断，这会引起案主的紧张，从而阻止他（她）的自我表达。因此，个案工作者必须以非评判的态度了解案主及其问题，在适当的时候向案主说明工作者的工作是帮助他（她），而不是审视他（她）、评判他（她）、给他（她）作结论。这有助于案主客观地正视自己的问题，并作建设性的改变。

（六）案主参与及自决的原则

个案工作要取得成效，离不开案主的积极参与。个案工作不是包办代替，而是助人自助。与提供物质帮助相比，帮助案主建立适当的人格、感情与行为模式是更重要的。从这个意义上说，个案工作的真正目标不是外在的，而是内在的，所以只有案主积极参与，才可能真正产生功效。如果个案工作者只是一味地替案主想、替案主做，非但不利于案主问题的解决和能力的提升，还会增强案主的依赖心理，使其丧失自尊心。

案主自决是指案主有自由的做选择、做决定的权利和需要。这一原则植根于能力取向的观点，它反映的信念是案主有能力成长和改变。个案工作者只是帮助的提供者，而非救世主、裁判员，对于是否愿意接受帮助以及希望接受怎样的帮助，必须由案主自己决定，个案工作者处于分担、支持、提示的地位，可以告诉案主如何获得帮助，但该建议是否被采用则由案主自己决定。即使案主有放弃、逃避或推卸"自我决定"的倾向，个案工作者也应尽力使其恢复自我选择的能力。

不过案主自决并不是绝对的。例如，当案主的决定可能侵犯到他人的权利，或案主因为生理、心理或精神状况不适合做某项决定时，会考虑限制案主的自决权。

（七）保密性原则

保密性原则是指保守与案主有关的，在助人过程中透露给个案工作者的秘密资料。保守秘密能帮助案主透露生活中隐私的部分，而不必害怕万一泄露出去，自己的声望和地位受损。保密的方式包括不向他人透露案主的姓名、资料；不向他人提及会谈的过程及内容；不让外人旁观。另外，还需注意避免让不同的案主在等待约谈时相互碰面。

此外，保密原则也有限制，基于行政上、专业上、法律上的一些原因，个案工作者可能需向相关部门和个人分享、提交某些资料，不过对于此，个案工作者也需向案主告知获取资料的目的，以及怎样使用这些资料。

三、个案工作的主要模式

（一）心理社会治疗模式

心理社会治疗模式是个案工作最常采用的传统治疗方法之一，其基本原理与技巧对其后出现的其他治疗模式都有相当大的影响。心理与社会学派注重借助"人在情境中"把心理因素和社会因素结合起来帮求助者,重视求助者自身的潜能和价值,认为个案辅导的目标就是要帮助求助者认识、开发自己的潜能,使求助者能够按照自己的价值作出更为合适的选择。它综合了许多相关理论,形成了自己独特的理论逻辑体系。其理论假设的核心主要包括以下几个方面。

(1) 对人性的假设。心理社会治疗模式认为个体的发展受到生理、心理和社会三个方面因素的影响,它借用了系统理论"人在情境中"的概念,把求助者放到一定的社会环境中去认识,通过了解求助者所处的环境来把握求助者的问题。它认为人与环境是一个互动的体系,人是在特定的环境中生活成长的,人所遭遇的问题也是在与环境的互动中产生的,所以只有结合人与环境的互动,即考察"人在情境中的状态",才能真正理解人的行为。

(2) 对求助者问题的假设。心理与社会学派受心理分析的影响较大,一方面它认为人的行为的失调与障碍,往往是其内在的人格缺陷与自我不完善的外在表现,所以必须理解人的外在行为的内在心理机制,才能有的放矢地矫正不良行为,真正解决问题;另一方面它特别重视人的早年经历,认为在人的早年经历中隐藏着当事人问题的原因,以及解决当前问题的契机。

(3) 对人际沟通的假设。心理社会治疗模式对人际沟通十分重视,认为它是保证人际互动有效进行的基础。心理社会治疗模式强调,人际沟通会影响求助者的家庭关系和求助者的社会角色的扮演,对求助者的超我和自我的形成也起着十分重要的作用。因此,心理社会治疗模式重视从人际交往的角度观察人的问题,重视在人际交往中改善人的问题。同时,它还特别强调建立专业关系的意义,认为良好的专业关系将为案主提供新的人际交往的经验,有助于案主的成长。

(4) 对求助者价值的假设。心理社会治疗模式认为,每个求助者都是有价值的,他们都具有发展自己的潜能,只是未被开发而已。因此,它们认为开展心理社会治疗工作的目的就是挖掘求助者的潜能,使求助者健康地成长。

心理社会治疗模式的治疗技巧分为直接治疗技巧和间接治疗技巧。所谓直接治疗技巧,是指直接对服务对象进行辅导、治疗的具体方法,又根据个案工作者与服务对象的沟通状况分为非反映性直接治疗技巧和反映性直接治疗技巧。前者指个案工作者直接向服务对象提供各种必要的服务而服务对象只处于被动服从位置的各种辅导技巧。这种辅导技巧不关注服务对象自身感受和想法的反映。后者指个案工作者通过与服务对象相互沟通交流,引导服务对象正确分析和理解自身问题的各种技巧,比较关注反映服务对象内心的感受和想法。而所谓间接治疗技巧,则是指通过改善周围环境或辅导第三者间接影响服务对象。

(二) 行为修正模式

行为修正理论认为,人的行为是靠外在环境的刺激和制约而形成和改变的。该理论否定行为的潜在动机和动因等的作用，主张对个人行为应给予训练和治疗。因此，这一学派所关心的只是目前的行为及如何训练人的行为，它的重点在于运用心理知识，设计一个有计划的治疗情境和过程，塑造实验性治疗场面，用以训练案主，使其改变异常行为。

行为修正模式的理论基础包括三种理论派别，一是由前苏联生理学家巴甫洛夫所创立的古典制约派，也称经典条件作用理论，主要研究外来刺激和个人反射性反应的连接。二是美国心理学家斯金纳所主张的操作制约派，也称操作性条件作用理论，理论认为行为是对外在环境刺激作为反应，该反应被称作条件反射过程，通过此过程，行为得以习得。三是美国心理学家班杜拉所创立的社会学习理论，强调人的行为由行为、认知和环境三者交互影响而成，提出行为反应可以通过观察过程建立，因此，个人行为的建立可由观察学习或模仿学习获得。

行为修正模式有四个重要的观点：

（1）强调可观察的行为，认为所有行为包括思想、情感和身体动作都可经观察而被识别；

（2）行为可分为操作型行为和反应型行为两种。操作型行为可由个人意识控制，如说话和思想等。反应型行为无法由个人意识控制，是由刺激引发生理改变而产生，如眨眼、焦虑等。

（3）行为持续存在的必要条件是引发行为的原因，该原因不发生变化，行为则难以发生变化；

（4）重视与问题有关的当前行为，该模式虽不否认过去经验对当前行为有影响，但仍然以当前可观察的行为作为改变目标。

（三）理性情绪治疗模式

理性情绪治疗模式由美国心理学家艾利斯（Ellis）在1955年创立。ABC理论是理性情绪疗法的核心理论，具体内容有：A（Activating event）代表诱发性事件；B（Belief）代表个体对这一事件的看法、解释及评价，即信念；C（Emotional Consequence）代表因此事件而引起的情绪反应和行为结果。通常认为情绪和行为后果的反应直接由激发事件所引起，即A引起C，而ABC理论则认为A只是C的间接原因，B即个体对A的认知和评价而产生的信念才是直接原因。例如，甲和乙两个人遭遇同样的激发事件——工作失误造成一定的经济损失，产生了很大的情绪波动。在总结教训时，甲认为吃一堑长一智，以后一定要小心谨慎，防止再犯错误，努力工作，把造成的损失弥补回来。由于甲有了正确的认知，产生合乎理性的信念，所以没有导致不适当的情绪和行为后果。而乙则认为发生如此不光彩的事情，实在丢尽脸面，表明自己能力太差，怎么好意思再见亲朋好友，由于有了这样错误的和非理性信念，再也振作不起精神来，导致不适当的甚至是异常的情绪和行为反应。理性情绪疗法就是以理性控制非理性，以理性思维（合理思维）方式来替代非理性思维（不合理思维）方式，帮助病人改变认知，以减少由非理性信念所带来的情绪困扰和随之出现的行为异常。

因此，有效的帮助就是对求助者的非理性信念进行质疑，可以通过 D(disputing intervention，代表咨询师对当事人进行的劝导干预)来表示，由此协助求助者克服非理性信念，最终消除其情绪和行为困扰，形成有效的理性生活方式，达到目标 E (A New Emotional and Behavioral Effects，代表一种新的情绪以及新的行为后果)。艾利斯认为非理性信念具有抽象化、绝对化和普遍化的特点。抽象化是指求助者将具体环境中得出的特定认识概括为一般准则；绝对化是指求助者对自己的要求过高，希望自己的生活完美无缺、无可挑剔；普遍化是指求助者把自己对某件或某些事物的看法概括为所有事物的普遍特征。理性情绪治疗模式以帮助求助者改变非理性信念为中心形成一套较完整、明确的辅导方法，具体包括明确辅导要求、检查非理性信念和与非理性信念辩论三个方面内容。

（四）结构家庭治疗模式

结构家庭治疗模式由美国心理学家米纽庆（Minuchin）于 20 世纪 60 年代初创立。它假设个人问题与家庭的动力和组织有密切的关系，改变家庭动力与家庭组织的过程，可以改变个人及家庭。它的目标不是直接去解决问题，而是改变家人的交往方式使家庭的功能得以发挥，由此解决困扰家人的问题。要了解结构家庭治疗模式，须先了解以下一些基本概念。

1. 家庭结构的概念

家庭是一个系统，由家庭成员组成。在系统中，每个家庭成员都有它特定的角色与功能，他们彼此依赖、互相影响。作为整体的家庭有着超越于家庭成员的结构，这个结构反映的是家庭成员的交往与关系，而不是家庭成员个体的特质。所以，结构家庭疗法认为单独地了解每一个家庭成员，并不能达到对家庭的了解，只有通过观察家庭成员的具体交往过程，才能真正了解家庭成员的关系与相处方法，才能从整体上把握家庭的结构。

2. 病态的家庭结构

以上简述了家庭结构的相关概念，而造成家庭成员问题的原因通常是不良的家庭结构。它主要有以下几种表现。

（1）纠缠与疏离。若家庭各次系统的边界不清，该封闭的地方不封闭，该开放的地方不开放，久而久之就会导致家庭角色、分工和权力混乱，造成家庭成员的问题。

（2）联合对抗。纠缠与疏离往往使家庭中某些成员结成同盟，而与其他成员相对疏远甚至对立。当发生冲突时，结成同盟的成员会不分青红皂白地一味维护本同盟的成员，即联合对抗。

（3）三角缠。有时家人并不直接向对方表露敌意，而是借批评另一名成员去打击"敌人"，好比"指桑骂槐"。

（4）倒三角。在核心家庭中，通常家中权力是掌握在父母手中。可是一些家庭因父母不和或性格软弱等，导致子女支配父母的局面，即"倒三角"。

3. 病态结构家庭介入方法

结构家庭治疗模式的辅导过程包括连接、评估和介入三大环节,它们是同时进行的。

(1) 进入家庭,连接家人。家庭的结构是结构家庭治疗模式关注的核心,但结构并不能直接被观察到,而是在家庭成员的日常生活交往方式中表露出来。因此,进入家庭,连接家人就是指个案工作者进入到案主家庭中,接触家庭的每一位成员,通过接触去感受对方对他的接纳与反应。个案工作者在连接的过程中临时变成家庭系统的一份子,需要适应、接纳该家庭的规则,还要注重了解该家庭的交往过程与关系,而不是关注家庭成员的谈话内容。

(2) 评估。工作者需要对家庭的形态和结构(如家庭大小、家人的教育程度、工作性质、社会阶层、家庭的特有文化、价值观、次系统间的边界、权力架构等)、家庭系统的弹性、家庭系统的回馈、家庭生活的环境、家庭生命周期、家庭成员的症状与家庭交往方式之间的关系等六大方面进行评估,以收集足够的资料去了解整个家庭功能失调的地方。

(3) 介入。介入与评估通常是一起进行的,通过对家庭功能失调的评估,个案工作者与家庭共同制定辅导的目标。通常,结构家庭治疗模式有三大介入目标,即改变家庭的看法、挑战家庭的结构和挑战家庭的世界观。

(五) 人本治疗模式

人本治疗模式由美国心理学家卡尔·罗杰斯(Carl Ranson Rogers)创立。它认为人之所以会产生困扰在于不能够接纳自我,因此人本治疗模式辅导的重点在于解除求助者的心理防御,提升其自我概念,接纳自我。罗杰斯认为"良好的辅导关系本身就具有治疗的作用",该模式与以往的个案工作模式不同,它不注重工作者的具体辅导技巧,而以创造良好的辅导关系为中心。人本治疗模式的辅导技巧有如下特点。

1. 注重工作者的品格和态度

人本治疗模式认为个案工作者要为求助者表达同感、真诚和无条件的爱,全身心地与求助者交流,才能为求助者创造一个安全、温暖、可信任的氛围,促进他们的自我发展。

2. 强调个案辅导关系

罗杰斯对如何与服务对象建立积极有效的辅导关系进行了专门的研究,认为需要具备真诚、同感和无条件的关怀等三项充分必要条件,这包括以下六个方面内容。

(1) 表里如一。个案工作者应做到自己的意见和态度与实际感受一致,这样才能让求助者体会到个案工作者的真诚。

(2) 不评价。个案工作者在辅导过程中应持中立态度,不以自己的价值标准来评判求助者的感受和行为。

(3) 同感。个案工作者放下自己的价值观,把自己置于求助者的处境,设身处地地体会求助者经历的各种感受和内心冲突。

(4) 无条件的接纳。个案工作者应尊重求助者,对其采取接纳的态度。

(5) 无条件的爱。承认求助者存在的价值,无论其表现如何,个案工作者都需给予真正的关心和尊重。

（6）保持独立性。使求助者认识到他们作为独特的个体，有其独立性，因而要开发自我的潜能，而不是依赖个案工作者或是其他人。

3. 注重个案辅导过程

人本治疗模式非常注重辅导过程，认为借助具体的辅导过程，个案工作者能与求助者进行真诚的沟通交流，让求助者体会此时此地的各种内心冲突和不安，从而了解自己真实的需要，发挥自己的潜能。

四、个案工作程序

（一）申请与接案

接案是个案工作程序的第一个阶段，对于每一个到机构寻求社会工作者帮助的人来说，他们并不一定都能够成为服务对象，进而得到机构或者社会工作者提供的服务。因而，这一个阶段的主要任务就是甄别服务对象，并与之初步建立专业关系。

1. 三种处理申请的方法

（1）接受申请。如果案主的问题与机构的功能相符合，则案主被接受，进入下一步的工作。但已作出的决定并不是不可更改的。如果经过进一步了解，发现已被接受的案主不符合机构的功能，仍可以终止服务，或把案主转介到适当的机构。

（2）转介。转介就是把案主介绍到更适当的机构接受服务。主要有三种情况使转介成为必要：一是机构不提供案主所需要的服务，如专业从事青少年辅导的机构并不处理婚姻问题；二是机构无法提供更专门的服务，如儿童保育机构无法处理有严重心理问题的儿童；三是机构只为某一区域的人提供服务，而申请人不是此区域之内的人。在这三种情况下，接案的社会工作者需要把案主介绍到其他适当的机构。

（3）不提供服务，也不转介。有时，当事人只是来咨询，并不申请服务。有时案主因为被迫来见社会工作者，抵触情绪很大，个案工作者一时无法展开工作，只能暂时不提供服务，待案主的情绪稳定后再提供服务。

2. 专业关系的建立

接案即表明专业关系的订立。良好的开端是成功的一半。良好的专业关系有助于助人过程的开展及助人效果的体现。所以，在工作的第一阶段订立良好的关系，会为搞好后面助人阶段的工作铺平道路。尽管订立关系工作大部分要在助人之初完成，但在真正结束与案主的关系之前，个案工作者在各个阶段都需要同案主建立良好的关系。要做到这点，个案工作者需要掌握一些技巧。其中，最主要的技巧是同感。同感又称为共情、同理心，是指个案工作者能够体会案主的感受，也能够敏锐地、正确地了解这些感受所代表的意义，并能把这种了解传达给案主。

同感的出发点是案主的感受，案主的感受就是案主看事物的眼光，不管这种看待事物的眼光是积极的还是消极的,是正确的还是错误的,对案主来说都是实实在在的,这就是他(她)眼中的世界,就是他(她)所真真切切感受到的。所以,把握住案主的感受是进入案主内心世界的必要步骤。

为了达到同感的了解,个案工作者首先要放下自己的参照标准,设身处地地以案主的参照标准来看待事物,将自己放在案主的地位和处境中来尝试感受其喜怒哀乐,经历其所面对的压力,并体会其作决定和采取行动的原因。但要真正做到同感并不容易,因为人们往往习惯了主观地看待实物,往往以自己的经验和感受来作判断,以致无法与案主达成同感,无法接纳案主的看法和立场。个案工作者和案主之间较大的差异是达成同感的阻碍,彼此在性别、年龄、宗教、社会经济地位、教育水平与文化上的差异都会阻碍同感的发生。例如,个案工作者是个从小在单亲暴力家庭长大的孩子,当他(她)面对希望离婚或是有家庭暴力行为的年轻父母案主时,就极有可能因为自身的经历和感受而无法对案主表达同感。因此,作为专业助人者的个案工作者,必须不断反省,澄清自己的内心感受,认识到自己的局限,以达到相当程度的自我了解与自我控制。

3. 接案后的工作内容

工作机构对案主申请的接受,意识着需要进入下一步的工作,即个案工作者要与案主建立初步关系,工作内容主要包括下列几个方面。

(1)了解案主的心理状况。案主第一次到机构时的心理是比较复杂的,大都持一种怀疑、焦虑的态度,对个案工作者的一举一动,都比较敏感。个案工作者必须对案主的以下情况有深刻的认识与了解:能够主动寻求帮助,并不是一件容易的事;认识自己需要改变是件困难的事;案主本身对于自尊、自我完整及独立人格的保护,使得接受他人的影响变成一件困难的事情;对一个陌生人的坦诚并且信任是一件不容易的事情。

除了上述情况之外,还要了解案主在陌生人面前常有的想法,如"他们会怎样看待我?""也许他们会认为我太无能了""他们会问我什么?""他们会为我做什么?",等等。

(2)做好会谈的准备。个案工作者在决定与案主会谈之前,要用较短的时间准备下列工作:阅读案主的个人申请,对案主个人情况有一个初步的了解,如年龄、性别、职业、文化程度等;如果案主是转案而来的,在尊重案主的情况下,向转案机构了解案主的情况;设想和案主会谈可能会遇到的情况,以及应采取的相应措施;布置一个好的会谈环境,尽可能减少案主的压力;检查个人仪表,确保以良好的形象出现在案主面前;拟定会谈提纲。

(3)初步会谈的内容。对会谈内容的熟悉,将有助于个案工作者灵活掌握会谈内容的时间安排,尽快发现案主的问题,提高会谈的效率。会谈的内容主要包括:① 问题的本质,如案主希望克服的困惑及达到的结果是什么?案主面临的困难环境是什么?这里的环境既包括个人环境,又包括社区环境和社会环境。② 问题的产生,如问题是什么时候产生的?当时的情况如何?③ 问题的意义,如问题对案主个人生活的重要性有多大?问题对案主家庭及社区的影响如何?④ 案主和机构的关系,如案主来机构寻求帮助的动机是什么?案主对机构的希望和要求有哪些?案主如何看待其和机构的关系?⑤ 机构的状况,

单元二 了解社会工作的常用工作手法

如机构能给案主提供哪些服务？机构有哪些可以利用的资源？

(4) 总结与判断。工作者在与案主进行初步会谈后，基本掌握案主的问题和希望，接着要对其作初步的总结与判断，这包括：案主是否存在大困难，案主个人对困难的解释是否与工作者的解释相一致，案主对服务的期望是否合理，计划下一步的工作方法。

(二) 预估

当求助者成为案主后，就进入了个案工作的第二个阶段，即预估阶段。它是在初期面谈、收集案主资料的基础上，对案主存在的问题，以及案主和环境的互动等方面进行综合的分析判断，形成一个暂时性的基本评估的过程。经由评估，可为找到解决问题的焦点与方向，制订相应的介入计划奠定基础。

1. 收集资料

收集资料的方法有很多，取决于各个个案工作者的创造性和灵活性。以下是一些可以用来收集资料的方法。

(1) 探查。探查是指个案工作者通过陈述或发问，引导案主说出与人、问题和情境有关的知识、想法和感受。探查可以是直接的，如向受助者直接询问想要得到的资料；也可以是投射性的，如通过一些真实的或想象的活动来帮助案主表达自己的想法。

(2) 观察。观察是指用眼睛来"倾听"案主的诉说，这是一种收集资料的重要技术。在个案会谈中，工作者可以通过观察案主的动作、表情和语言的变化，在自然情境下收集资料。

(3) 探访。工作者到案主生活的家庭、社区、工作单位、学校等做探访，这能使工作者在更为自然的状态下更好地观察案主的行为及案主与环境的交互作用。这种观察能使工作者了解大量案主试图隐瞒的资料。

(4) 运用现有资料。个案工作中所需的一些资料可能在调查前就已经具备，如档案资料。例如，可以通过学生案主的学校成绩表、转介资料、研究报告等获得资料。

2. 问题判断

当收集到充分的资料，并对此进行分析后，个案工作者接下来便要确定案主的问题。

(1) 案主的问题是什么。了解案主问题的性质、程度及对案主的影响。例如，有些问题的性质是很难逆转的，像患了绝症、自杀等，而有些问题可能涉及面非常广，有很多人都牵涉在内。

(2) 问题是如何发生的。导致案主问题的原因有很多，需要找到案主首要问题产生的原因，这样才能对症下药。

(3) 了解案主曾经为解决问题所作的努力。从案主曾经所作的努力中了解到他（她）是否有足够的解决问题的动力，用了什么方法，以及所用方法的原因和效果等。了解了这一点，工作者就可以对案主应对问题和解决问题的能力有一个简单的评估，为制订切实可行的服务计划做好准备。

（三）制订计划

对于已经接案的案主，当工作者收集到相关资料，并对案主问题进行了初步预估后，为了解决案主的问题，工作者接下来就需要同案主共同制定出服务要达成的目标，并同案主一起制订工作计划，以保证为案主提供合适、有效的专业服务。

1. 制定目标

（1）目标的类型。

① 直接目标。针对案主提出的现实性的问题进行探讨，促进案主的自我了解和自决。直接目标与案主问题直接相关，这个目标一般是案主亟须解决的，非常直观、明了。例如，案主需要解决失恋后的情绪困扰问题等。

② 中间目标。一般是协助案主认识、接纳和欣赏自己，建立健康的自我形象和适当的生活方式等。例如，某失恋案主也许能够从失恋的情绪中走出来，但其经历失恋打击后并没有对自己形成一个正确的认识，也不再接纳自己。因此，进一步让案主恢复自信、接纳自己、形成正确的自我认识，就成为解决案主问题的中间目标，否则其遇到其他的事情还会出现类似的问题。

③ 终极目标。包括使案主能够自我认识、自我促进、自我实现，接纳自己也接纳别人，有良好和深入的人际关系，开放的态度，诚实有创造力，有责任感，达到现实的自己和理想的自己协调一致等，这是个案工作的最高境界，也是工作者最高的工作目标。

（2）制定目标的技巧有如下几点。

① 目标与工作者和案主解决问题的能力一致，且和机构的功能保持一致。

② 同案主一起制定目标。目标的拟定需要工作者和案主共同协商，不应由案主或工作者单独作出，这样既可以使案主充分了解自己的目标，同时，案主参与协商过程本身也有利于提高案主的自信心和个人能力。

③ 协助案主确立目标设立的先后顺序。为了有效地解决问题，往往必须集中时间和精力在一个或两个问题上，如果多头并进、急于求成，效果恰恰适得其反。但有时，案主可能有一系列的问题或需求，会同时提出好几个想要实现的目标，面对这种情况，社会工作者就需要帮助案主排出这些问题或目标的优先顺序。

④ 具体目标的描述应该是明确而且可以测量的。为了在助人过程中指明方向，目标要能明确地指向产出的结果，避免使用一些模糊用语，如帮助案主感觉更好一点，提高案主的社会经验和能力，改善父子关系等。这些都无法准确地测量，而必须用可以测量的数量指标来代替。例如，改善父子关系可以用每星期父子交谈的次数、用行为来表达关心的次数等来代替。

2. 制订工作计划

工作计划是工作者为案主提供服务的依据，它并不是随意制订的，而是根据案主的问题现状和所设立目标，依据机构所能提供的资源和帮助，个案工作者的能力及工作者对资源的掌握等，为案主提供最合适的服务。

一份完整的工作计划应该包括以下几个方面的内容：

（1）案主的基本情况，包括性别、年龄、职业、受教育情况、婚姻状况、家庭关系等；

（2）描述案主所面临的问题情境；

（3）设立工作目标，包括具体目标、中间目标和终极目标，并对所有目标按程度轻重依次排列；

（4）达到目标所用的期限；

（5）列出服务的每个阶段，并描述各个阶段采用的服务方法和需要动用的资源；

（6）评估。

（四）实施计划

实施计划，指的就是协助案主解决问题的具体过程，这是个案工作程序中最重要的一个步骤，也是个案工作的最终目的。

1. 实施计划的内容

虽然不同的案主面临不同的问题，解决的方法也千差万别，但许莉娅认为，在本阶段仍有如下一些基本的工作内容。

（1）支持与鼓励。每个人身上都潜藏着巨大的能量，也最清楚自己想要怎样的生活，而之所以他们在困境中不知所措，很多时候其实是在某种特定的意识状态下，怀疑或忽略了自己的能力，缺乏自信，变得自卑。因此，在介入的过程中，个案工作者可以通过语言和非语言的方式向案主表达尊重、信任和接纳，对案主的每一个进步都给予及时的鼓励，以便案主放下自我防卫心理，鼓起解决问题的信心和勇气。

（2）情绪疏导。当案主沉浸在情绪中不能自拔的时候，常常不能形成对问题本身的客观分析，而如果让案主由事件所带来的情绪得到宣泄，其对问题的看法可能就客观一些。及时的情绪疏导如同在专业关系中不断加入润滑剂，可以增进双方的关系，创造一个温暖、安全的关系环境，让案主自由地表达和宣泄自己被压抑的情绪。

（3）观念澄清。在很多情况下，案主问题的产生并非因为事件本身，而是案主本人对事件所持的看法和态度。因此，澄清观念就是工作者利用对质、总结、自我披露、辨别非理性信念等方法，协助案主反省自己对事物的看法和态度，检视自己思考问题的方式，使案主对自己的个性、情绪和问题有进一步的了解，澄清和修正以前非理性的信念，建立更合乎实际的逻辑思维方式。

（4）行为改变。当案主对问题有了一个客观合乎逻辑的认识之后，其行为也应该有很大的改变。个案工作者需要借助一些行为治疗的方法来帮助案主减少或消除不适当的行为方式，个案工作者要注意案主每一个进步并给予鼓励，同时要耐心对待案主行为的倒退和维持原状，注意观察背后的原因。

（5）环境改善。社会工作强调"人在情境中"，认为人的问题产生与其周遭环境紧密相连，因此要解决问题，还得改善案主生活的环境。这是个案工作者的一个独特工作程序，也是个案工作与心理咨询最大的差别所在。

（6）信息提供。介入过程中，案主有时需要个案工作者提供一些与自己的问题有关的信息和资源，使案主对自己的处境有进一步的认识，增加其解决问题的信心和能力。但个案工作者要清楚地知道，并不是案主需要的信息个案工作者都要提供，而需要从以下两个方面考虑：一是提供的信息对案主问题的解决是否有积极的或正向的作用；二是提供的信息要准确可靠，讲明信息的出处。

（7）直接干预。直接干预又称危机干预，一般在案主处于危机状况下，在法律赋予权力的范围内使用。有时工作者在未得到案主或其家人同意的情况下，有必要进行一些直接的干预行动，如把受虐儿童与其父母分开，或对正在进行自杀行为或有强烈自杀企图的案主进行干预等。

2. 个案会谈

个案会谈是指个案工作中工作者与案主面对面的有目的的专业谈话，它并不是日常生活中人与人之间的聊天，而是个案工作者为了帮助案主达成既定目标，采用多种会谈技巧完成的。个案会谈有如下技巧。

（1）会谈场所的选择。个案工作的主要工作方式就是会谈。选择一个适合谈话的环境，对会谈的效果很重要。一般情况下，会谈场所应具备如下条件：独立封闭的房间，空间大小适宜，会谈桌椅以会谈者与受会谈者成45°斜角为宜；房间布置简单明了，不要有过多的摆设和杂物，以免案主分心；房间空气畅通、清新，光线、温度、湿度适宜；会谈时不受电话铃声、敲门声或他人的打扰，房间外围环境清净不吵闹。

（2）个案工作者在会谈前的准备。一个成熟的个案工作者，要注意自己的穿戴、服饰尽可能给对方易于接近和交往的信息。例如，穿衣要大方得体，色调不可太鲜艳，也不可太沉重，应给人轻松愉悦的感觉。如果个案工作者是女性，则不宜化浓妆、发型要自然等。另外，个案工作者还需把自己的身心状况调整到最好的状态，如果个案工作者带着疲劳的身体，注意力不集中，不但对问题的了解、处理无益，对案主也是不尊重的表现。

（3）"SOLER原则"。前来求助的案主，都是遇到生活中的种种困难或问题，内心或多或少会有无助感、孤独感和无力感，这个时刻，有人陪伴是非常重要的。而这时的个案工作者就扮演了陪伴者的角色，可通过如下的方式，表达出愿意和案主一起的态度。

① S（Squarely）：面向案主。个案工作者以一种参与的态度面对案主，这种表现意味着"我愿意帮助你""我愿意留在这陪你"。面向案主的角度可以视当时情况而适当调整。

② O（Open）：开放的姿势。个案工作者开放的姿势，意味着对案主及案主所说的事采取接纳的态度。开放的姿势表现在双手放开而不是抱住双肩。

③ L（Lean）：上半身适当向对方前倾。个案工作者坐在椅子上，上身略微前倾。前倾的姿势意味着"我对你和你说的话感兴趣""我对你是友好的"，而后倾的身体姿势则意味着

"我觉得很烦"。但是，要注意前倾的角度不要过分，否则会令案主不舒服，或感到压迫和威胁。

④ E（Eye）：良好的视线接触。会谈中个案工作者应与案主保持稳定、坦诚的视线接触，而不是眼睛盯在别处或四处巡视，否则会让案主觉得你心不在焉，或你不愿意与案主发展这种亲密的关系。但个案工作者也不要目不转睛地盯着案主不动，可以想象，在这样的视觉压迫下，案主是不可能保持轻松开放的心态与你谈话的。

⑤ R（Relax）：放松状态。个案工作者的放松状态能给案主营造出一个轻松的氛围，否则会使案主更加紧张、焦虑。

（4）倾听。倾听不是不动脑筋随便听听，而是全神贯注地、倾心地听。在听的过程中，不能随便打断案主的话，不能插入自己对会谈内容的评价。倾听不但要听案主的话语信息，而且还要注意观察案主的身体语言信息，由此来解读案主其人。

（5）同感。同感是指个案工作者能够体会案主的情绪感受，也能敏锐、正确地了解这些情绪感受所代表的意义，并且能把这种了解传达给案主，它既包括对案主的体悟，又包括体悟的传达。个案工作者通过反映案主此时此地的内心感受，尤其是那些他（她）极力想避开、不敢承认的感受，如恼怒、嫉妒等，案主会感到工作者很明白他（她），从而产生一种舒畅感和满足感，而这种感受会促使他（她）继续作表达和剖白，从而协助案主表达一些较为隐晦的感受和案主未清楚意识到的情绪，扩展其所能感受的领域。

（6）澄清。澄清是指个案工作者引领案主对模糊不清的陈述作更详细、清楚的解说，使之成为清楚、具体的信息。通常案主来求助时，他们的情绪往往比较激动，在阐述中有时给出的信息是不连贯、不完整的，因而需要予以澄清。这也是鼓励案主进一步描述自己的思想、情感和行为等更深层次的方面的技巧。

（7）自我披露。自我披露是指个案工作者选择性地向案主披露自己的亲身经验、处事方法和态度等，一方面使案主感受到工作者的真诚，另一方面使案主能够借鉴他人的经验作为处理自己的问题的参考。

（8）对质。对质是指个案工作者发觉案主的行为、经验、情感等有不一致的情况时，直接发问指出其身上存在的矛盾，目的在于协助案主促进对自己的感受、信念、行为及所处境况的深入了解，激励案主放下自己有意无意的防卫心理、掩饰心理来面对自己。但由于这种方法带有攻击性，可能会导致一定的危机，因而其使用有一定的先决条件，即在专业关系中已经产生了接纳、尊重、同感、真诚和温暖，否则，个案工作者要慎用对质。

3. 个案访视

个案访视是指在个案工作的过程中，个案工作者为了了解案主的问题或促进案主的适应，到案主平时生活过的环境中拜访有关人员的一种专业性访问。因访视场所的不同，个案访视可以分为家庭访视、学校访视、单位访视及社区访视。

访视可以在个案工作的全过程中实施。在关系建立阶段，访视的主要目的是收集资料、了解案主的有关情况,运用专业眼光对资料进行分析、判断,试图发现案主问题的主要原因,使正确的诊断和治疗成为可能。在服务提供与治疗阶段,通过访视可以得知案主情况改善的程度,从而了解治疗的效果,和有关人员进行沟通,取得他们的配合。在最后阶段的访视则多是为工作成效提供可以鉴定的资料,并为案主将来的发展寻求周围环境的帮助。

4. 个案记录

个案记录是指个案工作者与案主的整个接触过程中,把案主的情况及其处理过程详细记录下来,包括一般的基本资料（如姓名、性别、年龄等）,案主的问题,案主对自己的问题的看法及个案工作者对案主问题的分析、处理经过等。记录的主要方式可分为三种,即文字记录、录音记录与录像记录,通常我们所指的个案工作记录都是指文字记录。

在实施过程中,个案工作者的主要目标是协助案主对自身有一个清晰的了解,进一步探索自己的问题。协助案主调整社会关系,改善个人生活环境。个案工作者在服务提供的过程中主要担任联系人、促进能力者、教师、调解人和辩护人的角色。

（五）结案与评估

个案工作的专业关系是有时间限制的,结案就是指个案工作者与案主结束专业关系。通常,人们会以为结案时案主不再需要个案工作者的专业服务了,此时,介入的目标已经实现,案主的问题已经解决,案主的需要得到了满足。诚然,需要个案工作服务的人常常渴望能在实现目标的情况下结束与工作者的关系。

（1）提前告知。如若是依照服务计划而进行的结案,个案工作者需提前告知案主结案的时间,以便其有充分的时间做思想准备,避免在毫无征兆的情况下提出结案让案主来不及适应。

（2）回顾辅导过程。帮助案主回顾其求助时的问题,回顾个案辅导中为解决问题所采取的步骤。通过这样的回顾,可以帮助案主形成解决问题的认知图,从而进一步学习如何解决问题。

（3）巩固案主已有的改变。如果案主的某些社会功能在辅导过程得到了改善,能力得到了提升,那么个案工作者应当尽力巩固案主解决问题的能力和已经获得的成就,增强结案后案主独自面对和解决自己的问题的信心。

（4）处理案主的分离情绪。面对案主的离别情绪,个案工作者要鼓励案主表达并给予适当的同感,个案工作者可以通过与案主回顾辅导过程,探讨案主的改变及结案以后的跟进计划,让案主感觉到结束专业关系并不是被工作者抛弃。

（5）转介。当个案辅导的目标尚未达成,但不得不结案时,或是个案辅导目标已初步达成但案主还需新的进一步的支持时,个案工作者都需对案主进行转介。要能转介案主,个案工作者需要同其他机构建立起资源网络,了解转介条件,为案主做准备,这样案主才能从新的服务中受益。

（6）跟进服务。为了帮助案主更好地适应结案,也为了进一步巩固和评估个案服务的效果，个案工作者可以在结案一段时间后，继续对案主的情况进行回访服务。例如，在结案期间，个案工作者可以每周给案主打个电话询问其近况，一段时间后可以每月甚至每季度打一个电话，以此帮助案主适应离别。跟进服务可以了解案主在结案后是否进展良好，对个案工作者来说，也是持续评估工作绩效的一部分。如果案主离开个案工作者后仍能保持服务的效果，在某种程度上说明服务起到了良好的作用；如果案主离开服务关系后很快恢复了原来的状态，可能个案工作者也要检视自己的服务效果。

总结性评估是指对整个个案工作实施程序和实施效果的评定，其目的是为了了解整个服务的效果。对个案工作者来说，可以从评估结果中看到自己的工作成果和能力，促进自己专业能力的进一步成长；对案主来说，可以从中学习一些解决问题的策略；对机构来说可以更好地把握工作者服务的成效，以便为衡量工作者的工作效果和改进机构服务质量提供依据。

Y 阅读案例

守护邱奶奶

邱奶奶在安宁病房住了一段日子，志愿者服务团队天天天晴的专业志愿者们对她很熟悉。邱奶奶的病情比较稳定。每次见到她，她都坐在床上。奶奶喜欢听民乐和沪剧。每次志愿者为她放音乐或发送小报，奶奶总是认真地听或者拿出她大大的放大镜认真、耐心地阅读。

9月，安宁病房中的邱奶奶过生日，天天天晴的志愿者们为邱奶奶准备了简单而温馨的生日庆祝仪式。春晖为邱奶奶准备的礼物是一块精美的手帕和一个坐垫，希望奶奶以后坐得更舒服；志愿者小叶亲手给邱奶奶准备了漂亮的贺卡，上面写上了大家的祝福。志愿者和家属们一起唱生日歌，邱奶奶非常开心。简单的庆祝仪式过后，志愿者们把蛋糕分给大家吃。老人们都吃得津津有味。让大家意外的是，邱奶奶为大家写了一封感谢信，由家属代读。邱奶奶的用心与感谢让在场的每个人都很感动。

（资料来源：《春晖社工事务所2011年9月活动简讯》，有改动。）

S 思考题

1. 个案工作的本质是什么？
2. 个案工作者需要什么样的价值观？

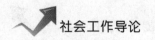
社会工作导论

任务二　团体社会工作

R 任务描述

本项任务通过引导学生阅读案例、参与体验式活动等方式帮助学生了解以下三个问题：

1. 何为团体社会工作？
2. 团体社会工作的内容及特点是什么？
3. 团体社会工作的历程及阶段任务是什么？

D 导入案例

与你相伴，共同成长

南京有一个丧偶俱乐部，由一位退休丧偶的女教师成立，已经有10年了。该俱乐部为丧偶者提供了一个倾诉自己情绪和感受的地方，成员定期举行活动、定期联络。痛失配偶的人在这里相互倾诉，诉说自己失去亲人后的痛苦以及失去亲人后面对的困难生活，如生活的孤寂、经济上的压力、缺少可以寻求帮助的朋友、亲人的不理解等。在这个团体中，大家互相安慰、互相接纳、互相支持，在接受他人帮助的同时，也给予他人帮助。很多丧偶者在这里治愈了失去亲人后的创伤，相互扶持着走过了一段痛苦的岁月，重新开始了新的生活。

（资料来源：赵芳. 团体社会工作——理论·实务［M］. 北京：中国水利水电出版社，2005，有改动。）

案例思考

1. 该团体的目标是什么？
2. 成立该团体的意义有哪些？

T 体验活动

把班级内的同学分为几个小组，每组8人。一组一团毛线、一个罐装饮料。8人围成一小圆圈，毛线一端由其中一人拿住，再将毛线团抛向其他7人中的1人，其他人再抛向另外的人。每人皆须手持毛线，再抛向其他人，每人可重复接到许多毛线。毛线在8人围成的小圈圈中呈网状，等到组员认为线网够牢固，且足以撑起罐装饮料时，便可把饮料直立放在网上（或将饮料撑起），若饮料直立不倒，便算成功。

活动结束后：

1. 请同学们谈谈参加本次活动的体会。
2. 讨论活动中同学们是如何分工合作并最终成功的？

知识链接

一、团体社会工作的界定

团体社会工作是由英文 Social Group Work 或 Social Group With Work 翻译而来。由于团体工作的形式与内容的不断发展变化，学者对团体社会工作的定义存在一定差异性。早期的团体社会工作学者把具有团体活动性质、提供团体经验、满足个人及社会需要的活动称为团体社会工作，即团体社会工作是一种团体活动或经验。此外，部分学者从过程的角度将团体社会工作看成是一个过程，即一个机构、团体工作者与团体成员间相互作用，并同时与团体外的环境相互作用，从而达成个人、团体和社会目标的过程。20 世纪 40 年代之后，团体社会工作逐渐被视为一种社会工作方法。美国社会工作者协会 1965 年出版的《社会工作百科全书》中认为："团体社会工作是一种在面对面的小团体内以及通过此团体为个人提供服务的方法，以使在参与团体活动的成员中促成预期的变迁。"

综合众多观点，本书认为团体社会工作通常是指由社会工作者带领的，依据社会工作的原则、技术，集合两个人以上的个体，共同为减低个人所遭受的痛苦、增进个人幸福，或是满足需要、解决问题而共同努力的服务方式。这种服务方式要求成员之间必须进行面对面的互动，成员之间彼此信任、接纳、尊重和温暖。在成员互动过程中，团体逐渐形成团体动力，这种团体动力能够具有促进成员增强解决问题的能力、预防社会问题产生，以及复原和维持成员社会功能的作用。

二、团体社会工作的功能

在团体中，成员间的支持、压力、回馈和影响形成一股团体力量，这种力量最终作用和影响团体及其每一个成员。具体而言，团体社会工作的功能涉及不同的层面。

（一）产生团体归属感，提供心理援助力

团体形成一种封闭的系统，有其规则和规范。这一系统提供成员支持、接纳以及经验合理化。同时，团体成员之间面对面互动，为成员提供了一个合理的安全环境。团体成员之间相互信任、相互支持，团体社会工作者往往表现出对案主的接纳和尊重，这些行为有利于成员对团体产生认同和归属感。同时，当个体在遭遇到不幸或情绪不佳的时候，往往直接产生的感受是孤独、无奈、恐惧感。但是，在团体社会工作情境中，成员会发现与自己的生活境遇相同的人，甚至有比自己生活境遇还要差的人，其负面情绪就会下降。成员间的相互沟通、彼此鼓励则会给自己的内心注入新的力量，以辅助自己更好地面对生活困境。

（二）激发成员对现实社会的适应能力

团体如同一个真实的社区，在某种程度上反映了团体外的真实世界。个人在模拟社区中，通过与他人建立关系、学习团体文化、承担社会角色来发展自己的社会性。团体成员之间的互动不仅能够帮助个体达到自我认知与自我接纳，获取情感的支持，发展自己的潜能，学习新的知识与技能，学会承担一定的社会角色的作用，还能给予成员尝试新行为的机会。通过一段时间的互动后，团体成员能够了解其他人对自己行为的真实感受和反应，从而促使团体成员回归到真实场景，规避掉部分不受团体成员接纳的新行为，帮助个体选择更有利于被社会成员接受的适应性行为。

（三）协助个体社会功能的恢复

团体能够促使成员有能力针对个人、人际间和政治层面等采取行动，从而改善个人所处的情境。当个体在情绪、认识和行为上出现困扰和障碍时，通过团体社会工作协助其恢复原有的社会功能。例如，协助有学习障碍的中学生恢复学习的能力，协助成员处理婚姻的危机，协助有严重心理困扰的成员处理自己的心理问题，协助人们在遭遇生活重大危机事件后恢复等。

（四）提供成员整合社会资源的机会

团体本身作为一个载体，组织团体成员，运用团体合作精神，提供人们必要的社会性资源，为成员之间相互帮助提供了现实的机会；团体内部成员分享的生活经验成为彼此学习的"榜样"资源；团体作为一个新的并具有安全感的生活情境，成员之间的相互接纳也能激发相互协助的空间，加之团体社会工作者的有力推动，就会产生成员之间新的团体凝聚力和对他人负责的态度。当然，这种资源的整合还可以延续到团体社会工作结束之后，团体成员之间还利用团体工作本身，达成了新的社会支持网络，获得了新的社会资本。

（五）矫正个体的失范行为

通过团体协助那些违反社会规范、社会秩序、社会道德的人改变行为的过程，实际上是一个再社会化的过程。例如，协助网络成瘾者回归正常的生活，对越轨的青少年、家庭暴力者、犯罪分子进行行为矫正等。

三、团体社会工作的构成要素

通常而言，团体的组成要素包括团体成员、团体社会工作者、团体、团体环境和机构。下面分别详细地加以介绍。

（一）团体成员

团体成员，是一个生理、心理、社会和精神的实体，成员在团体中的行为常常受到经验、态度、才能和需要的影响。他（她）带进团体的包括自己的过去、现在和未来，内含一组被生理特征、家庭历史、价值观、支持系统、防卫机制和应对环境压力的方法所决定而产生的个体动力。在进入团体前，成员已有的并能影响团体进程的特质包括年龄因素、性别因素和人格特质，而这些又将影响成员进入团体后的行为、角色与地位。

（二）工作者

团体社会工作者一般应具有社会工作的专业背景，包括社会工作的专业价值体系、实施原则、经过团体社会工作的专业培训等。同时，为了很好地履行团体社会工作者的专业职责，团体社会工作者必须具备一些特质。一个理想的团体社会工作者应该具有足够的勇气，能够坚持自己的理念，并且不会为暂时的事件所动摇；他是真实的，团体社会工作者会对团体成员作出真实的回应和分享；他具有创造新，不会拘泥于习惯的技术和活动；他具有同理心，不评价他人，而是分享他人的痛苦、气愤和快乐的感受；他具有良好的自我认识能力，愿意自我检视，以开放的态度认识自己的坚强和软弱；他具有行动力，鼓励团体成员为自己设定目标，并且努力达成目标。

（三）团体

团体本身是团体社会工作者帮助成员成长的主要工具。任何团体，一旦成员互动后，很快就会建立起自己协调和管理行为的准则，一旦这些准则获得团体成员的认可，就会成为团体的规范。团体的规范是一种有形的力量，它界定了团体行为表现的可容忍度，规范和稳定了成员的行为，增强了对行为的预知能力和安全感，对目标的达成和团体的运作非常重要。凝聚力是成员之间或成员与团体之间的认同与归属，它产生于成员对团体目标和行为达成的一致。对于个人，凝聚力像一张安全网，在充满凝聚力的团体中，成员感到温暖、安全，可以完全地开放自己、表达自己，参与到团体中去，促成个体目标的实现；对于团体来说，一个团体的凝聚力越强，成员对团体的归属感就越强，就越能意识到自己是团体的一部分，成员之间也越能产生信任和相互依赖，进而愿意为团体目标的实现作出自己的努力。

（四）团体环境

从系统的观点来看，团体总是处于一定的环境中。环境包括物理环境和社会环境。物理环境是指空间的大小、私密性、室内的整洁程度、室温的高低、光线的强弱、声音传递的有效性及座位安排的舒适程度等。物理环境的设计需要以满足服务对象的生理和心理需要与特征为依据。同时，团体社会工作者也需要敏感地意识到座位安排对于团体成员及团体凝聚力的重要影响。但这里的环境不仅强调在社会工作服务机构的建筑设计、室内布局和各项设施越来越人性化和个性化，更强调团体社会工作者应该将物理环境理解为提供团体服务的一部分。

（五）机构

团体社会工作是由社会工作者引导完成的，任何社会工作者背后都会有机构的背景，作为机构的成员，其代表机构并接受机构的设备、经费、人员的支援，甚至其工作目标也依据机构的功能与目的来设定。

四、团体社会工作的主要类型

团体社会工作有许多不同的类型。每个团体都有其特定的目标,这是团体存在的意义和开展工作的前提所在。从团体目标角度可以将团体分为成长性团体、治疗性团体和支持性团体。

(一)成长性团体

成长性团体,又称发展性团体,该类团体以协助成员个人成长发展为主要目的,团体社会工作者通过对团体的引导,协助成员学习群体文化,承担社会角色,完成和适应人生正常的发展阶段。与其他团体社会工作类型相比较,它不涉及病理学主题,而将注意力集中在诸如人际交往、问题解决、沟通等成长性的主题上,希望增强团体成员的潜能、意识和内省,学习到更有效的思维和行为模式、更正确的立场和态度。成长性团体做的是一种预防取向的团体工作,它的功能是尽可能减少人们的失范行为,降低社会的失序现象。该类型团体的主要特征有如下几点。

(1)团体的焦点在于个人成长与改变,它关注成员本身的成长,强调通过团体过程使成员增加敏感度,增强自我觉察的意识,发挥潜能和实现自我。

(2)团体强调团员的自觉和自决。团体的理论假设是人们对自己负责,可以理性地处理含糊和不利情境,增强相互作用,通过扩大个体的有效能力达到成长的目的。

(3)团体强调成员的表达和互动。成长性团体成员的主要动力来自成员的互动和分享,没有特别的组织结构和特定的任务,使团体得以维持并不断发展的动力就是团体成员间的回馈和自我学习的强化。

(4)在团体中,团体社会工作者主要担当了组织者、催化者、示范者和协调者的角色。社会工作者要为团体成员提供信任和舒适的团体环境,引导成员进行有目的的讨论,开发资源以满足团体成员社会化的需求。

(二)治疗性团体

治疗性团体以个体成员为团体目标,团体成员主要是与环境适应不良或有严重的情绪和行为问题的个体,其目的是帮助个人通过团体过程达到心理、社会和文化的适应。治疗性团体强调在成员对自己和对他人了解的基础上,利用团体的环境和资源,协助他们明确自身最想作出的改变,并给予他们一些改变的工具,帮助其获得解决问题的能力,重建自身社会支持网络的结构性团体。

治疗性团体一般由有较严重的情绪或个人问题的成员组成,是典型的个人取向的团体。该团体重在矫治、治疗和人格重建,其目的在于促进每一位团体成员的行为改变、人格重建和潜能开发。具体来说,包括被诊断有情绪障碍的人的团体,有厌食或进食障碍的人的团体,有惊恐发作的人的团体,有社交恐惧症的人的团体,违规青少年团体,婚外情团体,同性恋团体,有药瘾、酒瘾或其他瘾的人的团体等。

在治疗性团体中,团体被视为一种治疗的工具,通过有利于治疗的团体氛围的创立,利用团体动力,协助团体成员探索内心的问题,发展正确的情绪体验,重建自己的认知,对生活的世界、他人和自己作出新的抉择。工作者在团体中具有专业权威地位,他们从事研究、诊断与治疗,通过设计任务、角色和活动,改变团体结构与团体过程,对团体中的个人产生影响。该类型团体由于团体持续时间较长、活动频率较高,所以对团体社会工作者的素质要求也比较高,不仅要有充分的社会工作理论和经验,还要有足够的心理学方面的学术训练和临床经验。

需要注意的是,团体本身并没有治疗的效果,团体所造成的个人改变并非是自然发生的,改变的产生来自于团体社会工作者带领成员所创造且极力维护的团体安全、信任气氛,以及在这种安全、信任的团体气氛中,创造出的一种具有治疗意义的团体情境。

(三) 支持性团体

支持性团体是由有共同问题的成员组成,团体成员产生互动,彼此提供信息、建议、鼓励和情感上的支持,发展出有利于问题解决的技巧。强调成员间关系和相互交流体验是支持性团体最重要的事宜,团体社会工作者通过协助成员讨论自己生命中的重要事件,表达经历这些事件时的情绪的感受,成员彼此提供信息、建议、鼓励和感情上的支持,其目标在于帮助团体成员处理有压力的生活事件,强调个人处理问题的能力和相互学习的力量。

由于支持性团体强调团体成员的自助,其团体的动力来源于团体本身,专业社会工作者或团体成员自己均可带领,因此在团体形成以后社会工作者一般处于边缘位置,他们鼓励成员分享、尝试,彼此协助解决问题,充分发挥他们的自主性,只是在需要的时候才协助团体成员共同解释所处的情境,给予技术上的指导。所以,在支持性团体中,社会工作者扮演的是推动者和协调者的角色。

在支持性团体中,团体使成员们发现原来其他人也和他们一样经历着同样的问题、感情和想法,共享一样的问题使团体容易建立起彼此信任和支持的气氛。同时,成员间分享彼此的感情和生活经验,也使他们更容易给予彼此所需的信息和鼓励,提高成员处理生活中压力事件的能力和信心。近年来,支持性团体发展很快,特别是在医疗社会工作领域,更是起到了不可替代的作用。例如,在癌症患者心理支持性团体中,他们通过开展手术后的运动康复、化学治疗与营养、自我形象改变、失眠、焦虑等问题调试,以及家庭关系调整等,对患者及其家属开展团体工作,成效显著。其他的支持性团体如灾难事件(如洪涝、火灾)支持性团体;离婚女性的支持性团体;有失去亲人的痛苦经历的人的支持性团体;残疾人的支持性团体;艾滋病、乙肝、丙肝、哮喘病人等的支持性团体等。

五、团体社会工作历程和工作方法

从开始到结束,团体要经历一定的发展阶段。团体是在其进行过程中逐渐成长并完成自身的任务的。了解团体过程能帮助团体社会工作者科学地预见一定的团体发展阶段可能出现的问题，有助于了解团体发展过程中可能面临的障碍和困难，给团体社会工作者提供一个参考框架，以评估团体在各个发展阶段需要采取的行动，进而有效地解决团体面对的问题，保证团体的生存。一般而言，团体社会工作从其组建到结束，需要经历以下四个阶段，即前期准备阶段、团体初期、团体中期和团体后期。

（一）前期准备阶段

俗话说："磨刀不误砍柴工。"团体形成前的准备和形成工作是团体历程的最为关键的阶段。一个在团体形成前付出艰辛努力、经过充分准备的工作者，会在后面的工作中获得事半功倍的回报。而那些缺乏明确的团体目标，不了解团体环境、不明晰团体赞助机构期许和不清楚团体任务的工作者，则可能导致团体失败。具体而言，在团体的准备阶段，团体社会工作者需要开展以下工作。

1. 团体规划

团体社会工作是一项专业活动，是有计划、有目的的专业实施行为。团体社会工作者在团体开始前，需要通过团体的规划厘清思路，制定好行动规划。一份团体规划应该包括以下内容。

（1）团体的性质是什么？是同质性还是异质性组成？是开放性还是封闭性组成？是自然还是人为组成？是自愿性还是强制性组成？团体的类型是什么？是成长性、治疗性、支持性团体还是社会行动团体？

（2）团体的任务是什么？需要解决哪些问题？怎么样满足成员的需要？

（3）团体的目标是什么？机构的目标是什么？领导者希望达到什么目标？团体成员将达到什么目标？

（4）团体的服务对象是谁？如何招募成员？他们的需要是什么？有多少人已成为团体的成员？如何选择团体服务对象？他们应做哪些准备？

（5）团体的工作框架是什么？团体将在哪里聚会？聚会的时间、频率和聚会的持续时间如何？

（6）谁将带领这个团体？他（她）是否具有带领这个团体的资质和能力？

（7）团体将探讨的主题是什么？

（8）是否有机构和组织的政策影响团体的发展？

（9）需要进一步与哪些重要的人进行接触，寻求他们的赞同和支持？

（10）团体工作用什么方法评估？由谁来评估？

（11）预算如何？

一份详细的团体规划设计对团体工作的开展尤为重要，它视团体为一个整体，帮助团体的领导者厘清团体的立论基础，考虑团体可能的成员、聚会地点的选择、资助团体的机构，这些事情都是团体社会工作者要去做的。同时，规划还要指出团体将采取的方向，为目标的实现提供合理的工作顺序等。所以,规划设计得越详细越好。同时,一份详细的团体规划能够帮助团体社会工作者更容易获得项目所需的资金、人员、场地和政策支持。

2. 招募和筛选成员

一般来说,成立团体都要招募成员。并非每一个人都适合参加某一团体,不同性质的团体所招收的对象,往往有它的资格限制,因此招募和筛选成员也是团体成立前的一项重要工作。招募方式主要包括个人接触和广泛的宣传。个人接触方式是指,工作者可以通过与招募对象直接相关的人,如家中成员、同事、同学、老师、精神科医生、学校的心理咨询员及其他社会工作者等来招募成员。广泛的宣传方式则包括贴海报或布告栏公开招募,也可以从机构已有的名单中招募,或者与学校、市团委、妇联、社区委员会和青少年中心等相关组织机构或部门联络,请他们宣传、推介或通过电视、报纸和杂志等加以宣传招募。不论通过哪一种方式进行招募,招募书上的内容应包含以下几个要素。

(1) 团体的名称、类型。

(2) 团体的宗旨。

(3) 组成的目的,团体聚会的时间、地点、次数、频率及每次的持续时间。

(4) 团体领导者的姓名、电话、学历背景、资料及团体经验,团体领导者和团体成员的权利和义务。

(5) 参加团体的费用及相关的开支。

(6) 其他相关的注意事项。

(7) 负责机构的名称、公章及电话号码。

团体社会工作者完成招募工作之后,便进入筛选成员阶段。筛选包括甄选合适的申请者和排除不合适的申请者两个方面。通过必要的筛选,工作者可借此机会与申请者进行个别面谈和咨询,确认申请者是否适合加入团体;同时,申请者也借此机会向团体社会工作者提出自己的期望并请教一些有关团体的问题,工作者也有机会澄清有关的问题并与申请者进行初步的沟通,由申请者决定是否加入团体。成员筛选的方式有两种:一是个别会见;二是书面材料式的筛选。个别会见是一种最常见的方式。个别会见时,工作者可以就成员参与团体的目标、原因等进行详细的追述,也可以让工作者与未来的团体成员共同探讨他们对参与团体可能存在的恐惧与担忧。

在筛选的过程中,工作者不能无缘无故地将申请者拒之门外,但如果发现申请者有以下状况的,都应诚实但委婉地建议对方,能否转介或接受其他更合适的服务方式:(1) 有自杀倾向;(2) 有精神病(不是精神病的治疗性团体);(3) 面对极端危机;(4) 高偏执狂;(5) 极度自我中心;(6) 有仇视心理;(7) 行为做事有极强的独霸性;(8) 有侵犯性;(9) 自恋狂;(10) 其他问题,如申请者根本没有改变的意愿、对团体的期望过高,无法沟通、怀有与团体目标相背离或无关的目的、与团体社会工作者的价值观严重冲突等。

3. 环境准备

团体过程的进行是在一定的环境条件下进行的。合适的团体环境对于团体活动的开展是必不可少的。在团体活动开展之前,团体工作者要对工作环境进行精心的准备,一般来说,以下几个条件是必须考虑的。

(1) 检查房间的大小、温度和舒适程度。根据团体成员的人数和方案设计中活动的内容,检查房间的大小是否合适。太大会导致团体成员分心,人气不容易集聚;太小则不利于活动的开展。除了大小,还要检查一下房间的灯光、温度、通风和音响等情况。如有可能,可以根据团体的性质、类型和成员的特点对房间做一些简单的布置,如贴一些画或照片、放一些装饰品等。

(2) 活动物品的准备和场所的安全性。如必要的录音、录像或投影设备,而且要保证这些设施功能正常,最好能事先演练一下,看看磁带、录像带是否准备好,线路有没有问题。不同团体活动中需要准备不同的用具,这些都要考虑周到。同时,活动场所的安全性也是需要认真考虑的,如活动中游戏设计环节是否可能存在安全隐患,场所本身的安全指引、安全等级是否标准等。

(3) 特别的安排。为使团体活动顺利地开展,团体社会工作者还要做一些特别的安排,如使参加团体活动的成员能够按照指定的标识找到活动地点,又如团体休息时间的妥善安排等。

(二) 团体初期

经过团体工作者的精心准备,团体成员进组之后,团体正式进入开始阶段。在整个团体的发展历程中,对团体工作者来说,开始的时候通常是最困难与最具挑战性的阶段。

1. 团体开始阶段的基本特点

开始阶段的团体成员表现出一定的心理特点,以探索与适应为主要特征。首先,他们会有一段沉默期和畏惧期。成员和团体社会工作者都是带着自己的价值观和行为规范进入团体的,彼此间缺乏了解,成员对与其他成员之间的信任关系还没有建立。其次,团体成员要确定自己能信任谁,能在多大程度上表露自己,所参与的团体有多大的安全感,需要多大的投入。再次,从陌生到形成一个团体,团体成员主要的任务是适应团体情境,被接受为团体的一份子,所以成员此时主要的情绪问题是能否被接受,他们对语言与非语言传递的热情与冷淡、善意与恶意、尊重与傲慢非常敏感。最后,团体成员想了解这个团体究竟是做什么的,但由于还没有建立通畅的交流模式,大家都在等待某种突破的出现,讨论往往局限在浅层次,成员相互之间还不熟悉,彼此保持着相当的距离,表现出一定的焦虑、恐惧的心理。

对整个团体来说,只有当成员彼此接受、适应了团体情境,出现相互依存关系、价值和规范、交流的模式时,团体才真正存在。因此,团体社会工作者在安排团体会期的时候一定要有针对性,对团体成员开始阶段的心理给予回应,促使成员更快地融入团体。

2. 初次聚会

团体的第一次聚会是有重要意义的,工作者和成员都对团体的第一次聚会充满了期盼和焦虑。尤其是工作者,第一次聚会的开始几分钟,工作者往往会相对比较焦虑和紧张。任何一个工作者都期望通过第一期聚会为整个团体营造一个良好的氛围。因为团体的第一次会期为以后的活动特点定下基本的风格和模式,对团体日后的发展往往产生决定性的作用。在第一次聚会上,工作者需要留意自己的一言一行,务必表达出自己对成员的尊重、真诚和接纳。

第一次聚会的一个很重要的工作就是让成员互相认识。针对以上团体开始阶段可能出现的问题,如团体的沉默和畏惧的特点,团体工作者一般要用比较轻松的方式来开始团体。团体工作者此阶段的任务是催化团体的最初的互动,提升成员产生正面的、积极的力量。

3. 澄清团体和成员的目标

在团体进入开始阶段以前,多数成员对团体目标是比较模糊的。虽然有可能在筛选成员或进行经验性的认知准备时,工作者已经和成员沟通过团体的目标,但是成员并没有在团体的层次上就具体的团体目标达成共识,尤其是那些没有经过事前沟通和预备会议的团体,所以团体目标的澄清显得更为重要。团体目标的澄清过程不是个可有可无的过程,通过团体目标的澄清,可以使团体成员坚定信心,从而促进团体达到目标。因此,团体的发展过程也是一个澄清团体目标的过程。

团体工作的过程是一个逐渐向目标推进的过程,有了对目标的清晰解读,团体才有了方向,所以,在一开始就和成员讨论团体的目标,并与成员就此达成共识是很关键的。工作者的工作必须始终围绕团体的目标,并且一再地把它清楚地传递给成员,如果成员一开始就对这些目标有清晰的认识,他们就能清楚地了解团体对他们的期望,以及如何从团体中获取最大利益。

除了澄清团体的目标外,成员还需要澄清自己的目标,知道自己想要从团体中获得什么。通常成员对自己需要的了解是模糊的和过于宽泛的,如有的成员表示来到团体的目标是更好地树立信心或更好地认识自己,对团体而言,却很难处理这些模糊的目标,所以团体工作者要协助成员将这些过于宽泛的目标转换成具体明确的目标。可以通过团体分享的方式来进行,如工作者可以采取具体化的提问技术:"你觉得你在哪一方面没有信心?希望做怎样的改变?你认为你在认识自己时碰到了哪些困难?期望做哪些改变?"此外,工作者可以要求成员对其他成员或自己说出自己的目标,可以让他们利用这个机会,思考参加团体的理由,了解个人对团体的期望。请他们说出和写出自己的目标是十分有价值的,这样会使成员在参加团体的过程中有十分清晰的方向感,同时能协助成员很快将注意力集中在他们需要的团体经验上。如果团体成员明确了自身的目标,在以后的团体发展过程中,就能更积极地为自己的目标付诸行动。

4. 营造团体成员间的信任气氛

在团体成员建立初步信任的过程中,团体工作者也要利用一定的方法和技巧,以下几种方法能提供一些启示：一个成功的团体工作者，能够在较短的时间内，创造出一种温暖信任的气氛，令成员从刚开始的紧张焦虑中放松下来，感到安全和自在，安心参与和投入团体过程。一般来说，团体初期工作者往往处于团体的中心地位，成员都把他作为自己进入团体的媒介，所以总是倾向于与工作者对话，询问他的意见，希望取得他的好感，希望他提供反馈。如果任凭这种情况发展下去，就会产生工作者与个别成员间长时间对谈的局面，令其他成员感觉乏味，无法参与。所以，团体开始阶段，工作者需要通过各种方式使成员之间产生互动与沟通。例如，在第一次会期中，工作者可以明确告知成员要彼此沟通，而不只是和工作者对话。在团体进行过程中，如有需要，工作者可以反复重申这一点，并且用一些具体的技巧把成员联结起来。通常情况下，要通过简单的引导和联结，加强成员间的互动。在团体成员之间出现了比较好的互动关系的时候，工作者要及时给予鼓励，增强成员之间互动的积极性。也可以通过一些细致的观察，鼓励团体中那些不积极参与的成员，给他们机会，锻炼他们的参与意识，也可以用一些开放性的问题来鼓励成员的参与。例如，鼓励成员"我们大家很乐意倾听来自你的建议""继续表达你的想法，很好"，等等。通过恰当的联结，团体工作者可以使成员参与到团体过程中来，增加成员与工作者之间对问题的探讨，也能够巧妙地使那些沉默的成员较自然地参与到团体活动中来。

5. 形成团体契约

团体契约是团体社会工作者与成员之间有关努力目标及工作方式的一种协议或约定。团体契约能明确团体所要达到的目标及其途径，明确团体社会工作者与成员的工作关系，明确双方的责任与地位，它是有效团体发展的出发点。

契约是团体实现改变的第一个自然的结果，也是帮助团体成员适应团体的一种工具。在开始阶段形成工作契约可以帮助团体社会工作者和团体成员产生比较现实的相互期望，消除对团体过程的神秘感，增强成员的自信心和责任感，减少最初的焦虑和抵触，获得一种方向感，更积极地投入团体过程，同时可帮助团体成员获得更大的选择自由。

契约应依据团体成员和团体社会工作者各自的特点制定，且要有必要的灵活性，以便根据情况随时修正。从团体契约具体内容来看，团体契约的内容包括：（1）契约要清楚地说明团体的目的和团体建立的原因；（2）表明个别成员的目标和成员在团体中所希望获得的东西；（3）指出团体运作的方法。例如，讨论、团体成员是否有权利随时放弃参与自己不喜欢的活动项目；（4）列明团体开始后聚会的时间、地点和次数；（5）确定有关守则、奖励及惩罚的细则；（6）要求团体成员投入团体，包括准时到会，不能无故缺席，帮助其他成员等；（7）要求保密。若由于特殊情况要将团体内的资料向外呈报，也需同时指出原因及所涉及的范围；（8）明确个别成员在有需要的时候是否可以单独约见团体社会工作者；（9）清楚地说明团体与机构的关系；团体成员的参与和机构希望需要配合的范围；团体社会工作者和机构之间有关资源的协议，团体社会工作者的角色等。

签订团体契约的方式有多种：可以是团体社会工作者事先拟好，在第一次会期时征求成员意见，与成员讨论签订；也可以是团体社会工作者和成员在第一次会期时共同商讨后签订；还可以是团体社会工作者让成员在第一次会期后回家完成这份契约，第二次会期时再带来与大家一起讨论签订。团体契约的形式可以是书面的，也可以是口头的，但不论哪种形式，团体契约都是团体社会工作者和成员双方讨论协商之后共同决定的，团体社会工作者和成员双方都要遵守，不得随意更改。

6. 应对可能面临的挑战

一个团体在进入工作阶段前，必须学会认识并处理焦虑、防卫性抗拒、权力冲突、对控制的反抗、对团体社会工作者的挑战及各种其他问题。有些团体一旦面临来自团体的挑战就停滞不前，原因不是开始没有建立起种种规范，就是不能应付团体中的抗拒冲突。

随着团体社会工作的不断推进，团体成员的焦虑和防卫也在不断增加，这些情绪在正常情况下将被以后阶段的真诚与信任所替代。团体过程中的焦虑产生于害怕让别人在超出一般公众认识的程度上了解自己，产生于害怕被评判和被误解，也产生于缺乏对团体情境中的目标、规范、所期望行为明确的认识。通常团体成员是以对自己、对团体陈述或询问的形式表达他们的焦虑的。抗拒是使自己或别人避免对个人问题或痛苦体验深入探索的行为。成员既要进行自我探索，又害怕自我认识；既要与人际冲突抗争，又要与内心冲突抗争。成员会因潜意识内容被揭示而导致恐惧和焦虑，会在潜意识中试图为保护自己免于焦虑而努力。所以，抗拒是为维护防卫而作战，是防卫的防卫。抗拒是团体中不可避免的一种现象，如果它不能被认识和探索，就会严重妨碍团体历程。但是，抗拒并不仅仅是一种要予以克服的情绪或行为，还必须从保护人们免于焦虑的角度来加以认识。因此，团体社会工作者应该尝试创造一种开放的气氛，帮助成员探索他们自己的恐惧和防卫，鼓励他们承认并解决他们所体验的任何焦虑不安的情绪或行为。成员必须愿意认识他们自己的抗拒并讲出那些可能妨碍他们全心参与的原因。

此外，团体社会工作者必须对成员所体验到的各种冲突有特殊的敏感，并且有效地处理冲突。冲突对自己、其他成员和团体的影响可能是破坏性的，但它也可以是团体互动的一种建设性的力量。如果能认识和有效地处理团体层面的冲突，就可以因为分歧被包容，整个团体则寻找到新的思想和感觉的方法，并进而增强团体成员之间的理解，增强团体关系。对团体而言，表达和讨论差异是达到共同的价值和利益最有效的途径。分歧一经探索，彼此的一致就变得清晰。但是团体成员和团体社会工作者往往一味强调冲突的破坏性，误以为矛盾冲突总是消极的，体现了一种不良关系，所以竭力回避冲突的公开化。其实，团体中的权力冲突如果被忽视，情况必然会恶化，还会破坏真诚接触交流的机会，团体就有可能退步，并无法达到一个有成效的工作阶段。

(三) 团体中期

随着团体社会工作的不断推进、团体成员之间互动的不断增加，团体开始正式进入中期阶段。团体工作中期是一个至关重要的阶段，大部分的团体工作内容都在这个阶段完成，因此它通常被认为是一个解决团体成员需要的阶段，也被认为是重整与归纳的阶段。

1. 团体中期的特点

在团体中期，团体的结构日趋稳定，成员间更了解、接纳他人，更愿意相互帮助，更愿意尝试行为改变及解决问题，追求个人及团体目标的达成。团体进入了一个新的生命历程。其主要特点包括如下几个方面。

(1) 团体的凝聚力增强。团体中期，团体中已经呈现出一种让成员心理上安全、温暖的氛围。团体成员之间的沟通中，表现出了更多的同理心、真诚和理解。成员间信任感逐渐加强，每个人都可以自由地表达，成员觉得彼此间、与团体社会工作者间有紧密的情感联系。同时，团体成员讨论的内容也变得比较宽泛，团体成员在团体聚合中大都能分享别人的问题、感受和想法，并从中受到启发。团体成员也肯定团体经验的价值，努力建立团体功能与团体结构的均衡，表达出归属感与对团体的认同感，对团体概念的理解更加深入，团体成员会把"这个团体"变成"我们的团体"，会有"团体一分子"的感觉，对团体产生了依赖。

(2) 孕育希望和改变的动机。经过冲突、挣扎后，团体成员发觉了团体对自己的尊重和接纳，也看到了其他成员的真心表露、分享、关怀与承诺，对团体的信心由此产生，觉得建设性的改变是有可能的，因此会产生一种充满希望的感觉，相信借助彼此的投入，团体会促进自己的成长及困扰的解决。此时，成员改变的动机更加强烈，同时认识到必须为自己的改变负责任。为此，他们尝试更多的冒险，与以前相比，出现了更多的开放性行为。

(3) 成员投入与表露。从团体开始，成员就一点点地在表露自己，但在真正的信任感与安全感未完全建立之前，所表露的只是浅层次的自我，或是与团体此时此地没有什么关系的想法和意见，是比较安全、没有威胁性的内容。而到了团体的中期，成员会对团体的过程作出个人的投入，自我表露也较深入，较接近个人内在的自我，或者表露的是与团体此时此地相关的，具有敏感性和挑战性的内容。此时，成员开始诚实而认真地探索个人的价值、态度、感受和行为，有机会把内在的情绪宣泄出来。

(4) 互助合作的形成。团体的特点之一就是拥有多方面的资源，在团体中期，在成员充分信任的情况下，彼此关怀开始互为资源，通过持续不断的回馈、相互的协助和真诚的面谈，帮助其他成员，也被其他成员帮助，分享各自的经验、知识与技能，彼此交流与合作，促成团体互助网络的形成。

(5) 成员对工作者的依赖减弱。在团体的初期，工作者一直处于团体的中心位置。之后，工作者的位置虽然开始向边缘转移，但仍然在靠近中心的位置，成员对工作者有很强的依赖感。但是到中期后，团体的结构已经基本稳定，团体已经形成基本的互动模式，成员对工作者的依赖逐渐减弱，工作者逐渐从接近中心的位置向外退移，有些团体角色被团体成员自己承担起来，成员与工作者的地位逐渐接近甚至相等，成员的独立性越来越清晰地表现出来，他们依靠自己寻找解决问题的方法和策略，团体因此形成自己的动力，并且依赖自己的动力向前推进。

2. 团体中期的任务

团体在工作阶段最主要的任务是团体对成员问题的解决,而问题的解决依赖一定的工作方法,即该阶段的主要任务是通过一定的问题解决方法来解决成员的问题。团体中期是工作期,也是团体和个人目标达成的时期,团体和个人的需求都要在这一时期获得满足,所以面临着一系列的任务,需要一步一步着手解决。

(1) 维持团体良好互动。经过初期与转换期的探索、冲突与挣扎之后,到团体中期已经形成一套良好的互动模式,成员间彼此信任、真诚、接纳与关怀,行为上出现此时此地的表达与分享及相互的协助与合作,这些在团体中期都是使团体产生效力的工具,在团体中期的一个重要任务就是维持这种互动模式,并通过工作者的示范及引导,使成员的行为与互动更为有效。

(2) 协助成员从团体获得新的认知。协助成员通过自我表露,探索个人的价值、态度、感受和行为,并通过他人的回馈更好地反省自己,对事物有了更客观的了解,从而对自己、对环境以及对自己与环境的关系有了新的认知。

(3) 协助成员把领悟转化为行动。成员在团体中期,借着自己的反省、别人的回馈与面谈等,有了新的认知和领悟,但仅有领悟是不行的,工作者还需要协助成员意识到必须为自己的改变负责任,将领悟或认知具体转化为行动。工作者鼓励成员不断地冒险,去尝试新行为,并且在被期待的新行为出现时,不断地予以增强,使当事人更有信心,更有勇气继续尝试,以备将来运用在团体之外。

(4) 协助成员解决问题。工作者协助成员将问题澄清,通过分析判断,协助其建立合理的目标,共同磋商,整合团体内的资源,进行合理分工,一起寻找解决问题的策略与方法并付诸实施。

(四) 团体后期

"天下无不散的筵席",团体在中期完成工作任务,成员基本达到目标之后就进入了结束期,这是团体历程的最后阶段。团体的结束不是一个戛然而止的时间点的问题,而是一个巩固团体所学、处理未完成事件、与团体外环境相联系的动态过程。它不是指最后一次团体,而是指成员在达到他们的目标后到团体解散的一段过程,可能是最后一次团体会期,也可能是最后两次至三次,甚至是更多的团体会期。在这个过程中,团体可能会出现不同的情况和变化,所以它需要的时间没有统一的规定。团体工作者可以根据团体的性质和特点、历程的长短、成员对团体的投入程度、成员离组后的安排及团体以外的环境情况等因素适时安排结束团体。

这个阶段非常重要,因为成员有机会澄清他们团体经验的意义,巩固他们已经获得的内容,修正他们准备把那些新获得的行为转换到日常生活中去的决定。团体成员在这一阶段的重要任务是总结经验,巩固学习到的内容,学习在外部环境中维持改变的各种方法。

本阶段主要的社会情绪是分离、失落和矛盾心理。团体的结束阶段非常重要，对团体成员的改变具有决定性意义。在所有的团体领导技术中，也许没有什么比帮助团体成员并将他们在团体中学到的内容转化到团体外环境中去的能力更重要的了。

1. 团体成员的特点

团体后期，团体呈现出一段独特的团体生命历程的特征。就成员来说，他们的感受是矛盾的。一方面，他们会经历一些正面的感受，如经历了在团体中的成长，感受到团体的温暖、真诚和信任，完成了团体和个人的成长，有一种满足感和成就感，他们对团体充满感激，也在团体中树立了信心，热情地希望面对未来。同时，团体的结束使他们感到完成了一件事情后的轻松，尤其是那些强制成立的团体的成员，为摆脱掉团体的压力和挑战而感到欣慰。但另一方面，在团体的结束期，成员也很容易感受到一种负面的情绪和感受。团体的结束会勾起他们痛苦的回忆，使他们有种被抛弃的感觉，从而充满哀伤、失落和生气；而那些曾经被社会忽视、缺乏有效社会支持的成员，对于团体则有着特别的眷恋，并因眷恋而产生忧虑和失落；还有那些离开团体后需要面对困境的团体成员则会充满困惑，显露出迟疑和信心不足。这些感受和情绪直接影响成员在团体中的行为。具体而言，首先，成员可能会存在否认团体就要结束的事实，他们可能会有意识地忘记团体公布的结束日期，并更加紧密地联系起来，或与工作者讨价还价，要求团体社会工作者延长团体聚会时限及要求与工作者继续会面。其次，部分成员可能出现一些倒退的行为，如重新出现一些原本在团体中已获得解决的问题，或者违反团体规范，出现迟到和早退现象。还有成员为控制焦虑，会决定在最后一次聚会之前，事先结束自己的参与，不打招呼就从团体中消失。最后，部分成员可能带些礼物来送给工作者，邀请工作者共进晚餐，请工作者提供家庭住址，要求在团体结束之后继续与工作者有社交性的往来等。

此外，在团体的结束期，团体和成员的目标已经基本完成，此时团体的程序和活动逐渐减少，团体的结构较为松散，团体对成员的控制力相对减弱。成员对团体的投入不如中期那么深，可能出现一些迟到早退的现象，有些成员会选择提前退出，有些成员会努力建立团体外新的人际关系，而逐渐淡出团体。当然，不是所有的团体都会这样，有些历程感较强、结构较为严谨的团体不一定会出现这样的现象，而是一直维持严谨的结构直至团体解散。

2. 团体后期的任务

（1）巩固团体成果。结束阶段成员个人的和共同的目标部分得到了实现，整个团体正在从工作阶段转向结束和计划未来。成员对团体发展速度的感觉因人而异。可能有些人非常喜欢所取得的进步，有些人却觉得团体发展得太快了，自己才认识到团体的价值，刚刚开始改变。有人在团体结束前已经做好准备，另一些人则因为缺乏安全感而希望退出，他们感到被那些进步快的成员抛在了后面。尽管如此，成员逐渐谈论他们自己和团体发生的变化。他们会把团体经验当作成功地应付未来的衡量标准而加以回忆和肯定。未来计划也

单元二 了解社会工作的常用工作手法

成为讨论的重要主题,加紧为日常社区生活的新关系和新经验做准备。从团体社会工作情境回到自然的成长环境,始终是一个重要而困难的转换。对团体成员和工作者来说,结束一个团体不仅仅是结束工作关系的标志,也是社会工作过程一个有机的组成部分。它只有得到适当的理解和管理,才能成为情绪、思想和行为改变的重要力量。更重要的是,这些改变只有在成员能将他们从团体经验中获得的好处应用到日常关系时才真正有价值。工作者需要运用社会工作的知识、价值和技巧,帮助成员正视团体经验的内涵,带着收获的感觉离开团体,有能力把他们学习到的关系和角色应用到社区中去。例如,生理心理社会理论关于成长和发展的知识将有助于成员理解人生每个发展阶段重要社会关系的丧失和分离,理解自我防卫,理解处理和管理经验的方法。这不仅可以帮助成员顺利地离开工作者和其他成员,而且可以使他们更有能力处理当下和未来出现在他们生活中的各种分离。

除了回顾和总结,还要帮助成员深化他们在团体中的学习成果,并创造条件和设计一些情境来帮助成员实践这些行为。在团体结束期,工作者一方面应鼓励成员用角色扮演、模拟练习或预演的方式,练习和试验一些新的行为,如"亲子沟通训练营"中,提供一个具体的情境,要求成员分组扮演父母、子女的角色,将在团体中的所学演示出来,大家分享讨论。另一方面,应强调平时实际练习的价值,让成员在团体外的日常生活中应用自己在团体中的所学,利用各种不一样的情境,来帮助成员深化新的行为。例如,上述的"亲子沟通训练营"中,成员在团体中学到了沟通的技巧,在团体的结束期,工作者要求成员回去召开一次家庭磋商会议,与孩子沟通磋商建立一个全家人认同的家庭规范,实施后再回到团体,分享整个过程和感受,成员间相互反馈和讨论,总结经验教训。

(2) 处理成员的分离情绪。结束不仅引起现在的分离,也触动了过去分离的记忆。成员对失去某个成员或工作者,对团体结束的担忧,常常表现出各种情绪和行为反应,但反应的性质和强度取决于团体结构、服务时期、结束原因、过去对损失和分离的经验、有意义的关系和环境支持的程度。团体后期成员的情绪是复杂和矛盾的,而这些情绪会导致产生许多复杂而矛盾的行为,所以工作者必须针对团体成员的这些情绪和行为作出一些必要的介入。

首先,工作者要事先告知每一位成员团体结束的日期,提醒成员团体即将结束。一方面,让他们有个心理准备,另一方面,也可以利用团体即将结束的事实,刺激成员尽快处理自己的问题。工作者可以说:"再有两次聚会,我们的团体就要结束了,希望各位成员检视一下自己在团体中的成长,看看自己还有什么需要做的,赶快加紧完成。""团体很快就要结束了,假如这是你最后一次在团体里探究自己的需求,你将如何利用剩下的时间?"或者可以说:"如果这是团体最后一次讨论会,对于你在团体中的经历,你的感觉如何?你希望有什么不同吗?"

其次,工作者可以用表达感受的方式来处理离别情绪,让成员在团体中写出或说出他们离别时候的感受,分享他们矛盾的心理,鼓励他们将这种感受与生活中的类似情况作一个比较,协助他们去探索它们之间的关联。工作者身为领导者,也可以表露出自己对团体结束的感受。告诉成员分离是困难的，分离时出现这样的矛盾心理是正常的，团体的结束并非他们的过错或不负责任的行为，而纯粹是团体预定期限的问题，并亲身示范自己对这些情绪问题的处理。

最后，如果团体社会工作者觉察到成员以逃避或倒退行为的方式抗拒团体的结束，应率先谈起结束的话题并重申分离是不可改变的事实。肯定每位成员在团体中的成长，并且引导成员相互反馈，鼓励成员秉承他们在团体中的努力，将他们在团体中的所学运用到他们未来可能遇到的问题上。

(3) 计划未来、处理遗留工作、安排跟进工作。团体的结束期，需要对未来作一些规划。工作者可以要求成员想象在6个月、1年及5年之后，他们希望变成什么样，或者可以让成员考虑一下，所有的成员在6个月或者1年以后再相聚，他们希望对其他成员说些什么，并且让他们谈一谈从现在开始要如何做才能达到这个目标，变成自己所期望的那种人。例如可以说，"有什么是你愿意承诺的？以便你能朝你希望的方向前进？"通过这个活动让成员去设想他们未来的生活，许多人都会惊讶地发现，在这种设想中他们有能力作出显著的改变，并且有信心去面对未来的生活；相反地，成员也可能很惊讶地发现未来的日子里，他们无法预测任何改变，而那些阻碍他们改变的问题是在团体中已经处理过的，于是，他们领悟到必须花费更多心力以求改变，而且要为自己的生活改变承担更多的责任。

团体结束时，需要将工作者与成员间或成员相互之间该完成而未完成的事盘点一下，并尽快解决，即使没有足够的时间完成，也应加以确认，并尝试在剩余的时限中尽量做好可能的安排。因时间关系无法完成所有工作时，如工作性质及个人事务，则宜终止讨论，由成员自行安排时间去完成，也可以在工作者协助下，进行适当的跟进和转介。跟进是指团体工作者本身在团体终结后继续提供给成员的追踪服务，如跟进的聚会、跟进的个别面谈，跟进后与社区或相关机构联系提供相应的资源，甚至再次带领成员进入另一个团体。

除了跟进外，如有必要还可以转介。转介是指寻求外在其他社会资源作为支持性的服务。为了能够有效地实施转介，领导者必须对可用的社区资源相当熟悉，才能根据机构和成员的需要，将其转介到相关的机构中去。当与转介机构联系或向其申请时，成员最好能在场，且转介机构能安排一位接待人员，让成员觉得他是被期盼转介到该机构中去，或转介出去之后追踪核查，确定成员已到转介机构报到，且已开始接受必要的服务，从这个意义上讲，转介也是跟进服务的另一种形式。

值得注意的是，不论是跟进还是转介，都只有在团体社会工作者与成员共同协商确认有必要时，才有意义，即只有当成员有寻求进一步服务的动机时，跟进和转介工作才有必要，如果成员没有这方面的动机，工作者只要帮助成员了解他不愿意做的目的即可。

每一个团体都有它的生命周期，有开始就一定会有结束。在和谐、祝福与期望达成中顺利结束的团体才算是真正完成了它的生命历程，画上了一个圆满的句号。

单元二 了解社会工作的常用工作手法

> **阅读案例**

人际沟通，交往你、我、他

为帮助大学生减轻成长压力，增强人际沟通和接纳意识，提升自身认识能力和人际交往能力，漳州师范学院社会工作专业实验室于2004年开始面向全院师生开办了4期大学生人际交往训练小组。

一、开组前的准备

开小组前撰写小组计划书是非常必要的，它关系小组工作的正常开组。因此，社会工作者提前认真阅读有关大学生人际交往相关资料，并提前做好相关理论准备。此外，社会工作者还需要提前准备好团体开始前的物品、场地等。

二、团体成员的招募

贴出海报，由报名者填写报名表。由专业教师对报名者进行面试甄选，确定4个小组，每组12人。

三、团体开展过程

本次团体活动总共由5次聚会组成。小组时间及地点均在第一次聚会前确定。该团体社会工作的各次聚会的安排如下。

（1）第一次团体聚会。本次聚会的主题为"相识"，团体活动过程包括：① 相见欢；② 自由像；③ 三人行；④ 分享和小结。其目的在于促使团体成员相互认识，并学习如何更好地把自己介绍给别人，给别人留下深刻的印象。

（2）第二次团体聚会。本次聚会的主题为"接纳"，团体活动过程包括：① 谈谈讲讲；② 三五成群；③ 角色扮演"让暴风雨来得更猛烈些吧"；④ 分享和小结。其目的在于帮助成员学会接纳自己、接纳别人和接纳环境。

（3）第三次团体聚会。本次聚会的主题为"信任"，团体活动过程包括：① 一周回顾；② 双人桥；③ 盘丝洞；④ 分享和小结。其目的在于培养小组合作感与信任感，促使成员提升自信心。

（4）第四次团体聚会。本次聚会的主题为"沟通"，团体活动过程包括：① 不倒竿；② 有口难言；③ 分享和小结。其目的在于帮助成员体会沟通的重要性，并促使成员学习和掌握沟通技巧。

（5）第五次团体聚会。本次聚会的主题为"结束"，团体活动过程包括：① 放飞心中的梦想；② 汪洋中的孤岛；③ 心中的歌；④ 分享评估表。本次聚会目的在于促使成员回顾前4次活动，分享自己的心路历程，评估自己的收获，评估小组的目标。

四、评估

到结束阶段不仅需要处理好小组成员的最后离别，也需要对团体目标是否达成、成员目标等进行评估。在最后一次聚会时，社会工作者邀请大家一起分享参加团体的心路历程，重新体会和感受成员由陌生到相知、熟悉，再到依依不舍的情感变化过程，回顾团体过程中所经历的愉快经验和感受。最后,由组员填写并分享个人收获评估表和团体达成目标评估表。

人际交往训练小组历时5周,它采用小组工作特有的价值观、相关理论及专业方法进行工作,使参与的大学生们普遍感到自己在团体中情感得到释放、价值观得到梳理、信心倍增,更具有同理心、包容心和爱心,同时初步掌握人际交往中沟通的技巧。

(资料来源:黄耀明.小组工作方法在大学生成长中的实践分析——以漳州师范学院人际交往训练小组为个案 [J]. 漳州师范学院学报(哲学社会科学版),2005(02):118-121,有改动。)

S 思考题

1. 团体社会工作的要素有哪些?
2. 团体社会工作初期可能面临哪些挑战?

任务三 社区社会工作

R 任务描述

本项任务通过引导学生阅读案例、参与体验式活动等方式帮助学生了解以下三个问题:

1. 如何界定社区社会工作?
2. 社区社会工作的发展历史是什么?
3. 社区社会工作的模式有哪些?

D 导入案例

融合,让社区成为每个人的家

2015年3月26日,中华街道家庭综合服务中心在金河街16号正式启动。中心集多种功能为一体,包括老人康养中心、老年大学、市民讲坛、早教中心、电脑培训中心、图书阅览中心、手工艺及便民服务中心、健身中心、残疾人援助中心等,主要向长者、青少年、义工、家庭(包括妇女和残疾人)、新厦门人等特殊群体提供服务的全新综合性家庭服务。

关心长者——搭建智能管理服务

老年人是中心的服务重点，中心为老人们准备了丰富的课程，如电脑基础班、园艺班、保健知识班、营养饮食课堂、手工劳作班、书画班、手操班、合唱队等。中心将通过老年人智能管理服务平台，向社区"三无"和低保户老人发送短信，预告中心活动和用餐事项。中心还将开通微信公众号，家属可通过手机端口实时了解老人状况。

关爱妇幼——有得玩还能学技艺

针对青少年，中心开展了"火凤凰计划"、青春斗FUN乐堂等主题活动，将组建青少年义工队伍开展志愿服务，提升社区青少年素质。

中华街道的"美丽工坊"项目在这里设置了分点的活动，住在周边的赋闲妇女可以就近参加技能培训。为了进一步增进家庭和谐关系、提高家庭生活质量，将开展家庭同乐日、家庭乐学堂、家庭齐协助等活动项目，并面向社区内全体居民开展主题讲座。

（资料来源：2015年3月27日《厦门晚报》，A18版，有改动。）

案例思考

1. 现代城市社区与传统社区有什么不同？
2. 社区融合的意义是什么？

T 体验活动

让学员站成两排，两两相对。每排各派出一名代表，站于队伍的两端。相互鞠躬，身体要弯腰成90°，向对方代表高喊"您好"。向前走至队伍中央，再相互鞠躬并高喊一次"您好"。鞠躬者与其余成员均不可笑，笑出声者即被对方俘虏，需排至对方队伍最后入列。依次交换代表人选。

活动结束后思考：

1. 这个活动给你最大的感受是什么？
2. 如果你是社区工作者，这个活动对你做社区服务有什么启示？

Z 知识链接

社区社会工作（Community Social Work）是以独特的价值观和行为守则为基础，由特定对象、手法、目标等要素组成，简称社区工作。社区工作有许多模式，这些模式可归为策略模式和过程模式两大类。

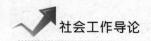

一、社区工作的定义和要素

(一) 社区工作的定义

社区工作以社区为载体。社区一词最早由德国人斐迪南·腾尼斯（Ferdinand Tönnies）提出，在他看来，社区是有共同价值观的同质人口组成的关系亲密、富有人情味的社会关系和社会团体；人们加入该团体并非有目的选择之结果，而是在社会生活中自然形成的。

社区是一个整合概念。首先，社区有地域社区和功能社区两种，前者是一定区域内共同生活的有组织的人群（如农村），后者是由共同目标和共同利害关系的人组成的社会团体（如学生）。当然，某些社区兼具功能和地理特性（如科学园区）。其次，社区又体现为外在结构和内在意识的整合体，前者体现为由规模、大小等硬性要素组成的结构，后者则体现为意义、身份、联系和归属感等软性元素。因此，社区是上述两个维度的统一体，其要素包括一定规模的人群、一定联系方式、独特文化和生活方式、相似经历、认同感和归属感，非国家、非市场和非家庭是其重要特征。

社区工作是一个缤纷复杂的概念。按照顾东辉教授的观点，社区工作是指以社区及其成员整体为对象的社会工作介入手法。通过成员有计划地参与集体行动，解决社区问题、满足社区需要。在参与过程中，让成员建立对社区的归属感，培养自助、互助和自决的精神，加强其社区参与及影响决策的能力和意识，发挥成员的潜能。

(二) 社区工作的要素

社区工作是由服务对象、目标、工作手法、工作主体、价值和伦理等要素组成的。

(1) 服务对象。社区工作服务对象是社区的部分或整体。与个案工作针对个人或家庭、小组或团体工作针对群体不同，社区工作以社区的部分或整体为对象，地理社区和功能社区都可成为其对象。针对地理社区可有地区发展等类型，针对功能社区可有青少年社会工作等类型。社区又包含外在结构和内在意识，因此硬性要素（如社区地理）和软性元素（如归属感）都可成为社区工作的切入口。

(2) 目标。社区工作有多层目标。社区工作的任务目标是解决一些具体问题和满足某些特殊需要，如完成某帮助脱困计划、改善生活环境等；其过程目标是促进社区成员的能力、提升社区凝聚力，如帮助社区成员增强解决问题的信心、技巧和能力，发掘和培养社区领袖参与社区事务，培养社区成员的责任感并增加其社区归属感。

(3) 工作手法。社区工作手法至少有三个特性。由于对象规模超过个案工作和小组工作，社区工作主要依托功能论、冲突论等宏观基础理论及社区分析、机构分析、策划等宏观实务理论，从而采用不同手法。一是采用结构导向。许多成员同时面临某些问题，其根源应该在于社会环境，因此社区工作就不能仅要求个人改变而应改善其所处环境，这时政府、社区均有责任协助处理和解决问题。二是发动成员有组织地集体参与。社区成员最了解自身的问题和需要,有责任对自己的事情负责,是社区工作的重要资源,也会在参与中获得成长。由于社区成员规模较大,极其有必要对他们进行组织,依靠集体力量达成目标。三是运用社区资源。社区工作不仅要发挥工作者能力和激发社区成员潜能,也要开发利用社区内外的正式和非正式资源。

社区工作还涉及工作主体、价值和伦理等要素,由于社区工作之存在主要在于其方法特性,本任务对主体特性就不作说明,价值和伦理则会在接下来的内容进行专门说明。

二、价值观和原则

社区工作既要遵循社会工作的价值观和行为守则,又应根据自身的特性,恪守相应的价值观和原则。

(一) 价值观

社区工作的价值观是社会工作价值观和社区工作方法的整合结果,体现在对"人""与他人的关系""社会""工作手法"等方面的看法上。

(1) 关于"人"。社区工作认为,人都有尊严和价值,人都有发展潜力,人都希望改变也能改变,社区成员能发挥出处理社区问题的能力。

(2) 关于"与他人的关系"。社区工作认为,人除了对自己负责外,也要想到其他人;人人需要归属,需要互助成群。

(3) 关于"社会"。社区工作认为,个人与社会相互依赖;社会必须提供公平机会,让每个人发挥潜能,通过参与来尽社会责任,充实精神生活和物质生活;社会应提供资源和服务以满足个人需求;社会应尽力为成员提供最大福利。

(4) 关于"工作手法"。社区工作认为,制度取向解决问题更具效率;社区自发的改变更有意义和持久性;社区居民应合作参与社区事件;借助他人的专业知识和技能,通过实现每个人都能行使自己意愿的目标,推动个人和社会的进步;以综合方式能成功地解决问题,而以片断方式则不然。

(二) 行为守则

社区工作的行为守则是价值观的操作化。对于行为守则,社会工作界的讨论异常热烈。联合国提出了社区发展十条原则,罗斯(G. Rose)和甘炳光也分别指明了社区工作的原则。具体来说,体现在以下几个方面。

(1) 注重以人为中心的发展目标。要认识到人的发展比物质发展更重要,社区发展应以社区的共同需要和根本需要为主,社区服务方案应包括含有情感内容的活动。

(2) 根据具体情况策划工作步骤。要有完整的、多方面的多种专门性计划;建立多目标的计划,促使社区各方面配合行动,以利于全面和均衡发展。

(3) 强调成员的自助参与。社区成员最清楚社区的问题和需要。自助参与会使他们感受到自己的价值和能力,而他们应该对社区承担责任。因此,要组织社区成员,将社区事务交给他们承担,让社区各种计划的拟订和执行均有社区成员参加;注重发掘、运用和训练各利益团体都能接纳的社区领导人才。

(4) 充分开展组织工作。充分考虑民间组织的不可或缺性;组织居民采取共同行动;动员社区内部资源以实现社区自助,争取外援但又不完全依赖外援。

(5) 注重社区参与的广泛性及包容性,让不同阶层和团体的人士都有机会参与社区事务。

(6) 注重协调发展。要有普遍接受的目标与工作方法,工作步调应与社区发展水平协调一致,社区组织内部和社区组织与社区之间应进行主动有效的沟通,社区发展应与地方、国家计划协调,社区的物质与精神、经济与社会协调发展。

(7) 尊重社区自决。不可强迫社区成员接受工作者的意见,而由成员选择和决定改变的方式和行动。工作者在此过程中协助他们界定需要,指出解决问题的手法,一起讨论和交换意见。

(8) 采取民主和理性的行动方式。在制定目标和策划行动时,不受利益集团控制,由社区成员参与决策,并依据一些共同制定的规则运营;悉心培养他们的民主和理性的精神,实践民主作风和处事态度,拥有民主的组织方式和治理原则。

(9) 注意预防性工作。对社区的局势和发展有科学判断,努力在事件发生前就做好预防工作,以降低工作成本。

(10) 在推行社区工作实务过程中,社区工作者必须在领悟社区工作价值观和把握其行为原则的基础上,根据不同社区的具体情况和时代特点,发挥多元角色,体现实践智慧,努力保证社区工作的成功。

三、策略模式

社区模式是实务的总结,社区工作的模式众多,这些模式可分为策略模式和过程模式两大范畴,前者是技巧的组合,后者是不同阶段的技术。随着社区工作的发展,策略模式越来越多,其中,地区发展、社会策划、社区照顾和社区教育等较适合在中国应用。

(一) 地区发展

地区发展是美国社区工作专家罗斯曼(Rothman)提出的社区工作三种模式之一。地区发展就是发动社区内不同人士和团体广泛参与,通过参与过程使他们达到自助和互动的目标,改善社区关系,增加社区归属感。

本模式是由多要素组成的系统。本模式以传统和静态的地理社区为对象,促使居民自助,加强沟通合作、社区参与度和社区归属感,促进社区整合。本模式以权力机构为合作者,借助任务导向小组进行相互沟通、群体讨论,从而达成共识。社会工作者是协调者、教师以及社区领袖,居民是服务对象和活动的积极参与者。

灾后自救可采用地区发展模式,对象是整个受灾区域。受灾后,不少居民流离失所,家破人亡，对灾情和态势又缺乏了解。同时，基层组织也遭到破坏。因此，生活保障是共同利益。社区工作者可在灾民中招募基层干部、党、团员等组成若干工作小组，分担不同功能，发动集体智慧，就食物、住宿、卫生、安全等进行切磋，并达成共识。再推动这些小组与灾民沟通和讨论，发动更多人士参与，并联络外在资源，逐步渡过难关，促使生活基本恢复。

地区发展的运用有一定效果，但也应注意一些问题。本模式只能涉及较小的问题，对于由体制导致的问题无能为力；强调依靠内部资源和居民参与，但这并不能彻底解决问题。假设不同团体存在共同利益，但是这些利益在工作中会发生变化，因此社区工作者只有根据具体情况灵活应变，才可能真正取得成效。

（二）社会策划（社会计划）模式

社会策划是诸多工作模式的共同组成部分。社会策划就是针对具体的社会问题，根据相关信息制定工作项目，并将社会目标转化为实务手段的过程。

本模式以整体或部分地理和功能社区为对象，该社区存在着实际社会问题，各方利益存在冲突，需要调和。本模式认为专家和策划者的信息最丰富，因此认为依靠专家的意见，通过有关专家的调研、论证、计划，然后落实、推行，以解决社区内的问题，这是一种由上而下的方法。社区工作者担当的是组织实施者角色，是资料收集者、分析员、项目执行者和催化者，社区成员是服务的消费者和接受者，其参与比较被动，只限于对计划提出一些修改意见。对于处理复杂的社会问题，这一模式比较常见。

就业促进工作就可采用社会策划模式。社区工作者可通过多种方式了解失业群体的形成原因、现状和市场需求的规模结构，制定针对性训练项目，提升失业者技能，帮助他们客观判断就业形势，树立信心，改善求职技巧，加强其在劳动市场的综合竞争力。

（三）社会行动模式

这种模式在西方的社区工作中十分常见。它特别适用于那些社会情况比较复杂，社会矛盾比较多，政府部门官僚化，居民利益缺乏保障的社区。针对社会不公平、不平等与剥削现象，社区工作者动员、组织社区居民，采取集体行动，以从下而上施压的形式，求得公正解决问题。

社区工作者首先要觉察到居民对某些问题的特别关切，利用这些问题去发动居民，组织起来或采取一致行动，主要方法有讨论、公开辩论、通过大众传媒呼吁引起社会各界和政府当局的关注与同情，或采取请愿、游说、游行示威、静坐等行动，以求问题的公正解决。

传统的社会工作强调工作者的辅助者或使能者的角色，并且较多地采用非主导的方法协助解决问题。但在社会行动中，社区工作者不再局限于使能者的角色，而是采取较主导的角色（倡导者、行动者、教育者、资源提供者），强调与居民一起面对问题，而不是完全由居民独自承担。

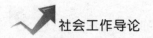

(四) 社区照顾

社区照顾是起源于英国的一种专业社区工作实践理论和模式。社区照顾是把有需要的社会成员留在其所在的生活社区，由政府人员、专门工作者、民间团体、志愿者、社区群众和受照顾对象的社会关系网络对其提供行动帮助、物质支援、心理支持和整体关怀。"有需要的社会人员"包括生活中暂时需要照顾的人员和对照顾有长期需求的依赖人员。照顾可以分为正规照顾和非正规照顾两类。非正规照顾是由家庭、亲戚、邻居所提供的照顾服务，主要是日常生活中的感情依赖、责任及根据经验即可完成的照顾。正规照顾是指由社区内的正规组织所提供的专业的服务，如政府、福利机构、医院等，这种服务需要专门的知识和依靠正规组织的管理和规范操作来完成。

从社区照顾实践来看，其照顾对象主要是老年人和残疾人，还包括儿童、精神病人和康复者等。本模式的服务主体由管理人员、关键工作人员和照顾人员组成。社区工作者一般担任管理人员或关键工作人员，而照顾人员通常都是被政府雇佣的从事直接日常生活服务的人，多是与被照顾者有某种亲属关系的人或是邻居。社区照顾的目标是尽量维持有需要的人士在社区或其自然生活环境内的独立生活。

(五) 社区教育

与社区照顾模式清晰地显示其以弱势人士为对象的特性不同，社区教育是一个"中性"名词，其工作领域要广泛得多。社区教育的思想最早可以溯源至丹麦人柯隆威 (N. F. S. Grundtving) 于1884年创办的第一所"民众高等学校"。社区教育是指依靠社区力量，利用社区资源，对社区全体居民组织实施各级各类教育，满足社区成员多层次、多方位的教育需求，提高社区成员的整体素质，促进社区发展与进步的社会教育活动和过程。从总体上来说，社区教育是一种新的教育社会化、社会教育化、教育社会一体化的教育模式。

社区教育作为社区工作的基本手法之一，其主要目的就是塑造有知识、有能力，并以社区发展为己任的社区成员，社会教育工作涉及居民的知识、思想、行为及情感价值等方方面面，具体包括三个基本范畴：其一，知识与思想范畴；其二，行为与技能范畴；其三，感情与价值范畴。

四、过程模式

过程模式即不同阶段采用的工作技术。大致而言，社区工作可分为探索和准备、计划执行以及撤离、评估和反思三个阶段。各阶段都有其目的、工作方法和作用。

(一) 探索和准备

探索和准备旨在通过系统方法收集和处理资料，安排工作进度和内容，以形成有效的工作方案。本阶段需要了解社区背景、界定问题和需要、建立目标和标准、确定工作方案。

(1) 了解社区一般背景。了解社区一般背景，旨在把握社区环境，了解人口信息，发现有影响的人士和团体，以宏观把握社区情势。

(2) 发现社区问题和需要。发现社区问题旨在了解成员的贫困程度，以及青少年犯罪、环境污染等状况。发现社区需要旨在发现社区成员的规范性需要、感受性需要、表达性需要和比较性需要，可克服潜在需求者不知如何获得福利、不知如何申请服务，以及受限于规范性需要等问题，了解对方的需要缓急，从而对何者优先有初步把握。

(3) 建立目标及其标准。根据背景资料、问题和需要，可以决定行动主题。工作目标可以是任务目标或过程目标，也可兼具两个目标，且并制定相应的测量标准。

(4) 选择可行方案。达成一个目标可以有许多方案，不同模式和技术，其效果也会不同。社区工作者应该充分把握不同目标的相关信息，然后作出最可行方案的选择。

(二) 计划执行

社区工作的执行要求以社区成员为基本力量，策用组织资源，采用某种工作策略达成计划目标。

(1) 联系群众和发动群众。联系群众和发动群众旨在建立信任关系，获得人力资源，以促进计划的执行。

(2) 建立组织和联系组织。建立组织和联系组织有利于把握人、财、物等资源，解决社区问题，满足社区需要。

(3) 迈向计划目标。在完成准备后，社区工作进入操作化阶段。提供服务、形成社会和舆论压力是达成目标的重要手段。提供服务就是满足社区成员的某些需求。形成社会就是建立社会网络，具体是指帮助社区成员利用非正式和正式的社会支持网络资源。

(三) 撤离、评估和反思

工作接近尾声时，社区工作者应该准备撤离现场，评估工作成效并反思工作过程。

1. 撤离现场

撤离工作现场前，工作者应处理分离情绪、安排未完事宜，彼此回馈，讨论未来工作，举行结束仪式等。工作者还要通过居民反馈，强化居民参与者的良性观念和行为，鼓励成员表达情绪和制订未来行动计划，并提供咨询和中介服务。撤离现场时机的选择极其重要，一般而言，时间表已近尾声和工作者离职是撤离的信号。为了使撤离的影响最小，社区工作开始时就要让居民知道进度，在撤离时必须按部就班。

2. 评估执行效果

评估可以在计划开始前、过程中和完成后执行，需要依托社会工作研究方法，目的在于了解社区需要和方案可行性，针对实务中遇到的困难和问题找出改善之处，检查工作结果，并向资助者及公众交代。

3. 反思工作过程

反思即工作者对工作和角色的定位和执行作出判断。撤离前反思旨在了解目标达成的程度、有无新的需要和任务、是否需要新的领袖和新的行动。撤离后反思则有四个目标，即评判项目本身、评判是否遵守了工作原则、评判模型是否得当和评判项目的优点、缺点及其原因。

上述过程只是社区工作的一般模式。在具体工作中，社区工作并不一定严格完成各阶段的各项任务，上述内容的次序也可以颠倒，有些内容可以在几个阶段同时出现。社区工作的成功依赖于社区工作者根据工作理论和具体情况而采用的针对性对策。

阅读案例

社工为塘厦高龄独居老人包爱心粽　提前送上节日关怀

"端午"将至，东莞市正阳社会服务中心社工来到塘厦莲湖、大坪、四村、莆心湖、石鼓社区，与当地居民一同制作近400个粽子，用以探访170名高龄独居老人，让老人提前感受端午节的节日气氛以及社区对他们的关怀。

本次活动以"粽情塘厦 传承美味"为主题，共吸引了上近百名居民参与。社工林惠如介绍，现场参与度最高、最有特色的就属传承美味区，各社区有一名传承者现场教居民本地包粽法，传承本地特色包粽文化。

今年55岁的王阿姨告诉记者，全家老小都来包粽子，感觉很幸福，也让年轻人学会这门手艺，让他们更了解传统文化。得知社工开展这项活动是为给社区的高龄独居长者送粽子，让他们提前感受端午节日气氛，王阿姨更是竖起大拇指为社工们"点赞"。

"正阳"派驻塘厦各社区社工中心每年都会举办包粽活动，不仅让社区长者发挥才艺、传承包粽文化，而且所包粽子将于端午期间用于关怀社区高领独居长者，从而带动社区互助友爱的文化氛围。

（资料来源：http://news.sun0769.com/dg/headnews/201606/t20160608_6631806.shtml，有改动。）

思考题

1. 社区社会工作的本质是什么？
2. 社区社会工作中发动居民参与的方法有哪些？

单元二 了解社会工作的常用工作手法

任务四　社会工作行政与研究

R 任务描述

本项任务通过引导学生阅读案例、参与体验式活动等方式帮助学生了解以下两个问题：

1. 如何界定社会工作行政？
2. 社会工作行政的技巧有哪些？

D 导入案例

大山深处15岁的一家之长

多舛的命运，悲惨的遭遇——在重庆云阳龙洞乡高建村3组的一户家庭中，母亲自杀，父亲过世，15岁的姐姐卢胜珍独自带大12岁的妹妹卢小碧、10岁的弟弟卢小令。卢胜珍6岁那年，母亲在病魔的折磨下用一根绳子结束了自己的生命；2006年，父亲在工地上放炮，遇到哑炮，当他再次接近炮仗时，炮响了，人走了。从此，3个孩子成了孤儿。10岁的卢胜珍要照顾妹妹、弟弟，还有盲人奶奶。他们这个家，像20世纪80年代的农村，她和妹妹、弟弟3个人挤一张床睡。从10岁时就开始在这个家庭里扮演"家长"角色，一个人撑了5年。现在，这位大姐一个人快撑不住了。

小卢三姐弟牵动全国心：15岁孤儿卢胜珍挑起家中重担的故事感动了全国读者，许多人为这3个孩子的遭遇揪心，纷纷伸出了援助之手。他们的遭遇更是引起了重庆市民政局的高度重视。由于三姐弟的母亲彭平的户口、死亡时间、死亡原因有些模糊，一直无法开具死亡结论和证明。按政策规定，三姐弟的孤儿身份也就无法确定。5年来，孩子们是按照农村"五保"和城市"三无"人员获得生活救济金的。

云阳县民政局通过入户调查、邻居书面证实等方式，确定了彭平已死亡的事实，最后确定三姐弟为孤儿，并安排他们在"爱心庄园"内生活。孤儿身份确定后，三姐弟还能享受到医疗、教育、住房等相关优惠政策。在云阳县民政局工作人员的护送下，卢胜珍三姐弟来到了位于江北区铁山坪的重庆市儿童爱心庄园，最终在这里正式住了下来。在这里，卢胜珍这位小家长不仅可以照看弟弟妹妹，而且还有专门的生活老师帮忙。三姐弟的身份、生活、住房、医疗、教育等一系列问题，已经得到了很好的解决。

（资料来源：http://nwes.xinhuanet.com/edu/2011-11/08/C-122248456.htm,有改动。）

案例思考

1. 这三姐弟还可以寻找哪些社会资源？
2. 假如你是一名社工，你准备怎么做？

T 体验活动

将学生分为若干组，每组最好2人以上。每一组组员围成一个圈圈，面对对方。教师帮忙把每个人的手臂与旁边同学的手臂绑在一起。绑好以后，确认每一组的组员都是绑在一起的，由教师布置一些任务让每组去完成。例如，吃午餐、包礼物、帮助每个组员倒水等。

活动结束后思考：
1. 在活动过程中，最困难的是什么？
2. 在行政工作中，团队建设有什么重要意义？

Z 知识链接

社会工作行政管理是较晚得到认可的社会工作领域。然而，近年来，不论是社会工作教育界抑或实务界均将其视为社会服务提供过程中最主要的部分，甚至有一部分学者认为行政管理才是社会工作实务的真正核心。

一、社会工作行政的内涵

（一）社会工作行政的定义

社会工作行政（Social Administration），又称社会福利行政或社会行政工作，肯德尼（John Kidneigh）认为，社会工作行政可称为转化社会政策成社会工作行政的过程。他认为社会工作行政还包括用执行政策所得到的经验去修改政策。因此它是一种双向的过程：转化社会政策成为具体社会服务的过程及利用经验以建议修正政策。这一定义侧重于政策分析、策划、制定及实施。英国学者蒂特马斯（Richard M. Titmuss）认为，社会工作行政是对提供社会服务的人群与组织的研究。这一定义比较侧重于社会服务机构内部管理。美国学者崔克尔（Harleigh B. Trecker）认为社会工作行政包括三个层次的内容：社会工作行政是一个连续的行动过程，这个过程在于促进达成共同目标；在这一过程中妥善运用各种资源，并以协调与合作的方法去运用资源；在这个过程中，计划、组织和领导是重要的。实际上，这是一种过程性而非实质性定义，它是一般行政概念在社会福利服务领域的运用。国内学者王思斌认为，社会工作行政是依照行政程序，妥善利用各种资源，实施社会政策，向有需要者提供社会服务的活动。社会工作行政的中心含义是执行、实施社政策。

由于英文"Administration"也有管理的含义，因此区分社会工作行政与社会管理两个概念是必要的。在我国，社会管理是一个被广泛使用的概念，它是指对整个社会系统的运行过程的有目的的影响。这种管理具有整体性特点，即不但其对象是整个社会，而且其效果的评价也以社会系统的协调运行为标准。因此它不同于一般的经济管理、行政管理等部门和行业管理。后者只是社会管理的有机组成部分。公共行政涉及的是社会生活中的公共领域，如公共安全、交通、教育等。公共行政是对这些领域的行政管理，其目的是使全体公民享受上述服务以正常地生活和工作。它不是谋利行为，而是向公民提供福利服务的活动。由此可以看出，社会管理、公共行政、社会工作行政三者有如下关系：第一，就涉及范围而言，后者是前者的一部分，即社会管理是针对整个社会的，公共行政则涉及社会的公共领域，社会工作行政涉及的是所遇到的社会问题的一部分，它属于社会工作领域。第二，就直接目标取向而言，社会管理追求整个社会的协调运行，公共行政关心的是全体公民的公共福利，社会工作行政关心的主要是社会弱势群体的合法利益。第三，就其执行者来看，从事社会管理的是对整个社会运行负有责任的部门，如整个政府及其综合管理部门，公共行政的承担者是与公共福利有关的政府有关部门及其下属机构，社会工作行政责任的承担者是社会福利行政机关及其他社会福利机构。

（二）社会工作行政的作用及功能

社会工作行政是一种重要的间接社会工作方法。它主要是一种把社会福利、社会保障政策转变为各种社会服务活动的程序。具体地说，通过各级政府的社会工作机构、国家与社会的福利保障单位、基层社区组织等的行政管理，社会工作行政工作把社会政策转化为社会服务活动，其中包括对各种团体、群众性社区组织和大量群众性社会工作活动的组织、领导、管理和服务，以使社会工作机构顺利实现工作目标，同时确保其工作对象得到合格的服务。

社会工作行政工作的功能，其可分为以下三个层次。

（1）制度的层次。这是建立社会福利的机制方面的功能，即转化社会目标成为社会服务行动或社会方案，其中包括认定机构所服务的社区的社会福利需要之所在，提出解决社会问题的方案，把社会方案转化成社会政策或设置特定的机构以处理特定的问题，等等。

（2）管理的层次。这是行政管理方面的功能，其目标是提高效率与减少浪费，使人力、物力发挥最大的功效，其中包括资源的筹措与安置、具体机构组织与结构形态设计、一般作业原则的制定、人员及职员的招募、训练与督导等。

（3）技术的层次。这是专业服务的提供方面的功能，其目标是提供优质的专业服务，其中包括确定机构的服务方案、提供与执行具体的服务项目，如对受助者的咨询、转案、辅导或经济上的资助，对服务的效果进行持续的评估等。

社会工作行政专业实施范围很广泛，凡是有关社会服务活动的地方都运用社会工作行政的方法。在我国，民政、劳动、卫生、教育、司法、工会、青年团、妇联等机构的社会工作都要应用社会工作行政专业的方法与技术。

（三）社会工作行政的两个层面

把社会政策变为对社会成员的社会服务要经过不同环节的连续努力，这是社会工作行政过程。如果对之进行一个粗略的划分，社会工作行政可以分为宏观社会工作行政和微观社会工作行政，从执行主体的角度来看，具体表现为政府和机构两个层面。

政府层面的社会工作行政是公共行政的一部分；由社会福利行政主管机关或公务员按照社会政策和社会立法，在其辖区内实施社会福利措施，解决、处理和预防社会问题并促进社会福利，其焦点是将政策转化为行动及公务管理的程序。一般覆盖范围大，比较笼统。在政府机构从事社会工作行政管理的人员称为社会福利行政人员或社会工作行政人员。他们运用社会工作专业知识，运用行政管理的要素在各级行政机关及社会福利机构内从事工作。具体如政策拟定（提供意见供决策者参考）、法规草拟（对法规不明之处进行说明，修正补充等）、经费拨补（依据考量拟定或修正对非营利社会福利机构或团体的补助标准）、监督管理等。

机构层面的社会工作行政就是使服务机构的所有成员按照其功能承担其职责，充分发掘并运用所有的资源，以有效为民众提供最佳服务；一般较具体并具操作性。它有利于妥善运用与管理有限资源，避免浪费，激励士气，取信于大众及应对福利服务民营化的趋势。在社会工作机构里，管理者运用行政管理的要素与过程来从事行政工作。近年来，社会工作机构受公共管理的影响，也发展出与社会工作相配套的管理项目：人事管理（人力资源管理）、财务管理（预算与募款）、信息管理（及时获得决策参考的信息以促进组织效率提升）、绩效管理（非营利机构和社会工作者都面临竞争，必须向社会大众、政府及捐款者证明机构的重要性及机构的效能和成果），等等。

二、社会工作行政人员

社会工作行政工作是由社会工作人员实施的社会工作方法。社会工作行政人员一般是社会机构的领导者，并不直接提供服务，而是领导整个机构提供高质量的服务。机构行政管理者的态度会影响组织气候，进而影响机构目标。成功的行政管理者应该了解社会的专业知识，了解与社会工作理论和实务相关的知识，并具有很好的工作技能。社会工作行政人员要想实现管理机能或程序至少需具备三种技巧：第一，概念性技巧，即要具有远见；第二，技术性技巧，即需要专业的特殊知识、方法和技术；第三，人群关系技能，即沟通、领导与激励、了解他人及与他人相处的能力。

（1）社会工作行政人员应该具备行政管理者必需的知识。他们要知道服务机构的目标、政策、服务和资源，把握有关人类行为动态的基本知识，对社区资源特别是全面了解与自己机构有关的信息，了解机构使用的社会工作方法，知道管理的原则、过程和技巧，并能恰当地了解社会工作方面的协会。

（2）社会工作行政人员对社会工作专业的态度极为重要。社会工作行政管理者应该尊重每位员工皆为独立体，认识到没有任何个体是完美无缺的，且以此观念对待员工和自己，期望能提供让所有员工充分发挥的物理环境和情感气候，知道价值的重要性，有开放的胸襟且善于接纳新观念和事实，并知道机构福利比任何工作者（包括行政管理者）更重要。

（3）社会工作行政人员应该了解社会工作的专业知识。他们应该了解社会工作在社会福利系统中的逻辑地位，把握社会工作本身的类型架构、过程架构和制度特征，认识到微观社会工作的理论基础、工作原理和工作技巧，体会到宏观社会工作的特性和方法，熟悉社会工作研究的基本技能，掌握专业社会工作的最新态势和本土化途径。

（4）最高境界的社会工作行政人员还应该在把握社会工作知识的同时，积极参与社会工作实务，进行相关的社会工作研究，并能借助上述三者的互动促进自身权能的强化和专业领域的发展。他们不仅应该是思想者，也应该是执行者，更应该是小组领导者。

随着社会工作专业化及不同领域的分工化和专门化，将会出现越来越多的专业社会工作行政人员。目前，社会工作行政人员大多由直接服务岗位升任，较欠缺社会工作行政的专业训练。但这并不表明未来社会工作行政人员一定要由其他具备行政管理相关背景的人士来担任，因为社会工作行政的本质是社会工作而非行政管理。社会工作行政人员不仅需要设计与推动组织工作的能力，而且还需要有社会工作相关的知识和信息，更需要将此能力、知识、信息与社会工作的伦理、方法和技巧相结合。这种结合能力最好要从专业社会工作者队伍中寻找，而不是从公共行政或企业管理领域中去发现。社会工作行政业已发展出一套具有价值体系、专业知识与操作技术的领域，它有别于一般的行政管理与企业管理，具有社会工作专业知识者方能胜任这些角色已是一个不争的事实。因此，无论将来是否从事行政主管的工作，社会工作者都或多或少地要从事行政管理，都需要一定的行政管理能力。社会工作的学生都应具有良好的专业行政管理训练经历，方能在职场中一展所长，推进专业社会工作不断发展。

三、社会工作行政工作的内容

在现代社会中，社会福利往往构成一个完整的体系，全方位、多层次地保障人民的基本生活，而社会福利体系的建立与正常运作与社会工作行政工作的实施是分不开的。现对行政运作中的几个主要方面分析如下。

（一）计划

计划是一种干预方法，是通过推测、系统思考而有目的地解决社会问题的一种手段，是人们试图控制事件、社区或社会的发展进程的一种方式。社会计划就是经过选择及合理化的过程来制定社会政策，并使此政策得以实现。而社会福利计划则是为社会福利而计划的过程。

（二）组织

（1）社会工作组织的特点。社会工作组织具有一般组织的特点，它也要通过组织成员之间有意识的协调与沟通来实现共同的目标。社会工作行政人员必须了解组织结构的性质，并把它作为社会服务中的一个要素；必须敏锐地意识到在机构中与其他人的角色关系，包括正式的关系与非正式的关系。

（2）人事。人事是指社会工作机构及其他机构中有关工作人员的招聘、任用、训练及管理等。"人尽其才""事尽其功"。人事与各种人员打交道，社会工作机构的工作人员主要有指挥督导的管理人员、直接服务的社会工作者、支援工作的事务人员及研究设计与教育训练的研究人员等。

（三）管理

社会工作行政中的管理就是把行政学与管理学的原理和方法运用于社会工作机构和社会服务组织，以求得组织与机构的高效率。管理在社会工作行政体系内主要包括以下几个方面。

1. 领导

领导是社会工作机构中的各级主管对部属的指挥、调度、安排与影响，并努力使部属能齐心协力，共同完成机构的目标和任务。领导的任务是复杂的，主要包括界定机构的任务与角色；使机构的目标具体化；使机构有一个完整的形象，领导者对外代表机构，对内则要求部属的服从；调解内部冲突等。

2. 沟通

沟通是机构的领导者与下属之间及机构的成员之间达成共识的一种过程，是领导过程中的主要技术之一。成功的沟通是促使社会工作机构工作关系和谐并实现机构目标的有效途径。社会工作行政领导通常使用双边交流的沟通方式，即领导者允许下属工作人员表示他们的看法，倾听他们的建议与批评。

3. 协调

协调就是使各个单位和每个工作人员能相互配合，以一致的步调去完成共同的使命。沟通是协调的前奏，协调是沟通的结果；沟通的目的主要在于求得思想上和观念上的共识，而协调则更注重于谋求行动上的协同一致。社会工作机构的协调包括机构内的协调和机构间的协调。社会工作机构内的协调首先必须明确规定每一位工作人员的职责，并应建立责任与权力的界限。社会工作机构间的协调，从积极角度讲，是力求发挥更高的行政效率，促进整体的福利；从消极的角度讲，是避免社会工作机构间的分立与冲突，以及职权和工作上的分歧与割裂。

4. 咨询

咨询是一种为有效地开展社会工作而提供意见、建议和方案的专业方法。咨询的范围十分广泛，就解决社会问题而言，咨询包括问题的界定与解决问题的方法、途径等。咨询的目的，在于通过增进受咨询者的知识与技术，修正其态度与行为，提高其解决特殊社会问题的技巧，增强其专业能力，从而使其对受咨询者的服务达到最好的效果。咨询可分为六种类型，即以计划或方案为中心的咨询、以教育与训练为中心的咨询、以行政为中心的咨询、以个案为中心的咨询、以受咨询者本身的问题为中心的咨询和以研究为中心的咨询。

5. 预算

预算是行政计划的重要项目，预算的目标是在某一期间内尽可能达到收支平衡。预算的关键是确定各项工作所需的款项及筹措方针。预算的编制在程序上可分为四个步骤：一是详细列明推行各项方案与服务活动时所需的经费；二是复查计划内的各项要求是否合理及每项预算所需经费的数字；三是修改预算草案，以求制订合乎情理又切实可行的方案；四是最终拟订经费预算方案。

6. 资讯

资讯是指社会工作活动中各方面的资料与信息，它是社会工作及社会工作机构历史发展的轨迹，"前事不忘，后事之师"。资讯可以为政策的制定提供宝贵的参照，为计划的草拟提供有用的借鉴。资讯是后来者学习社会工作经验的宝库，是局外人了解社会工作和社会福利情况的教材。资讯为社会工作经验的交流创造了有利条件，也为社会工作的发展积累了基础。因此，资讯的收集与储存有重要的意义。

（四）评估与报告

评估是指对于各项方案、各部门的工作及全机构的行政措施和工作加以评定和审查，检查社会工作的实际效果与原有行政计划的目标的吻合情况，检查各项社会福利和社会工作政策的贯彻执行情况，肯定成绩，找出问题、障碍或困难，以明确下一阶段努力方向。报告是工作成果的具体呈现。社会工作是一种负责的工作，社会工作行政的实施过程或执行结果需要提出报告。

四、督导

督导是社会工作实务的重要一环。社会工作教育的特性在于科学原则之艺术化运用和专业伦理意识的培养。新进社会工作者的实务动作需要督导，社会工作的培训离不开实习，而实习更不可缺少督导。督导有助于社会工作者抒解压力、提升专业知识技能，有助于机构达成目标与保障案主权益。

（一）督导的定义

督导是社会工作专业训练的一种方法，它是由机构内资深社会工作者对机构内资历较浅的社会工作者或学生，通过一种定期和持续的指导程序，传授专业服务的知识与技术，以增进专业技巧，并确保对案主服务的品质。

（二）督导的类型

督导可以分为行政性督导、教育性督导及支持性督导三种。行政性督导主要关怀机构政策执行程序上是否正确、有效和适当。行政性督导并非行政工作，而是指社会工作提供服务时，在面临行政问题上必需的督导工作。例如，指导社会工作者如何填表，如何写报告等。教育性督导旨在改善社会工作者的能力，使工作有效进行。教育性督导帮助社会工作者的专业成长和发展，尽可能加强其临床知识技术，以有效帮助案主，甚至使受督导者将来可独立自主，成为督导。新社会工作者往往满怀热情与理想，要将学校所学发挥出来。当其遇到挫折或阻力时就需要有人在旁给予激励，培养更适当的工作态度和技巧，甚至是助人的动机和价值观的强化。支持性督导就是在社会工作者解决社会问题过程中面对挑战及压力时协助其纾解压力。支持性督导旨在提高社会工作者的工作士气和工作满意度，即在社会工作者的工作范围内让其自己做好准备，以有效完成工作，也帮助社会工作者增强自己胜任工作的信心。这三种督导的关系极其密切。行政性督导可整合和协调社会工作者在机构中与他人的合作，教育性督导可使社会工作者拥有更多技术，支持性督导则使工作动机更强。三者的良好整合有利于保证新社会工作者的工作整体效率和效果，达成服务质和量的平衡。

（三）督导的原则

社会工作督导应遵循一定原则。督导者应该了解受督导者对新知识的反应可能受个人特征、家庭环境、学历、道德及宗教观念的影响；应该观测受督导者的学习反应、学习速度、人际交往方式及在新情况下的反应；不可把自己的方法强加于人；在与受督导者建立关系时，应该确定社会工作者的需求类型和首要目标，注重独立精神的培养；关注与案主建立良好关系的技术；不可简单地由督导者提供答案，而应该分享彼此的看法；督导者应与受督导者互相了解和信赖。社会工作者不一定会成为督导，但督导应该是好的社会工作者。

五、社会工作行政的实施机构

社会工作行政工作作为现代社会工作的专业方法之一，可以应用于各级社会工作行政部门和各种社会福利机构之中。但是由于工作对象、目标、资源等的差异，各类社会工作行政机构可能有不同的工作重点或者采用不同的工作方式。社会工作行政依托一定的部门或机构，社会福利或服务的部门和机构则有其自身特性。美国社会学家布劳（Blau）根据主要受益人的概念将机构分为四类：第一类是互惠组织，主要受益人是会员本人（如各种联谊会）；第二类是商业机构，主要受益人是控股人（如各类盈利性公司）；第三类是服务机构，主要受益人是服务对象；第四类是共享机构，主要受益人是公众（如税务处、监狱、消防）。社会工作主要由第三类机构承担，这些机构通常以弱势群体为服务对象，满足他们无法在市场上获得的需要，其管理不以盈利为目的。

单元二　了解社会工作的常用工作手法

Y 阅读案例

愿为河源社区发展献力

2013年6月，广东省河源市明镜社工中心负责人甘丽梅做着琐碎的社工工作，入家入户调查摸底、组织夏令营、组织义诊活动、策划准备活动等。7月中旬，她牵头组织的"我来搭台你来秀"城西社区文艺团表演活动，让她拥有了一批老年"粉丝"，社区工作有了跨越性的进步。甘丽梅说，在这个工作中，她所做的就是整合资源，把社区原有的文艺队伍集合起来，给他们一个平台，让这种原生态的美发挥出来。此外，他们还成立了"广场舞队""老年学堂"，并准备开展相关农民工子女的活动。甘丽梅说，社工的职责不仅在于设计各种活动，吸引群众参与，其最终目的是培养群众独立组织活动的意识和能力。对此，甘丽梅坦言："这个很难，道路还很长。"

（资料来源：2013年9月2日《河源晚报》，第5版，有改动）

S 思考题

1. 社会工作行政的策略模式有哪些？
2. 社会工作者如何利用社会政策更好地为居民服务？

任务五 个案管理

R 任务描述

本项任务通过引导学生阅读案例、参与体验式活动等方式帮助学生了解以下三个问题：

1. 如何界定个案管理？
2. 个案管理的管理过程是什么？
3. 个案管理模式有哪些？

D 导入案例

三天没饭吃

2006年的3月，社区服务志愿者接到一个妇人的来电，说邻居家一个小孩独自在家，已3天没饭吃了，家里也断水断电一个多月了，希望志愿者能帮助他。

接到该求助电话，怀着急于救人的心情，顺着来电妇人的指引，3名个案调查员来到了三水南边的麦家村。

在来电妇人的带路下，志愿者来到了需要援助者——小坚（小名）的家里。首先映入眼帘的是破旧的门旁边堆着的一堆烧得黑乎乎的砖头。妇人说，三天下来，小坚吃的就是在这里烧熟的番薯，番薯也是邻居给的。再往屋子里看，里面一股霉湿的味道，家中也没有一件像样的家具，更谈不上电器。小坚站在角落里，用仇视的目光盯着志愿者们，一语不发。

据妇人介绍，该小孩名叫麦世坚，是本地人，今年本来应该上初中一年级。多年以前，母亲便因为患精神病而离家失踪，家中还有一个姐姐辍学，在高明打工。一直与小坚共住的父亲无正当职业，对小坚也从不关心，最近更是突然失踪，导致原本因家庭原因而无心向学的小坚更是停学在家，无米进肚，并曾经试图到邻居家里偷东西，后被发现，邻居念小坚身世可怜，并没有报案，还对他施以小帮助。但邻居认为长贫难顾，本来就以务农为主的他们，连照顾自己的小孩上学都困难，所以在送了三天的番薯给小坚后，便找到了志愿者，希望可以为小坚提供一些帮助。

志愿者对该个案进行了分析，认为当务之急是解决小坚的吃饭和上学问题，首先是动用了"爱心基金"为小坚送去大米，再通过团区委与教育局的关系联系到南边中学，向学校说明了小坚的情况，要求学校给予其重返校园的机会。

为小坚稳定了生活以后，志愿者帮扶小组开会讨论，认为从源头上稳定其生活就应该找回小坚的父亲，让其履行第一监护人的责任。两个月下来，志愿者一方面每周落户探访小坚，从心理上辅导其走出家庭阴影，另一方面，四处寻找小坚父亲的下落，并最终在一名邻居的帮助下找到了小坚的父亲。经过志愿者的几番劝说，小坚的父亲从抗拒帮助，到态度逐渐软化。他说："家里实在贫穷，连水电费都交不起，哪里还负担得起小坚的生活费？"志愿者不断鼓励他要做一名有责任心的父亲，不仅联系了相关部门为他们申请了低保，而且请供电部门为他们重新通上了电，每周坚持为小坚补习功课，还与其学校联系，时刻关注他的最新动态。

小坚原本封闭了的心重新被开启，在节假日，志愿者还专门车载小坚外出与其他帮扶对象一起开展有益身心的活动，共同勉励扶持，让小坚重拾自信，步向积极健康的生活！

（资料来源：http://foshanwlmt.blog.sohu.com/55216559.html，有改动。）

案例思考

1. 案例中的小坚得到了哪些帮助？
2. 假如你是一名社会工作者，你将会利用哪些资源帮助小坚解决问题？

体验活动

将全班学生分为A、B两组，要求A组同学根据现有的材料制作树干，B组同学制作树叶，形状与大小由各团队自行决定，两组分别完成后再共同将树叶与树干整合为一棵完整的树，时间为10分钟。请注意，在活动过程中，树干组与树叶组之间不能有语言交流，但小组内部可以语言沟通。

活动完成后讨论：

1. 请两组分别清点所使用的材料和资源，并指出获得资源的途径。
2. 在任务完成过程中，最大的困难是什么？
3. 哪些方面的改变可帮助更好地完成任务？

知识链接

一、个案管理的含义

个案管理（Case Management）是新出现的公共服务，用来向有复杂的、存在多种问题或伤残的个人和家庭提供服务。美国社会工作者协会对个案管理的定义是由社会工作专业人员为一群或某一案主统整协助活动的一个过程。过程中各个不同机构之工作人员相互沟通协调，以团队合作方式为案主提供所需之服务，并以扩大服务之成效为主要目的。当提供案主所需之服务必须经由许多不同专业人员、福利机构、卫生保健单位或人力资源来达成时，个案管理即可发挥其协调与监督之功能。

二、个案管理工作原则

个案管理运用于个案工作过程应遵守的原则可以概括为 BRACES。

（一）B：行为取向原则（Behavior-oriented）

身为个案管理者，首先必须了解以下问题，如什么是案主，什么是案主族群，案主本身对自己或他人有什么行为，对此行为又有何看法，何种行为模式才较适合案主去遵循。

（二）R：转介机构原则（Referring to Related Agency）

个案管理者应先对案主的问题作评估，若不是个案管理者能解决的或不在范围之内的，将转至有关机关寻求协助。

（三）A：专业责任原则（Accountability）

个案管理者应该对案主的处置负责，有责任提供案主适当的服务，给予案主也有责任参与其中的处置计划，并执行计划中的约定事项。

（四）C：协调原则（Coordination）

当案主的问题有些复杂，需要两个以上的机构或者需要运用专业知识共同处理时，个案管理者应该从中协调，并召集有关机构共同帮助案主。

（五）E：评估原则（Evaluation）

个案管理者应随时注意案主的情况，并评估方案的可行性、适当性和案主改变的程度。

（六）S：系统取向原则（System-oriented）

个案管理者需注重个体所存在环境内的各系统状况，进行任何分析、诊断、辅导计划都需要在与案主有关的任何系统之内。

三、个案管理运作体系

个案管理者提供专业服务的过程涉及各种体系的运作，而不同体系均有其各自内涵，包括案主体系、资源体系、改变司体系、运作体系与目标体系等五个体系。

（一）案主体系

案主体系（Client System）可以说是运作整个个案管理的重心，它包括案主的个人能力（本身的知识、生活方面的技巧、面对处理事情的态度）及面临的问题与需求，这些所有的能力并不一定就造成是案主问题的原因，还有可能是案主好的地方。总之，一些与案主相关的他人，也都属于案主体系。

（二）资源体系

资源体系（Resource System）是指在解决案主的问题时所运用到的相关机关或所提

供的服务、财务、人力及信息的一连串的组合，也可称为服务网络或是资源网络。

（三）改变司体系

改变司体系（Change Agent System）是指个案管理在运作的过程中，参与协助过程的相关人员及专业工作者。一般个案管理体系中的个案处理主管大多是由专业的社会人员来担任。就目前来说，综合各国的社会专业人士观念，传统的协助者现在都慢慢转变成改变司的角色，他们重视专业训练的培养，要求具备知识、技巧、工作态度，期待在未来与案主的互动之中，能更了解如何去改变案主，并进而培养案主在日后自行处理问题的意愿及能力。

（四）运作体系

运作体系（Operate System）是个案管理在付诸实行时，所采用的工作要项（步骤和程序）。改变司体系便是借由这个运作体系将案主体系及资源体系相互结合起来共同去达成目标体系。

（五）目标体系

目标体系（Target System）包括价值理念、个案管理体系的目的、案主照应计划的目的及目标等三个不同方向。

四、个案管理过程

个案管理是一种服务理念，是一种服务体系，也是一种服务过程。个案管理的工作流程包括个案挖掘和转介、评估和选择、个案管理服务计划与执行、监督和评估及结案。

（一）个案挖掘与转介

个案管理者发现个案的途径有两种：一是个案可能会通过各种转介的渠道接触服务机构（如其他机构转介、家庭、社区组织、警察、学校和自我转介等），当他们接触服务体系时，机构要做好准备接受服务对象，提供服务；二是有些机构可能会通过外展的方式深入社区，寻找或鼓励潜在的服务对象进入服务体系，让他们能有机会获得服务机构提供的各类服务。在这种方式中，一般会寻找最需要服务的服务对象群，或者那些自己没有接触过机构的服务对象，如流浪乞讨人员、体弱多病的老人。运用外展方式发掘服务对象的机构，虽然不能够让服务对象自然进入服务，但表明机构有足够资源为有需要的人群服务。

（二）评估和选择

评估也被称为"预估"，指的是对一种问题的评定过程。个案管理评估的目的是确认服务对象的真正需要，以便能够善用资源，满足服务对象独特的需要，它与传统社会个案工作评估的差异在于，个案管理的评估采用的是在短时间内，"一针见血"的诊断评估。接案后，服务对象与机构建立了关系，但这并不意味着每个个案都需要个案管理，基本上，问题或需要较为复杂的个案才需要个案管理。一般而言，有效的个案管理需要适当的评估才能实现。

（三）个案管理服务计划与执行

个案管理的主要任务之一是为服务使用者设计一个包裹式的服务，这套服务方案主要包括服务计划和治疗计划。包裹式服务不是一个机构和社会工作专业本身能够完成的，通常涉及许多相关人士和机构的配合。订立服务计划的目的是使服务能够切合服务对象的需要，为了联结服务使用者的需求和各方资源，需要召集包括服务使用者在内的相关人员进行协商。因此，个案管理人员在服务计划的阶段，有两个方面必须留意：一是个案管理者必须确保能有适当的资源提供给机构服务使用者，满足其需要；二是个案管理者必须对使用昂贵和稀少的资源负责。

（四）监督和评估

个案管理在服务过程中，不断监督和评估是为了及时修正服务，保障服务的适当性；而在服务结束后，也需要通过追踪来确认服务的效果。

服务结束后的评估指标包括：一是服务是否符合服务使用者的需要；二是服务使用者对整个服务结果是否满意；三是服务提供的目标是否实现。

（五）结案

个案管理工作随着合同的终止而结束服务。个案管理者要为结束服务做好充分的准备工作。这包括征求服务使用者对服务结束时间的建议，如何应对服务关系结束所带来的情感反应及应关注的程度，机构和个案管理者在结束过程中的一系列安排有哪些优点，是否已经告知转介者个案管理服务即将结束。

阅读案例

个案管理员帮助 J 太太

J 太太是个有两个孩子的 35 岁离婚妇女（孩子一个 7 岁，一个 10 岁）。丈夫 6 年前离开了她，前 4 年她靠福利部分的补助抚养孩子。在那 4 年里，她不停地奔波于各个不同的机构之间，填写各种各样的表格，见不同的工作人员。她觉得筋疲力尽，生活没有希望。

两年前，社会福利部门制定了一个试点项目，项目给她指派了一名个案管理员。个案管理员的工作量比较少，只负责 20 个案主，这让个案管理员有很多机会与每一个案主每周见面。在对 J 太太的整体情况作了评估之后，个案管理员和 J 太太一起制订了一个行得通的处理问题方案。在这个过程中，个案管理员运用辅导技巧帮助 J 太太解决过去一直阻碍她做出切实可行的决定的痛苦的情感问题。

针对 J 太太的工作方案集中在帮助她获得可以在劳动力市场找到工作的技巧。在接受任何培训前，首先需要处理好 J 太太的家庭问题。个案管理员协助她得到了廉租房，并申请到了儿童教育救助。此外，个案管理员还帮助 J 太太争取到了基金会的特殊资助，以支付她在本地社区进行培训与学习。

单元二 了解社会工作的常用工作手法

对J太太来说,刚开始接受培训并不容易,个案管理员必须给予她非常多的支持。然而,在随后的学习中就没有那么困难了,J太太现在已完成了相关的培训,正期望着走上工作岗位。

(资料来源:拉里·L.史密斯.社会工作概论[M].11版.隋玉杰等,译.北京:中国人民大学出版社,2010:385,有改动.)

思考题

1. 个案管理的技巧有哪些?
2. 什么情况下利用个案管理的方法解决问题更合适?
3. 个案管理与个案工作的区别是什么?

熟悉社会工作服务领域：不同的群体

单元介绍

社会工作是一种以需求定导向的专业，因此根据服务对象的需求选择、确定服务内容是社会工作介入的前提。社会工作的服务对象是非常广泛的，在开展社会工作服务的过程中，我们会发现相同的群体往往有一些共同性的问题，因此，将社会工作的服务对象按群体进行分类，了解不同群体的需求和服务内容，有助于社会工作者快速有效地开展工作。

单元目标

1. 了解社会工作服务领域的常见群体。
2. 掌握不同群体的需求以及服务内容和方法。

任务一　儿童社会工作

任务描述

本项任务通过引导学生阅读案例、参与体验式活动等方式帮助学生了解以下两个问题：

1. 儿童社会工作的主要内容有哪些？
2. 如何开展儿童社会工作？

D 导入案例

澳大利亚"恐怖之屋"虐童案

2010年12月11日,澳大利亚一名法官为"恐怖之屋"虐童案宣判,对被确认为犯罪嫌疑人的3男1女分别判处有期徒刑9年和10年,罪名是"虐待和让5名儿童挨饿,导致孩子们无法正常发育"。

证人说,被虐儿童是兄弟姐妹,受虐时的年龄介于4~7岁。他们经常被罚双手放置在头上站立成一排,有时还会被罚站一整天,吃的是仅能让他们不被饿死的残羹冷饭。

这5个孩子严重体重过轻,发育也比一般孩子慢,腿上长满疥疮,双脚溃疡。医生在为他们进行体检后发现,因为营养不良,他们已出现脑部萎缩。

虐童案发生在2008年,并持续了4个月之久。当时,这5个孩子与另外16名儿童住在南澳首府阿德莱德的一所房子里。其中1名受虐儿童因为营养不良和体温过低晕倒被送往医院求治,才让这所污秽的"恐怖之屋"曝光。

法官达根表示,这所一共住了21个孩子和6个成人的房子,根本"不适合人居住"。他补充说,虐童者非常"谨慎"地确保那些孩子吃得不好。

达根告诉阿德莱德最高法庭,这起虐童事件"让人费解"。

他说,其中一名被告,即36岁的斯塔克,因为嫉妒她的伴侣与另外一个女人生了这5个孩子,所以带头向他们施虐。

斯塔克本身育有12个孩子,她对危害生命及严重伤害他人的控状承认有罪,被判10年监禁。

斯塔克的伴侣阿密斯特(38岁)和同屋的两名男子因同样罪名,各被判处有期徒刑9年。他们在2010年12月被陪审团裁决罪名成立。

(资料来源:http://www.sachinese.com/news/azxw/2011-02-14/349.html,有改动。)

案例思考

1. 儿童被虐待,对儿童的心理社会成长有哪些负面影响?
2. 社会工作者应如何开展工作来帮助那些受虐儿童?

T 体验活动

对班上的同学两两一组进行分组,然后请5组同学到黑板前作画。由教师或者其他同学来出题目,他们按要求作画。请每组中的一位同学蒙上眼睛,然后由另外一位同学单纯用语言来告诉被蒙住眼睛的同学哪里画歪了,应该怎么画等,通过两个人的努力,共同来完成画作。画完后比比哪组画得好。

活动结束后:

1. 请每组的参与者谈谈感受。

2. 在作画的过程中,由于被蒙上眼睛,只能由搭档用语言进行指挥,所以在沟通的过程中,有一定的难度。由于儿童往往在语言沟通能力方面非常有限,在开展儿童社会工作的过程中,可以有哪些方式可以让社工和儿童有更好的沟通?

知识链接

一、儿童社会工作概述

(一)儿童年龄的界定

根据儿童生理、心理、社会发展的特征,以及我国儿童工作的具体情况,将儿童的年龄界定为0~14岁。这种界定主要基于下述考虑。

第一,儿童处于人生中不成熟的年龄阶段,虽然近年来儿童的青春期有所提前,但就普遍情况来说,我国儿童的青春期约在13~14岁,将儿童年龄阶段界定为0~14岁,比较符合我国儿童的实际情况。

第二,我国青年、少年、儿童工作在体制上划分为三个阶段:0~5岁主要由全国的妇联组织负责,在各地的妇联组织中设立有专门的儿童工作部门;6~14岁主要由共青团组织负责,在共青团组织里建有少年儿童工作部;14岁以上为共青团组织的工作对象。将儿童年龄界定为14岁有利于和实际工作的接轨。

(二)儿童发展的阶段特点

1. 生理特点

(1)成长性。儿童的神经系统、循环系统、内脏器官、肌肉骨骼组织等都处于成长之中,几乎是整个人生中变化最快速的阶段。

(2)基础性。儿童时期是人成长中非常关键的时期,儿童的成长为其今后的成年打下基础,并可能由于童年的某些经历,造成其成年后的问题。

2. 心理特点

(1)发展性。儿童的心理与其生理一样处于发展期,人格基本成形,认识和社会化还处于雏形。

(2)依恋性。儿童对其抚养者的依恋,不仅基于情感上的需要,同时是生存需要的自然反应,抚养者对其的抚养态度和抚养质量会在很大程度上影响儿童的依恋风格及性格特点。

(3)可塑性。儿童的心理成长,很大程度上取决于其所处的环境,包括社会环境和抚养环境。因此,对这些环境中的要素进行调整,将一定程度上影响儿童的心理成长。

3. 行为特点

（1）探索性。由于儿童对事物认知的能力尚有欠缺，其很多行为，表现出探索的性质，其过程和结果，也是增加认知能力的重要途径。

（2）模仿性。整个儿童阶段都是人生的学习期，儿童在行为上也经常会重复其所看到的别人的行为。

（三）儿童期面临的任务和问题

1. 婴儿期（0~1岁）

（1）特征。新生儿离开母体建立个体生活，但对外界适应能力很差。

（2）任务。完成初期的快速生长发育目标，开始认识身边的亲人和感知环境。

（3）问题。包括如何避免疾病困扰及保障生命安全等，主要是生理层面的。

2. 幼儿期（1~5岁）

（1）特征。神经系统快速发育，运动功能大大增强，能够无障碍地使用语言交流，并简单地运用文字。

（2）任务。情感培养、心理培育和智力发展，以及身体成长并列成为这一时期的主要任务。

（3）问题。一方面可能遇到生理发育方面的问题，另一方面也可能出现分离焦虑、恐惧，开始出现行为及心理偏差。

3. 学龄期（6~14岁）

（1）特征。生理机能进一步发育，心理、智力、学习能力不断增强。

（2）任务。开始学习今后进入社会所需的各方面知识和技能，形成初步的价值观念，同时保持身心的正常发展。

（3）问题。可能会出现学习性问题，如厌学、焦虑等。

（四）儿童社会工作的内容

儿童社会工作的内容就是要根据儿童成长过程生理和心理发展的特点，结合儿童心理发展的影响因素，针对儿童可能存在的社会心理问题，有的放矢地开展一系列社会工作，以改善和提高儿童的福祉。

1. 普通儿童社会工作

普通儿童社会工作的对象是社会或社区儿童整体，根据儿童发展的普遍特点，致力于促进儿童在生理、心理、社会各方面健康发展。根据联合国1989年通过的《儿童权利公约》序言及第3条第1款的规定：儿童有权享受特别照料和协助。家庭作为社会的基本单位，作为家庭成员特别是儿童的成长和幸福的自然环境，应获得必要的保护和协助，以充分负起它的社会责任。关于儿童的一切行动，不论公私社会福利机构、法院、政府机构或立法机构，均应以儿童的最大利益为出发点。因此，围绕使儿童获得最大权益，社会工作者应依据专业工作方法开展如下几个方面的社会工作。

（1）促进有关儿童福利的立法。社会工作者在自己的专业工作实践中，易于发现儿童福利方面存在的问题，设计出解决问题的对策，制订计划和方案。因此，社会工作者可以在国家立法或地区、部门的政策制定中起促进和倡导作用，为儿童福利状况的改善和提高提供法律和政策的保障。

（2）促进儿童保健，提高儿童的身体素质。根据联合国《儿童权利公约》第19条的规定，缔约国应采取一切适当的立法、行政、社会和教育措施，保护儿童在受父母、法定监护人或其他任何负责照顾儿童的人的照料时，不致受到任何形式的身心摧残、伤害或凌辱，忽视或照料不周，虐待或剥削，包括性侵犯。社会工作者、家庭、学校应重视对儿童的健康教育，从不同的角度来共同努力，迅速提高儿童的健康水平。社会工作者应根据儿童的不同发展阶段，动员和辅导有关社会力量以恰当的方式保护儿童的身体，防止不恰当的方式可能对儿童身体造成的伤害。

（3）促进儿童心理健康。根据儿童心理问题的存在形式，改善儿童成长和发展的心理环境，减轻过重的学习负担，排除引起儿童心理紧张和心理问题的因素，预防各类心理问题的产生；同时，应注意开展心理问题早期治疗。开展各种游戏活动，为儿童创造一个宽松愉快的学习和成长环境，使儿童在游戏中实现自然过渡。

（4）促进和提高家庭对儿童的保护。家庭中儿童与家长的特殊身份关系和自然的血缘联系，使得家长对儿童的表现有着特殊的洞察力和敏感性，能够及时发现儿童的问题。家庭给儿童提供了最初的学习和游戏的场所，并帮助他们从游戏过渡到学习，家庭是儿童成长的基础和步入社会的桥梁。家庭作为儿童的生活起点，是儿童社会属性和个人理想得以形成的基点和最根本的条件。因此，在开展儿童社会工作的过程中，不能忽视与家庭社会工作相配合，使儿童社会工作更周到、具体、温馨，更富有艺术性。社会工作者的此项工作，表现为两个方面：一方面，通过加强和巩固亲子关系等方法，为儿童的健康成长和发展提供轻松愉快的家庭环境，并积极维护儿童在家庭中的各项权益；另一方面，帮助和指导问题儿童及其家庭，共同努力纠正儿童的各种问题和偏差。

（5）保护儿童的各项权益。首先，正面地保护儿童的各项权利和利益，如人身权、名誉权、财产权、受教育权等。其次，防止和制止侵害儿童的合法权益的行为发生。最后，对已被侵害的儿童权益应予以救助和恢复，并应当注意在保护工作中考虑儿童的最大利益。通过简单易懂、行之有效的方法，指导儿童自我保护，提高自我防御机能。根据我国的现状，在保护儿童权益的工作中，最广泛和最迫切的问题是保护儿童的受教育权。社会工作者一方面要做广泛的宣传动员，使每一个家庭都能自觉维护儿童的受教育权；另一方面为那些确实存在各种经济困难的家庭寻找社会资源，切实维护儿童的受教育的权利。另外，可根据有关法律法规，保护儿童受教育权免受家庭以外的各种因素的侵害，如乱收费。当然，对于儿童中存在的学习障碍，社会工作者也不能坐视不管。应同家长、教师共同指导儿童运用正确的学习方法。同时，应预防和纠正儿童的不良行为。

2. 特殊儿童社会工作

特殊儿童是指生理、心理、智能、情绪或适应生活上遭遇特殊困难，存在特别需要的儿童。特殊儿童社会工作正是以满足一些儿童此方面的需求为目的。

（1）对流浪儿童的收容与遣返。因各种原因，一些儿童离开家园，流落街头。目前对流浪儿童的管理主要由公安与民政部门共同进行。发现流浪儿童一般先将其安排在收容所，然后根据具体情况分别处置。如果能够查找到该儿童的父母或家庭住址，一般将其遣送回家；如果查找不到其父母，又无其他愿意收养的亲人，一般将其安排在儿童福利院或其他相应机构。

（2）对失去父母的孤儿、查找不到生父母的弃婴、弃儿的救助。一部分由儿童福利机构或其他相应机构实施救助和教养，为这些儿童提供饮食，安排他们的起居，给予必需的生活照顾，提供医疗保健和教育。此外，也根据福利院内儿童的具体情况，开展一些有利于其健康成长的活动，如助养、"星期天父母"等，使孤儿也能享受到父母亲情。另一部分儿童通过寄养方式安置，即由民政福利部门评估、选择一些有善心并具备适宜的经济条件、居住环境、生活水平、教育程度的家庭，将孤儿或弃儿寄养在这些家庭中，由这些家庭为其提供全面健康发展的条件，并且由社会工作者负责监督和指导，尽可能为孤儿和弃儿创造适宜的家庭环境。还有一部分儿童，通过收养方式予以安置，即依据法律规定，经过法定手续确定监护、抚养关系。根据《中华人民共和国婚姻法》（以下简称《婚姻法》）、《中华人民共和国收养法》等相关法律规定，依法确定的收养关系，自收养关系成立之日起，养子女与养父母之间的权利义务关系适用于《婚姻法》关于父母与子女的权利义务关系。从1999年4月起，我国放宽了对孤儿、残疾儿童、弃儿的收养条件，使更多的孤儿、弃儿能够享受到家庭的温暖和父母亲情。但是，社会工作者也不可放弃自身的职责，需要做一些追踪辅导服务，协助收养家庭解决问题，更好地保障孤儿、弃儿的各项权益。

（3）对贫困家庭的儿童，实施社会救助。对各种原因所致的贫困，社会工作者可依据当地相关政策，帮助贫困儿童申请援助，如最低生活保障线的救助，各种助学基金，动员和组织各类帮贫活动，从而满足儿童的基本需求，保护贫困儿童的各项基本权利的实现。

（4）单亲家庭儿童社会工作。虽然有些单亲家庭的儿童也能像其他儿童一样健康快乐地成长，但是，无论是父母离异还是丧亡，都必将在儿童幼小的心灵留下创伤，家庭经济、儿童教育等问题在单亲家庭中比较多见。社会工作者可根据这些特殊对象的特殊情况，给予辅导和帮助，协调关系，并能迅速、及时地寻找和提供合乎具体需要的服务和资源。必要时帮助其申请经济援助，确保单亲家庭的生活维系和子女抚育、教育。帮助建立单亲家庭俱乐部，组织自愿者为单亲家庭提供各种帮助，通过社会互助达到这类家庭的自助自立。举办一些趣味性活动，吸引单亲家庭的邻里参加，激发邻里们帮助这类家庭的热情，变蔑视、嘲笑为和谐友善，变压力关系为动力关系，从而加强单亲家庭的运作能力，协调满足个别需要，增强其照顾子女的能力，为儿童成长创造良好的家庭氛围。

（5）残疾儿童的社会工作。根据残疾儿童的残疾特点，寻求最大限度的生理康复。帮

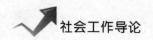

助寻找各类合适的医疗资源，必要时还要帮助寻求经济援助。同时，应针对其心理特点，帮助克服和矫正其自卑等心理问题，通过举办特殊学校或随校设立特殊班或随班就读等方式，使残疾儿童接受到正常的教育，并应尽可能使其掌握一技之长。增加和扩大残疾儿童与其他正常人群的互动，使残疾儿童能了解社会、适应社会，为将来能立足社会打下基础。

（6）矫治儿童心理异常、行为偏差。由于儿童有不同的特点，因此在治疗前必须对患儿的情况进行全面的了解，包括疾病病因、发病机制、躯体及精神状态、生活环境、智力水平、个性特点、兴趣爱好、自我评估等。在治疗的最初阶段，首先应与患儿谈论其感兴趣的事，不涉及病态体验，以加强治疗者与被治疗者之间的相互了解，建立信任与合作关系。其次是按计划逐步帮助儿童建立正确对待病痛及自己的问题的能力。儿童行为治疗方法有系统脱敏疗法、冲击疗法和阳性强化法等。家庭治疗的治疗模式有结构性家庭治疗、行为家庭治疗、策略性家庭治疗和分析性家庭治疗等方法。此外，还可运用认知疗法，通过纠正不正确的认知思维方式来达到改变患儿的不良情绪或行为，达到治疗儿童的情绪及行为问题。为了促进儿童心理健康发展，应在小学积极开展心理卫生保健，如增进教师心理卫生知识，早期发现适应不良的学生及早矫治，建立学校与家庭间密切联系与合作，根据学生身心发育的年龄特征施行合理的教育、教学措施，预防心理卫生问题。此外，对有行为障碍的学生应及时矫治。社会、家庭要配合学校给儿童以良好的环境，促进儿童身心健康。

二、儿童社会工作程序

根据儿童的特点，在开展儿童社会工作时，第一步，必须对作为工作对象的儿童的情况进行全面的了解，包括身体及心理状态、生活环境、家庭背景、智力水平、个性特点、兴趣爱好、自我评估等。第二步，制订儿童社会工作的目标及计划方案。在具体的工作计划实施以前的最初阶段，应与儿童充分交流，谈论其感兴趣的事，不涉及其不愿涉及的事，以加强社会工作者与案主之间的相互了解，建立信任与合作关系。第三步，按计划逐步帮助儿童实现预先制定的目标，提高儿童应对和解决问题的能力，提高和改善他们的境况。

三、儿童社会工作原则

（一）尊重儿童原则

无论儿童来自什么样的地区、什么样的家庭，无论儿童拥有什么智力水平、身体状况、容貌，无论他们有着什么样的行为举止，社会工作者都应该一视同仁，充分尊重和接纳他们，并能设身处地地为他们着想。如有例外，社会工作者不能接受案主，应适时转介给其他合适的同人。

（二）儿童利益至上原则

《中华人民共和国未成年人保护法》明确规定，应从儿童最大利益出发，实施对未成年人的保护。儿童社会工作作为保护未成年人工作的一环，无疑应奉行此原则。这就意味着我们在开展儿童社会工作时，事事处处都应从儿童权利和利益出发，尽最大可能促进和改善儿童状况。

（三）区别对待原则

儿童是未完全社会化的个体，其个性特征千差万别。他们既有共同面临的问题，又有个人的特别遭遇和问题，社会工作者应根据具体儿童个体的具体情况与需要，有的放矢地开展社会工作。

（四）不持批判态度的原则

开展儿童社会工作，尤其做儿童心理和行为治疗时，应尽力站在儿童的立场上理解他们的理由和原因，切忌批判或蔑视、歧视他们。

（五）保守秘密原则

对儿童及其家庭的资料，社会工作者不得向任何人以任何方式透露，即使有研究和辅导学生之用，也应隐去真实姓名和住址等个体特征性资料。

四、儿童社会工作的具体方法

（一）儿童辅导

1. 儿童辅导的基本概念

儿童辅导是指专业人员利用科学的知识和方法，帮助儿童了解自己、学会面对困难和解决问题的办法，并且运用各种机会促使儿童在生活、学业、感情和人际关系等方面全面发展以及潜能发挥的过程。

2. 儿童辅导的游戏治疗模式

儿童辅导有许多方法或模式，如行为治疗法、当事人中心治疗法、社会技巧训练等，但是由于儿童年龄较小，许多困惑或遭受的伤害难以用语言表述出来和表达清楚，所以，过于理性或复杂的治疗模式有时候并不能获得理想的辅导效果。针对儿童的身心特点和年龄特点，可以运用游戏治疗模式进行儿童辅导。游戏治疗模式也有多种理论取向，其中，想象互动游戏治疗是儿童辅导或治疗的常见方法之一。

（1）想象互动游戏治疗的基本理念。让孩子通过想象游戏而非语言来表达他们的经验非常重要，主要原因有两点：一是孩子尚未像成人那样已发展出口语及自我反省的能力；而且，即使是成人，在用语言表达他们私人及情感上的经验时，也会有困难；二是把孩子及其家庭问题公开讨论，可能带给孩子对父母亲忠诚的矛盾。一方面，孩子的问题常常与他们的父母有关；另一方面，孩子又极度依赖他们的父母，且在许多方面依恋着他们。

所以,通过想象游戏这一媒介,孩子有机会以转化的方式沟通,也能透露隐秘性的事情。当在游戏世界沟通时,孩子能较容易、也较安全地表达焦虑、生气及其他负面情绪。同时,游戏世界使儿童有可能试验一些新的想法和其他解决方法,而不会伤害到任何人。社会工作者协助孩子发展他们自己的主题,在游戏中完成这些主题,并引导他们朝向更建设性的方向。

(2) 想象互动游戏治疗的技巧。在运用想象互动游戏治疗的方法进行儿童辅导时,工作者可以很多不同的方式介入游戏世界。首先,工作者的态度应该表现出有兴趣而且融入。其次,工作者可以成为一个更积极的玩伴。最后,工作者应该以口语参与。以下是一些特别的技巧,其目的都在于增强、深化及影响孩子在想象游戏中表达经验。

其一,用言辞表达或口语化。就是把孩子正在进行的一项动作用言辞表达或口语化,然后赋予孩子所做的事更明确的意义。这些表述有许多不同的目的。① 结构化:工作者将分散的游戏片段,结合成前后一致性的游戏,以帮助进一步整合游戏。结构化也常常能帮助孩子更加明确地表达他们的意思。② 意义的强化:口头表达的目的在于帮助澄清孩子的意思及态度。③ 预测未来的事件:口头表达在一个故事里能引起持续性发展。④ 清楚地说出游戏人物的感觉及想法:由此,工作者使得孩子的感觉及想法正当化。

其二,刺激化。刺激化的意义在于鼓励孩子更加专注地做游戏。当一个孩子很难开始游戏的时候,工作者可就可以使用的游戏器材提供建议,或者鼓励孩子玩不同的玩具。更进一步,则建议孩子结合新的游戏器材、游戏空间和游戏内容来游戏。刺激化对于孩子克服重大障碍也是必要的,通过与孩子一起做游戏,工作者能让孩子清楚地知道他(她)的行为没有被禁止,如此孩子才不会感受到压力。

其三,设定限制。当被辅导的孩子使用了太多游戏器材,以至于他(她)失去了游戏的方向,工作者首先必须用口头提示的方式尝试把所设定的限制整合到游戏里。如果这种劝说无效,工作者或许需要抽离游戏世界,然后清楚地告诉孩子,什么是被允许的,什么是不被允许的,但是同时,需要接受的事实是:这个孩子想要做一些脱轨的事情。此外,要提醒孩子不能将玩具带回家,不能故意破坏玩具,不能伤害他人或自己,遵守时间表,等等。这些限制事先都要规定清楚。当然,针对个别被辅导的儿童,还需要设定一些与辅导目标直接有关的特殊限制。

其四,相对游戏。想象互动游戏的最后一个技巧是相对游戏。工作者扮演的角色就是要在游戏中,玩出和被辅导儿童不同观点和想法的游戏内容,同时传达出辅导或治疗的信息。

(3) 想象互动游戏治疗的指示。考虑是否采用此方法,须注意几点:① 这种方法对于有隐藏性身体疾病的孩子能发挥很好的功效;② 这种方法也可以应用在心情非常混乱的孩子身上,但是在这种情况下,工作者需要提供足够的结构化;③ 为了治疗或辅导能够成功,父母亲必须愿意审视及改变他们的行为,以及改变对孩子的态度(在工作者的帮助下）。这些孩子应该在 4～10 岁，这个年龄层的孩子喜欢参与想象游戏；对于较大的孩子，其他的想象技巧如画图、捏黏土、讲故事可能更合适。

（二）儿童小组工作

所谓儿童小组工作，就是指一种通过小组过程及小组社会工作者的协助，使小组中的儿童能够获得小组经验、产生行为改变和恢复正常功能，以及与他人和周围环境达成有效的调适，最终促进个人及小组发展的专业服务活动。

适合开展儿童小组工作的儿童小组类型有很多，如幼儿园和小学里各种课外兴趣班、少先队小队、课外补习小组、假日服务小队等，只要在这些小组加入社会工作的理念和工作手法，就可以展开儿童小组工作服务。当然，也可以根据事先设定的主题，利用各种招募手段来组成儿童小组。

开展儿童小组工作需要注意的是：第一，活动安排要新颖有趣，符合儿童活泼好动的性格，但也要注意安全；第二，多利用示范来讲述活动的安排和小组规则；第三，避免空泛的道理和讲述过于复杂与抽象的问题；第四，工作者的态度是亲切和蔼的，应该具有很强的亲和力，并善于与儿童交往；第五，工作者无论是在空间位置还是在心理距离方面，都应该带给小组中的儿童一种平起平坐的感觉。

（三）亲职教育服务

所谓亲职教育服务，就是指专业人员运用社会工作的方法向家长提供诸如沟通、孩子教育、家庭环境改善等方面的专业服务活动。亲职教育服务大多以训练的方式为主，其训练的内容有沟通技巧、环境设计技巧、孩子行为改变技巧、家长训练、家庭改变技巧，等等。传统的亲职教育服务始终把重点放在孩子方面，不少家长训练课目均以处理或改变孩子的行为问题为主，如孩子的学习问题、不服从或滋扰行为、情绪控制问题、难以与家长有效沟通等，而忽视孩子本身的关注与需要，也很少提供子女参与的机会。

亲子沟通平行小组是亲职教育服务的一种新形式，它可以定义为两个分开但同时进行的小组，通过联合活动，如实践练习、互相配合的小组内容和进度、联组活动等，从而改善亲子关系。亲子沟通平行小组的优点在于，父母参与的中介角色对子女学习各种技巧有很大的帮助。参与的父母可以成为培训者，由于父母清楚地了解小组的内容，在子女学习上，他们可以发挥提醒和鼓励作用，并且协助子女在家完成实践练习。此外，由于双方都参与亲职教育服务活动，会让子女从中感受到父母也愿意努力学习改善关系，而彼此在服务活动过程中的改变和进步，都会成为对对方的鼓励，从而增强他们处理冲突和解决问题的信心。

亲子沟通平行小组内容的选择和设计：在小组活动正式开始之前，首先应该对服务对象——家长和子女的需要和问题作一个了解和评估，假设家长组方面是需要增强聆听能力，从而鼓励子女表达，增进亲子沟通和学习处理冲突。子女组方面假定重点是训练他们掌握一些技巧去争取表达机会，以平和、协商的态度与家长沟通，以及积极解决亲子间的意见分歧。由此可以将小组每节主题内容（共八节）设计如下（见表3-1）。

表3-1 亲子沟通平行小组方案

节次	家长组	少年子女组
一	互相认识，订立目标	互相认识，订立目标
二	找出聆听的障碍	回归正题的方法
三	以理性想法改善沟通障碍	成功沟通的要诀
四	跨组交流，知己知彼	跨组交流，知己知彼
五	心平气和之道	怎样回应父母的批评
六	处理冲突的方法和步骤	处理冲突的方法和步骤
七	跨组练习——处理冲突的方法	跨组练习——处理冲突的方法
八	总结及检讨	总结及检讨

上述亲职教育服务的设计特色在于：(1) 两组内容互相配合；(2) 实践练习可以作多种变化和配合；(3) 跨组交流和练习；(4) 在设计上还可以衍生出很多变化。

（四）受虐儿童的社会工作介入

1. 儿童虐待的相关概念

（1）儿童受虐。儿童受虐是指其父母、近亲或任何对该儿童福利有责任者，或与儿童居住于同一处所的任何人，采取以下行为对待儿童，从而使儿童遭受伤害甚至死亡。这些行为包括：① 造成受伤，或允许非意外受伤。导致产生一系列的身体伤害、死亡、外貌的损毁、身体或情绪健康的伤害、身体功能的失去或损伤。② 制造一个非意外的身体伤害的危险状态，而这样的危险状态可能令儿童致死或是身体功能严重损伤。③ 对儿童性侵犯或允许这样的事情发生。④ 拷打、折磨儿童或允许这样的事情发生。⑤ 受伤的结果已经超过单纯体罚。

（2）儿童疏忽。儿童疏忽是指任何一个儿童的父母或其他对该儿童福利有责任者，并未提供对其适当或必需的支持、法定教育、医疗或其他法律认定儿童福利必要的相关照顾；或者儿童遭受其父母或其他对该儿童福利有责任者的遗弃。

2. 儿童虐待指标

（1）儿童身体虐待的指标。这些指标包括：① 瘀伤；② 烫伤；③ 撕（裂）伤；④ 骨折；⑤ 头颅伤；⑥ 内伤；⑦ 其他指标（严重发育迟缓；不一致的医疗史；对孩子如何受伤的原因解释不一致，等等）。

（2）儿童性虐待的指标。这些指标包括：① 幼儿感染性病；② 在生殖器官周围有明显的生理伤害（红肿、组织的撕裂）；③ 攻击行为；④ 怀孕；⑤ 早熟等吸引他人注意的行为；⑥ 对生殖器过分关心；⑦ 超出儿童年龄应懂的性知识。

3. 对受虐儿童的社会工作辅导

(1) 受虐儿童的社会工作辅导的主题。主要包括：① 受害经验的分享；② 对暴力责任的看法；③ 惭愧及与人隔离感觉的分享；④ 自我保护的计划；⑤ 陈述感觉；⑥ 解决冲突的方法；⑦ 性别角色的认定；⑧ 自尊心的建立。

(2) 受虐儿童的社会工作辅导的功能。这种介入方式的主要目的和功能是协助儿童学习新的价值观及行为，包括：① 暴力的发生不是他们的错；② 增加自尊；③ 学习新方法来自我保护；④ 认识可以协助自己的正式资源与非正式资源；⑤ 学习以新的非暴力的方法来解决问题。

(3) 与受虐儿童的会谈。针对受虐儿童或来自暴力家庭的儿童，社会工作者可以从以下项目着手会谈。

① 在你的家里，家长为什么会争吵？他们是如何吵架的？

② 当你的父亲生气时，他是怎么处理的？大声吼叫？跑掉？摔门？丢东西？是否打了母亲？踢母亲？抓母亲的头发？或其他什么动作？

③ 你的母亲如何反应？

④ 你的反应又是怎样的？

⑤ 你家的家教有哪些？

⑥ 你是否因为做了一些不被父母允许的事情而遭受惩罚？你认为这种惩罚公平吗？

⑦ 哪些事情对你而言是一种伤害，如某些字眼、动作或某种想法？

⑧ 什么样的事情会使你感觉舒服？

⑨ 你了解什么是不好的碰触（指身体上的），什么是好的碰触吗？

⑩ 你是否有过不好的碰触的经验？如果有，是谁给你这种经验？

⑪ 你会怕你的父亲、母亲或兄弟姊妹吗？

⑫ 在你的生活环境中，有哪些人会让你感到害怕？

⑬ 你曾经试过伤害你自己吗？如果有，可否详述一下当时你做了什么？

除了上述会谈内容，在与受性虐待的儿童会谈时，还须注意以下一些事项。

① 不要询问引导性问题，多问开放性问题。例如，发生了什么事？什么时候发生的？在哪里发生？

② 使用儿童的语言。

③ 儿童的注意力较低。

④ 在一个能让儿童放松的环境中会谈。如果是家庭内性虐待的事件，与儿童会谈时需要避开家庭成员及住所。

⑤ 做好相信儿童的准备，即使孩子对有些事情可能无法有精确的知觉。社会工作者可以提供孩子参考点以协助其建立相关事情的概念。例如，当时外面是冷还是热？当时你住在哪里？

⑥ 可以用性侵害征信娃娃作为媒介，让儿童指出身体部位（嘴巴、眼睛、手、腿、脚等），以检视儿童对身体部位认识的能力。儿童可以碰触娃娃，并说出其感受。

对受虐儿童的辅导是儿童社会工作介入的第一步，它优先考虑的是儿童的安全，进而协助儿童沟通及表达他们的感觉。除此之外，社会工作者还须与家庭、学校、医院、司法部门、公安机关、儿童和青少年保护机构以及社区有关力量或社会资源密切配合起来，对受虐儿童予以积极的介入。例如，警察的介入方式——逮捕施虐者对降减儿童暴力的发生率有显著影响；学校及其老师通常能够比较早地察觉受虐儿童的异常情况；而医院则能够提供受虐儿童在生理上遭受伤害的医学诊断，所有这些社会力量都需要社会工作者与之密切联系，相互商讨对受虐儿童的介入和辅导方案，一个目标是把对受虐儿童的伤害降低至最低限度。

Y 阅读案例

新北的"幸福保卫站"

花芯是一只圆圆的面包圈，四片心形花瓣各印着一家便利店的品牌，这朵四瓣花是"幸福保卫站"的标志。2013年元旦，台湾新北市推出"幸福保卫站"计划，通过遍布大街小巷的便利店，救助饥饿的未成年人。经过3个月实施评估，台湾有关部门有意将此计划推广全台。

2012年12月底，新北市市长朱立伦宣布"幸福保卫站"计划：凡18岁以下的孩子，无论是否设籍在新北市，也不限定中低收入家庭，只要有紧急需求，都可以到新北市的四大连锁便利店填写数据，享用价值80元新台币（相当于人民币17元）的免费餐点。

新北市议员陈明义接受台湾媒体采访时表示，当初提出"幸福保卫站"的想法，是因为看到太多的孩子因为肚子饿而偷面包、便当（即盒饭）而被送到派出所。虽然社会工作者会介入了解，但那是事后处理。陈明义说，新北市有1970家便利商店，且24个小时营业，较方便随时发现并救助饥童，"不要孩子为了一餐去犯罪"。"幸福保卫站"只提供便当、面食、面包等餐点及饮料，不提供零食及酒精类饮料，并只能在店内食用。

"幸福保卫站"计划推出后，很多人叫好，但也有人持异议。一种看法是担心救助投入挤占教育经费。朱立伦表示，"幸福保卫站"经费仅约200万元新台币（相当于人民币42.5万元），由"新北市社会救济会报专户"支付，2013年则确定由一位企业家捐助。按照每餐80元新台币计算，预估一年可有125万人次受惠。还有一种看法是担心由便利店派发，几乎没有审核，不需要帮助的人也能混入其中。事实上，初期确有媒体拍到，提着名牌包的妇人带孩子领免费餐。因此，在国民党籍"立委"赖士葆称赞"幸福保卫站"计划很好，建议在全台推广时，李鸿源表示，将视新北市的执行成效，评估各县市财力状况，再决定是否全台跟进。当然，台湾任何事情都少不了政治联想。新北市民进党籍"议员"李坤城质疑，这根本不是市民的"幸福保卫站"，而是"朱立伦保卫战"。是朱立伦看到与他比肩的台北市市长郝龙斌开出"新十大建设"，匆忙弄出了"幸福保卫站"。

不管这些争议如何，据相关数据统计，在计划推行的3个月内，共有5452人获得帮助，领餐人数也由初期每天上百人降至每天数十人。分析个案，其中真正有需求的人占

单元三 熟悉社会工作服务领域：不同的群体

51%，无需求的占37%，还有12%属于需检核范围。

对此，有人撰文指出，100个人享用，也才多花8000元，如能找到30～40个风险家庭，就效率而言，并不算差。新北市教育局也表示，"幸福保卫站"可以建立发现问题的平台，除提供弱势儿童的用餐外，也负起主动关怀通报和协助寻找的功能，希望借此发现更多需要帮助的学生，进而启动关怀机制，协助解决学生所遇到的困境。

在公布的案例中便有这种类型。生活在单亲家庭的初中生阿宗，长期和担任货车司机的父亲关系紧张，一次争吵后被赶出家门，四处流浪。他晚上借宿同学家，但不好意思在同学家吃饭，也没有钱，只好到便利店取餐。资料登记后，社会福利单位先将他安置在一个安全的住处，再派社工和家长沟通协调。还有一对小姐弟，姐姐小学四年级，弟弟二年级，因为父亲遭遇车祸住院，母亲无暇顾及他们。寒假期间，饥饿的小姐弟在老师的安排下常到便利店取餐，店长贴心地为他们制作了识别小卡片，凭卡给餐，免去了重复说明家中窘境的不便。

据介绍，台湾地区儿童局已经开会介绍新北市的经验，有意在全台推广实施。新北市也组织基层代表举办研讨会，交流"幸福保卫站"计划实施背后的问题及对策。

(资料来源：http://www.People.com.cn/24hour/n/2013/0418/C25408-21177543.html,有改动。)

S 思考题

1. 儿童社会工作的具体内容是什么？
2. 儿童社会工作应该如何开展？

任务二　青少年社会工作

R 任务描述

本项任务通过引导学生阅读案例、参与体验式活动等方式帮助学生了解以下两个问题：

1. 如何界定青少年社会工作？
2. 青少年社会工作的主要内容及其特点是什么？

121

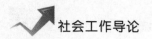

D 导入案例

东莞：一位毒瘾青少年的回归路

"当发现自己对毒品上瘾的时候，我觉得这辈子完了。"阿光（化名）神情沮丧，耷拉着脑袋说。2008年是他的人生转折点。他入读一所中职学校，常流连于网吧、游戏机室、酒吧。慢慢地，他结识了一群不良青年，因经常逃课又违反校规，却屡教不改，最后被学校劝退。就这样，阿光走向了社会，走进"另类人生"。一次，阿光和哥们儿去酒吧买醉，一哥们儿拿出"K粉"让他试试。"尝一下，特带劲"，在这样的蛊惑下，阿光第一次沾上毒品。慢慢地，阿光离不开毒品了，"没钱吸毒真的很难受，心里很痒很痒。"为吸毒，他一再向母亲要钱。但吸毒开支大，时间一长，他的母亲王女士终于发现了。"感觉天都要塌了，当时想死的心都有了。"她最担心孩子会为此去偷去抢，只能一再容忍。一晃两年过去，2010年，阿光在购买毒品时被抓获，公安机关对其作出强制隔离戒毒两年的决定。

小尹是东莞团市委市莞香花青少年服务中心（以下简称"莞香花"）的一名社工。该机构成为广东省首个专门致力于重点青少年帮教服务的社会组织。社工小尹在与阿光长期稳定的联系中了解其需求。在与阿光的沟通中，社工小尹了解到：阿光3岁时就失去了父亲，自幼随外婆长大，母亲王女士从事销售工作，工作繁忙，早出晚归辛苦挣钱养家，无暇顾及阿光的成长。长大了，阿光与社会上的朋友开始出入娱乐场所——酒吧、KTV、网吧之类，每天晚上12点才回家，第二天睡到中午才起床吃饭。下午又开始与朋友瞎混，母亲王女士自感亏欠，对阿光一味地伸手要钱一忍再忍。但自从发现阿光染上毒瘾之后，王女士很紧张。只要阿光出门2小时没回家，她就不停打电话、发短信，生怕他再和坏人混在一起。阿光从戒毒所出来后，王女士特意请了2个月的假陪伴儿子。"尽管阿光也知道吸毒不好，但要根本戒除毒瘾却不容易。"

社工小尹回忆，去年3月份，她第一次在戒毒所见到了阿光。"刚和阿光接触，他还是有抵触情绪，有戒备心。问一句答一句的。"小尹是以第三方的角色与阿光开始会面和谈心的，她希望用交朋友的方式来解除其戒备心。经过多次打交道后，她用尊重和真诚赢得了阿光的信任。

社工小尹说，阿光刚走出戒毒所，整天待在家里，胆怯自卑，怕遇见以往的"毒友"，还怕别人瞧不起。于是，社工小尹、志愿者和心理咨询师们通过户外拓展活动，约他一起进行烧烤、唱歌、做互动游戏，参加社团活动，鼓励他主动走出家门，学会与人相处，建立新的朋友圈。慢慢地，阿光的焦虑感消失了，对人生又有了新的憧憬。之后，阿光主动提出想找份工作，减轻母亲的负担。"这让我们很高兴，一是因为阿光学会感恩了，二是如果他有了工作，生活就又有新的动力了。"社工小尹说。最终，阿光成功地在建材市场找到了一份销售工作。工作后的阿光，生活有规律了，心态也变得乐观向上。遇到烦心事，他总会第一时间告诉社工小尹和志愿者们。"最可贵的是，他也希望能成为一名志愿者，帮助那些有需要的人。"

（资料来源：http://www.dg163.cn/news/dongguan/cfsh/2013/0812/41021.html，有改动。）

案例思考

1. 哪些因素导致了阿光"误入歧途"？
2. 社工是如何帮助阿光"迷途知返"的？

体验活动

坦克大转移

将全班同学等分为若干个小组，每组不少于5人。教师事先准备废弃报纸若干，宽型透明胶布若干。小组成员需要用胶带把报纸连成圆筒状，圆筒形似坦克的履带。进行参赛人员进入"坦克履带"内跑到目标地再折回的接力赛。在比赛的过程中，根据教师的引导，同时安排几个同学进入圆筒，同学们需要齐心协力让"坦克履带"运转起来，并尽力保持"履带"的完好。如果"履带"断裂，"履带"内的人需要当场用胶带修复并继续完成转移任务。当一队人员到达目的地之后，其中一名队员需要立刻跑回出发点将"履带"交给下一对人员，直至本小组所有成员均转移成功为止。最快完成转移任务的一组获胜。

1. 请同学们分别谈谈活动的体会。
2. 将同学分为4个讨论组，每个讨论组将在5分钟时间内完成对游戏的重新设置工作。要求重置后的游戏适合初中一年级的青少年参与。请各讨论组陈述新的游戏设计，并阐述理由。

知识链接

一、青少年社会工作的界定

（一）"青少年"的界定

"青少年"是一个非常复杂的概念，不同学科、不同领域对于青少年的界定是不同的。从生理学角度看，青少年期以第二性特征开始发育为起点，以性发育完全成熟为终点；心理学以人的智力发展水平为依据，以人的个性的形成、情感特征、自我特征等心理机制的质变为依据来界定青少年，即个体发展自我意识和相对完整的个性的时期；根据教育学理论，把青少年看作处于"学习最佳期"的人；根据社会学的观点，将青少年看作是处于"社会化关键期"的人；从社会工作学的视角出发，把青少年看作处在"成长烦恼期"的人。

一般而言，青少年是指从儿童向成人的过渡期，年龄在12～30岁的一个社会群体。青少年上限的年龄则应止于社会成熟时期，这个年龄界限依不同的时代背景、社会环境而有所差异，一般应在25～30岁。这一阶段处于人生发展的关键时期，容易产生各种个人和社会问题，需要社会给予特殊关怀并提供特别的服务。

青少年是人的生命旅程中的一个重要部分，是人由生到死的过程中的一个中间阶段。在这一时期，青少年的生理机能处于人生最旺盛的巅峰阶段，其身体形态和体内机能、神经系统和性发育等都得到飞速发展，各项生理机能趋于成熟。另外，青少年的社会生活的发展促使其不断形成社会行为，即青少年的社会生活的发展就是其社会行为的模塑过程。在这一阶段，青少年经历确立积极的自我概念，加强角色学习，继续社会化等过程，从而不断发展和完善个体成长。

（二）青少年社会工作的定义

青少年社会工作，是社会工作的重要实务领域。部分学者认为，从青少年社会工作的本质来看，青少年社会工作可细分为广义和狭义的概念。广义的青少年社会工作是指为社会全体青少年提供福利服务的过程，具有"发展性"和"预防性"的特点。它是以全体青少年为服务对象，国家与地方政府为促进青少年生理、心理、社会适应性等各个方面的健康成长和全面发展而采取的方方面面的措施。狭义的青少年社会工作是以发展方向上有偏差，或发展道路上有障碍的青少年为主要服务对象，通过多种服务手段和方法帮助矫治、调适他们发展方向上的偏差，扫清他们发展道路上的障碍，以促进青少年的全面发展和健康成长。狭义的青少年社会工作具有"治疗性"和"专门性"的特点。

一般而言，青少年社会工作是以全体青少年为服务对象，以社会工作的价值伦理、基本理论、方法和技巧为本，在了解青少年成长和发展的特殊规律，掌握国家有关青少年的特殊福利政策的基础上，最大限度地发掘青少年的潜力，满足其全面发展需求，促进其健康发展、更好地适应社会生活的一种专业服务活动。

二、青少年社会工作的特点

青少年社会工作属于社会工作体系中的一部分。它既具有社会工作的共性，又有其特殊性。具体而言，青少年社会工作的主要特点体现在服务对象的特殊性、服务内容的特殊性和工作方法的特殊性。

（一）以全体青少年为主要工作对象

青少年社会工作经历了一个较长的发展时期。早期青少年社会工作倾向于聚焦具有偏差行为或发展障碍的青少年。随着青少年社会工作实践的不断发展，观念的不断转变，如今青少年社会工作的对象指向社会的全体青少年。

（二）以化解青少年的成长危机为主要工作任务

与其他年龄时段的服务对象不同，青少年面临的最大挑战是来自自身的成长困惑和来自社会化形成的压力。例如,生理上,身体发育带来的生理困惑或青春期危机;心理上,自我意识形成导致的自我认同危机和社会认同危机;社会发展上,由社会角色冲突引发的学业危机、就业危机及婚姻危机,等等。如何解决这些问题,帮助青少年健康成长,是青少年社会工作的核心任务。

(三) 以家庭、学校、社区、网络社会工作为主要工作方法

虽然青少年的大部分时间是在学校度过的,但是,青少年问题并不仅仅是由学校环境引起的,家庭结构与家庭成员的互动方式、社区环境等因素都对青少年成长方向和结果有重要的影响。因此,青少年社会工作的主要工作方式不是提供单一性服务而是提供综合性服务。首先,开展青少年家庭社会工作,是化解青少年成长问题的重要途径。其次,学校集聚了大量的青少年,学校不仅是青少年社会化的主要场所和专门场所,而且是发现青少年问题与解决青少年问题的最佳场所,所以,学校社会工作是青少年社会工作的常见方法和特色方法。最后,社区是青少年社会化的第三个场所,青少年,特别是社区青少年各种问题的产生与社区环境存在密切关系。因此,社区青少年社会问题的解决应该采取社区社会工作的方法。

三、青少年社会工作的主要内容

青少年的本质特征是其发展性,青少年社会工作以促进青少年发展、预防青少年不良现象和治疗青少年问题为主要内容,其根本目标是激发青少年自我发展、自我成长的潜能,以促进青少年全面和健康的成长。由此,青少年社会工作的内容可以分为两类:一是针对青少年的生理、心理和社会发展需要,提供社会资源,协助其正常发展;二是针对青少年健康成长、全面发展,提供预防不良现象产生的青少年社会工作服务;二是针对陷入生活困境或遭遇发展障碍的青少年而提供的治疗性青少年社会工作服务。具体来说,青少年社会工作的内容包括以下几个方面。

(一) 提供发展性的青少年服务

为满足青少年生理、心理和社会发展的需要,促使青少年健康成长,青少年社会工作者需要为其提供以下几个方面的辅导:(1)提供道德品格的辅导,促使青少年根据社会公认的道德原则和规范培养自己的道德意识,发展自己的道德活动能力,培养自己良好的道德品质。(2)提供思想政治教育与辅导,帮助引导青少年形成正确的世界观和人生观,培养青少年正确的价值评价和思维方式。(3)辅助青少年学习性教育知识、生理保健知识,辅导青少年了解和掌握其生理、心理发展的知识与技能,帮助青少年接纳自我,接纳自己可能存在的身体或心理的缺陷。(4)培养青少年良好的交往动机、交往品质和交往能力,增进人际关系;培养领导与创造能力、树立合作意识;指导青少年选择适宜的生活方式,培养青少年良好的生活情趣等。

(二) 提供预防性的青少年服务

为预防青少年不良问题的产生,青少年社会工作者不仅需要青少年的发展需要,而且

还需要改善不利于青少年发展的家庭生活环境、学校生活环境和社区生活环境，这类服务包括：(1) 提供青少年父母亲子教育的机会，以增进父母教导青少年的技巧；(2) 加强学校对不适应学业之学生的学业辅导、技艺训练、发展补充性课程及相应活动；(3) 加强社区各组织在青少年社会工作中的合作，整合各类社区资源，为青少年发展提供良好的社会支持，提供信息及就业辅导服务；(4) 青少年社会工作在就业辅导方面的主要内容包括为其提供就业信息，进行就业意识的正确引导、辅导与培养正确的劳动观念、为其择业提供直接的服务和就业训练。

（三）提供治疗性的青少年服务

治疗性服务是以提高青少年的社会适应能力、解决问题的能力，并帮助其恢复正常社会生活为主要目标的服务。这类服务包括：(1) 满足弱势青少年群体的特殊需求，为他们提供适应社会生活、恢复社会功能的服务，如残疾青少年、违法犯罪青少年等；(2) 提供预防青少年犯罪及对过失青少年的矫正服务；(3) 提供保护和安置服务，为被忽略或受虐待的或不适合家庭居住青少年提供保护和安置服务。

四、青少年社会工作的具体方法

（一）青少年社会工作方法的定义

青少年社会工作方法是指为达到教育少年社会工作的目的，在青少年社会工作的价值伦理和基本理论指导之下，针对不同服务目标、不同服务对象、不同服务场所采取的专业服务方式。根据不同分类依据可以划分为不同类型的方法体系，每一种方法体系都有自己独特的服务对象、理论依据、实践模式及工作技巧。

（二）青少年社会工作的具体方法

青少年社会工作方法主要包括青少年个案社会工作、团体社会工作和社区社会工作等类型。

1. 青少年个案社会工作

青少年个案社会工作是发展最早，且发展比较成熟的专业方法。它是以青少年个体和家庭，特别是遭遇成长危机、陷入生活困境中的青少年个体及其家庭为主要服务对象的社会工作。其直接目标在于帮助青少年个体解决困难和问题，并预防产生新的困难和问题。这种方法主要运用于治疗性青少年社会工作，如青少年负面情绪辅导、偏差行为修正、心理危机干预等。青少年个案工作可以采用心理社会模式、行为修正模式、问题解决模式、任务中心模式及心理危机干预模式。

(1) 心理社会模式。这是指通过分析服务对象问题产生的心理原因和社会原因，采用理性情绪疗法或叙事疗法，帮助服务对象消除错误认知，提供社会支持，摆脱负面情绪。

(2) 行为修正模式。这是指通过改变社会环境，采取满灌疗法或渐进疗法，帮助服务对象改变不良行为习惯。

(3) 问题解决模式。该模式强调人类生活是一连串问题解决的过程。每个人在日常生活中都需要不断地面对问题，反复运用问题解决的方法，以获得快乐、报偿、平衡和较好的适应。问题解决模式通过帮助服务对象预估存在的问题并解决问题，教会服务对象学习和掌握解决问题的策略。

(4) 任务中心模式。该理论假设服务对象是有解决问题的能力和潜能的，通过专业的服务，增强服务对象解决问题的能力，使他们在今后能够面对类似的问题或新问题，同时学习有效解决问题的新技巧。该模式要求通过帮助服务对象在分析、预估问题的基础上，确立工作任务与目标，并在有限时间内完成任务。

(5) 心理危机干预模式。这是指在服务对象面临危机、暂时丧失应对能力的情况下，为其提供必要的心理支持、物质支持和信息支持，帮助服务对象走出困境，恢复常态生活。

2. 青少年团体社会工作

青少年团体社会工作是运用最广泛的青少年工作方法。青少年团体社会工作是指社会工作者运用社会工作的专业价值伦理、专业知识与技巧，将有同类问题或需要的学生组织起来，采取团体工作的方法，运用团体动力程序与团体活动过程设计技术，通过治疗和预防青少年的问题或发展青少年的潜能，使小组中的青少年达到社会性的发展、行为的改变，实现青少年个人与社会的和谐发展。

团体活动是青少年成长发展的必由之路，在青少年个人成长过程中有着一种不可替代的作用。通过富有实践性、趣味性和创造性的活动，可以激发参与者的各种热情，获得多方面的收益。在活动中，辅导的方法有榜样示范、行为锻炼、情境感染、竞赛激励、角色模拟等。团体社会工作为青少年参与同伴群体互动活动提供了最佳的组织形式，能够为青少年自我认同和社会认同的形成创造或提供条件。具体而言，青少年团体社会工作具有以下功能。

(1) 营造有利于青少年的健康成长的环境氛围。团体社会工作从一开始就注重团体规范和团体意识的培养，团体工作能够给成员提供一个相互支持和信任的环境，这种环境有助于成员更好地认识自我、反思自我，提供自我成长的经验。同时，在团体中，通过相互提供支持和帮助，使他们不但能够在团体中了解自己、认识自己，而且可以发掘他们的潜能，体现成员自我的现实价值，让他们充分体会到自我的现实效能。

(2) 提供青少年行为改变的机会。在团体社会工作中，青少年能够学到社会规范，获得生活经验。同时，青少年团体为成员提供了改变自己不良行为和偏差行为的条件和环境，成员通过行为学习与训练，能够相互激励，强化正面的行为，监督、弱化负面的行为，不断调整自己的行为模式以适应外部环境的要求。

(3) 提升青少年各方面的能力。小组成员通过小组互动活动，彼此分享讨论，可以学会更好地相互交流和沟通，从而提高他们的人际沟通、社会交往、合作互助、解决问题等各方面的能力。

总而言之，青少年通过在团体环境和群体互动中，学习他人，发掘自己，从而获得自身的成长，这在青少年社会工作中具有不可忽视的意义和价值。

3. 青少年社区社会工作

相比较于其他两种青少年社会工作方法，青少年社区社会工作是发展较晚，却是受益面最大的青少年工作方法。青少年社区社会工作是指社会工作者将社会工作的专业价值伦理、专业知识与技术，运用于社区范围，以调动社区包括青少年在内的社区居民参与为重点，为青少年的发展创造良好的社会环境，促进学校与社区的联系，并推动社区建设与发展。

社区是青少年除家庭、学校之外的第三个社会化场所。在社区中，青少年的成长和社会化，受到同辈朋友、邻里关系、街道事务、社区组织与文化教育、各种文体娱乐场所及其活动、大众传媒、商业消费、社区生活方式及社会政策的影响和制约。青少年社区社会工作以青少年具体的生活情境为依据，从其实际处境出发，以青少年发展为工作目标。因此，青少年社区社会工作首先要调查了解本社区的青少年所面临的主要问题。一般来说，青少年社区的问题是多方面的，如贫困户子女的基本生存问题，失学、失业、失管的"三失青少年"的教育、就业问题等。同时，社会工作者需要调查社区的可运用资源，并与服务对象建立良好的专业关系。然后，协同服务对象和社区人士一起制订一份综合服务计划，该计划应从发展的角度出发，以一般正常成长的青少年和需要矫治服务的失足青少年为主要服务对象，整合社区、街道的力量，具体细化可争取资源和明确实施步骤等内容。并通过会议、宣传教育和组织志愿者服务活动等组织社区行动，在社区行动中不断提升青少年能力，培养青少年对社区的归属感、荣誉感和责任感。最后，青少年社区社会工作还应该包括开展社区文化教育，为失学青少年提供助学服务；创造社区就业机会，为失业青少年提供就业服务；建立社区帮教系统，为失教青少年提供帮教服务；组织社区文体活动，为社区青少年提供成才服务。

值得注意的是，我国目前的青少年社区社会工作实践，往往更关注常常流连于社区的青少年。这一部分青少年往往以"三失少年"和有行为偏差或社交际碍者居多。这些青少年由于各种原因，很早就辍学。离开学校之后，由于学历低下，没有一技之长，他们被排斥在就业机构之外。同时，由于家庭教育和管理的缺乏，致使他们经常流连于社区。对于这些边缘青少年来说，提供充分的社区教育，填补他们的文化知识空白，培养他们的职业技能，为他们提供适当的就业机会，建立以他们为服务对象的社会帮教系统，不仅是促使他们健康成长的需要，同时是社区平安建设与和谐发展的需要。总之，社区青少年在从学校进入社会之前，需要得到一种正确的引导和良好的过渡环节。

五、青少年可能面临的成长危机及其干预措施

青少年期处于个体身心急速发展变化的阶段，同时是青少年社会化程度相对较激烈的时段。在这一时期，青少年总会面临各种各样的问题或困惑，如对自身身体和性的探索、

单元三　熟悉社会工作服务领域：不同的群体

对异性的好奇，冲动情绪的爆发和控制，学业或就业的压力，等等。本书暂且只列举青少年群体较常见的集中成长危机，并尝试从社会工作者的角度提出可行的干预措施。

（一）情绪困扰与辅导

青春期的青少年经常会出现较大的情绪波动。青少年常见的情绪包括焦虑、紧张、抑郁、恐惧、强迫、愤怒、自卑、嫉妒等。其中，焦虑是青少年最常见的情绪问题。他们的情绪有时候可能一发不可收拾，造成或大或小的困扰，从而导致他们部分外显性行为问题。造成青少年的情绪和行为问题的原因较多，如社会性竞争压力、家庭因素、疾病，还可能来源于心理因素等。因此，对青少年进行人际关系应对方式指导，帮助他们学习控制情绪或排除情绪困扰，使他们从事正常的学习和生活，获得身心的健康发展，是青少年社会工作的重要问题。

针对青少年情绪困扰，社会工作者较多采用美国临床心理学家阿尔伯特·埃利斯（Albert Ellis）在1995年创立的理性情绪治疗法。该治疗方法又被称为ABC性格理论或理情治疗法（简称R.E.T.）。它的基本信念是：情绪问题是由人的非理性信念引起的，即人的情绪困扰，通常不是由客观存在的事物本身产生的，而是由人们对事物的观念而产生。具体而言，人的情绪结果（Emotional Consequence，C）是由个人的信念系统（Belief System，B），而非由某些引发事件（Activating Event，A）构成。换而言之，个人的非理性信念导致了个人情绪问题。面对事件A，个人可以有意识或潜意识地选择以健康或不健康的情绪来回应。该理论罗列了11种非理性信念：(1) 一个人绝对需要获得周围其他人，尤其是每一位生活中重要人物的喜爱和赞许；(2) 个人应该在各方面，最低限度在某一方面有成就、有才干、能胜任，才会被视为有价值的人；(3) 世界上有些人是很卑劣的，他们要为自己的恶行受到严厉的惩罚和责备；(4) 如果自己遭遇的事情不符合自己所想，那是很糟糕的；(5) 人的不快是由外在因素引起的，人没有能力去控制自己的悲伤与情绪困扰；(6) 对于危险或灾难性事件，人应该非常关心，而且要不断关注，要随时留意到它发生的可能性；(7) 逃避困难和责任比面对它们容易得多；(8) 人要依赖别人，而且要找一个比自己更强的人来依赖；(9) 过去的经历对人目前的行为是极重要的决定性因素。因为某件事曾影响他，则这种经验会一辈子影响着他；(10) 一个人应该关心他人的问题，也应为他人的问题而悲伤难过；(11) 人生中的每一个问题都附有一个正确、完美的解决方法，如无法找到这个完美的方法，则会很痛苦。在实际工作中，社会工作者可以通过指出非理性信念；与服务对象辩论非理性信念；现实验证争论式提问法；实用主义争辩式提问；对话式；幽默；重复教育理情法的中心思想等辅导技巧帮助青少年努力尝试改变非理性情绪，减少情绪上的不安，从而实现行为的改变。

（二）学业危机与辅导

青少年时期正是长身体、长知识的时期，包括学业失败、学习抑郁症及学校恐惧症等在内的学业危机，是青少年社会化过程中的重要障碍。青少年学业危机不仅会引发青少年的各种负面情绪，而且还会导致青少年的退缩行为、生理疾病、自信心丧失及自杀、自伤行为。

事实上，青少年在学业问题上面临的问题是综合性和系统性的。首先他们面临的问题不是简单的个人问题，而是他们生活的社会系统所造成的。因此，青年社会工作者在学业辅导中不仅扮演青少年学习帮扶及职业教育促进的组织者、资源调动者的角色，还扮演在校学生个体、家庭及团体的辅导角色。其次，青少年社会工作者所提供的服务应具有综合性效果，能够促进青少年的全面发展。最后，应该注重个体差异。青年社会工作者应该在辅导前作综合评估，以便采取不同措施对症下药，根据青少年个体差异性提供适宜的服务，制订个性化的辅导方案，以便达到良好的辅导效果。例如，青年社会工作者在评估青少年学业失败的原因时，发现该青少年所处家庭环境较差，帮补家庭的劳动占用大量的学习时间。这时，青年社会工作者就不仅需要辅导青少年的学业，还需要适时介入其家庭系统，为其提供可行的家庭服务方案。

（三）性的困扰与辅导

青春期是青少年身心发展的关键时期。对于处在青春期的青少年而言，认清性别角色、掌握异性交往、养成良好的生理卫生习惯、拥有健康的心理状况是其健康成长的重要内容。在这一时期，由于个体的身体发育程度快慢不一，而大部分青少年心理发展相对滞后，导致一部分青少年不能认同自己的身体变化而产生体相危机。例如，部分青少年嫌弃自己过高或过矮，有的青少年认为自己不够健美、漂亮，有的不能很好地接纳自己第二性发展的身体表象，从而产生体相危机。另外，随着性发育趋于成熟，青少年对亲密行为、性行为充满好奇，然而由于青少年在生理与心理发展方面并不平衡，他们对行为后果没有很深的认识，往往不能很好地认识恋爱、性及婚姻等方面的问题。辅导青少年正确认识这些问题，都是青少年社会工作的重要领域。

通常情况下，青年社会工作者首先需要帮助青少年认识到自己对性与爱的探索是青少年身心发展过程中出现的一种正常现象，帮助青少年接纳自我。同时，青年社会工作者需要辅助他们对性意识及性发展和性生理健康有一个完整的认识，帮助青少年了解有关性与爱，早恋等情感发展的细节，使他们能更加积极、客观地认识自己的探索或早恋行为。在此基础上，青年社会工作者需要根据青少年的特点，提出具体的解决方法，帮助他们疏导紧张的情绪，更加合理地处理青少年期的性困扰问题。

（四）青少年不良行为与辅导

青少年阶段是建立自我意识和社会意识的重要阶段，由于这个时期的青少年还不完全具备是非判断能力，认知趋于片面化，容易产生各种不良行为，如果任其发展就可能成为犯罪行为。《中华人民共和国预防未成年人犯罪法》清楚明确地阐述了未成年人的各种不良行为。该法将未成年人的不良行为分为一般不良行为和严重不良行为。据该法第3章第14条的规定，未成年人的一般不良行为主要有：(1) 旷课、夜不归宿；(2) 携带管制刀具；(3) 打架斗殴、辱骂他人；(4) 强行向他人索要财物；(5) 偷窃、故意毁坏财物；(6) 参与赌博或变相赌博；（7）观看、收听色情、淫秽音像制品、读物等；（8）进入法律法规规定未成年人不适宜进入的营业性歌舞厅；（9）其他严重违背社会公德的行为。而该法第4章第34条规定的严重不良行为但不够刑事处罚的主要有：（1）纠集他人结伙滋事，扰乱社会治安；（2）携带管制刀具，屡教不改；（3）多次拦截殴打他人或者强行抢要财物；（4）传播淫秽读物或者音像制品；（5）进行淫乱或者色情、卖淫活动；（6）多次盗窃；（7）参与赌博、屡教不改；（8）吸食、注射毒品；（9）其他严重危害社会的行为。而造成青少年出现不良行为的原因是综合性的，主要包括个体个性缺陷，如偏执性格、癔症性格和攻击或分裂性格等；家庭和学校支持系统出现障碍；社会交往群体不良；树立了错误的人生观、世界观；缺少对教育和未来人生追求的向往等。

社会工作者在介入具有不良行为的青少年时，首先，需要不断提醒自己坚持社会工作的价值伦理，秉持平等与接纳的理念。平等与接纳有助于社会工作者走进服务对象的心里，走进他们的生活，与之交朋友，从而更好地协助服务对象从防御中解脱出来，以现实的方式面对自己，这对其健康积极的成长有重要作用。其次，社会工作者需要鼓励与支持青少年展示自己及自我决定，这隐含了对服务对象成长、改变、发展以及解决困难的能力的信任，并且相信服务对象能负责任地自由尝试所选择的信任目标。在介入的过程中积极促进青少年的个人"增权"，协助其对自我重新肯定，认清自我的优点和长处，减少对自我的负面观念及无能感。最后，社会工作者需要调动青少年与其所处的社会支持网络。社会支持网络成员，尤其是家庭成员、亲密朋友，对青少年的情感方面的支持往往是团体工作人员无法取代的。社会支持网络中的正式支持因素和非正式支持因素相互配合，能弥补相互之间的不足，以更好地开展针对青少年偏差行为的辅导服务。

（五）青少年就业问题与辅导

导致青少年就业困难的原因有很多种，总体可分为客观因素和主观因素。其中，客观因素包括：产业结构调整，结构性失业增加；经济增长速度稳定，但吸纳劳动力能力下降；教育、培训与劳动用工存在脱节；就业信息渠道不畅通，缺乏就业信息交流的有效平台；用人单位为提高效率、降低成本不愿招录经验较少的青少年等。主观因素包括：首先，青少年的工作经验与能力不能满足劳动力市场需求，尤其是提前进入劳动力市场的青少年由于缺乏专业的知识和技能，岗位竞争能力很低，即便是在知识技术含量低的行业也缺乏竞争力。其次，青少年对就业的高期望与严峻现实冲突，很多刚刚走出校园的毕业青年都怀揣着理想化的就业心态，但现实的严峻极易造成青少年心理不平衡，并进一步影响他们主动去寻找工作。最后，青少年就业问题出现的一个重要原因是他们想当然地认为自己能够做什么，而没有一个合理的职业生涯规划。缺乏职业生涯规划，对自身及社会的了解不够，对就业市场信息不了解。可以看出，青少年就业问题不仅有客观原因，还有很重要的主观原因。因此，帮助青少年就业应该是一个综合的过程。

社会工作是一门助人专业，它有着自己的理念与手法。首先在就业辅导中，社会工作者遵循"助人自助"的理念，着重帮助服务对象进行自我认知，认识周围的环境；帮助服务对象挖掘自我潜能，用积极的态度及行为来解决自己的困难。因此，社会工作者并不是直接把就业信息告诉青少年，而是协助面临就业压力的青少年认清社会的需要和自己的能力及自己可以努力的方向等，从而协助他们通过自己的努力去寻找工作和面对现实。其次，社会工作者可以充分运用个案、小组等工作手法，激发面临就业压力的青少年的求知欲望，帮助其提升人际交往能力，协助其改善家庭关系，增强其社会适应能力，从而在青少年自身的努力下，提升专业技能，拓宽就业渠道，最终解决就业问题。最后，青少年社会工作就业辅导充分利用工作对象个人、家庭和社区系统中的各种资源，与其生活中的重要成员通力合作，共同为青少年就业辅导服务。

阅读案例

失意青春，与你同行

小美，女，16岁。由于她经常离家出走，不服从家长的管教，被父亲送到一所专门的青少年行为矫正学校入读。入校之后，小美表现出极大的不适应和叛逆。她拒绝吃饭，在课堂上故意大吼大叫，漠视新同学，跟班主任吵架等。后来班主任将小美作为个案转交给一名驻校社工。社工在了解了小美的基本情况之后，开始尝试跟小美沟通，但都遭到了小美的拒绝。直至一次，社工注意到小美中午又拒绝吃饭的细节，在下午的第二节课后，社工到小美所在班级悄悄叫住她，递给她一个面包。刚开始小美迟疑了一会儿，但在社工的耐心劝导下，小美接受了社工的面包。之后，小美对社工的态度开始慢慢转变，不友好但也不敌对。

在很长的一段时间里，社工一直都非常积极主动地关心小美，耐心等待小美愿意主动沟通的时机。同时，社工还积极与小美的班主任沟通，了解小美转校前的基本情况。原来，小美在小学阶段一直在外省读书，直到最近一年才转入省内读书，也正是从其转校之后，小美便出现了离家出走、逃课等情况。与社工渐渐熟悉之后，小美让社工（由于学校严格限制学生携带手机，学生通常只能找班主任帮其联系家长）帮忙联系其父亲，并转告其父亲给她带一些稍厚的换洗衣物。社工帮小美联系其父亲之后，小美却拒绝跟父亲通话，只让社工转达意思。此时，社工关切询问小美是不是跟父亲之间有什么误会。之后，小美道出其内心深处的秘密。她告诉社工自己是一位私生女的背景。小美自小被送到了外省一个山区农户家里，由她的养母一直将她养大。在养母家里，虽然物质条件相当贫困，但是养母将小美当作自己的孩子一样爱护。直至小美12岁的时候，被父亲强行接回家。小美认为父亲拆散了她原本幸福的家庭，非常"恨他"。她故意在学校里面调皮捣蛋就是为了让父亲生气。另外，小美也承认控制不了自己的情绪，只要不顺心，她就开始摔东西、骂人，甚至打人。

随着社工与小美进一步的接触，小美开始愿意与社工一起面对自己目前的状况。针对小美和父亲的亲子互动问题，社工意识到这一服务将可能是一个缓慢的过程，而小美虽然认识到自己跟父亲的敌对关系不好,但她暂时还不想也不知道怎么去改善。因此,社工建议小美从自己目前最能控制和改善的地方做起。在社工的辅助下,小美认为自己现在最迫切需要面对的是自己的情绪问题。在班级里,小美由于经常故意大吼大叫,经常发脾气,同学们都不喜欢她。对此,社工首先教小美一些简单的情绪控制办法,然后跟她一起制定了一份详细的情绪控制记录表,以不断提醒和控制小美的行为。同时,社工与小美的父亲取得了联系,建议其父亲能够多关心小美,多与小美平等沟通。

(资料来源:唐娇华于2012年东部沿海某省某工读学校实习日志,有改动。)

S 思考题

1. 青少年社会工作的内容有哪些?
2. 青少年可能面临的困境及其辅导方法是什么?

任务三 老年社会工作

R 任务描述

本项任务通过引导学生阅读案例、参与体验式活动等方式帮助学生了解以下两个问题:

1. 老年社会工作的主要内容有哪些?
2. 如何开展老年社会工作?

D 导入案例

失明老人跌伤致残 法院判决养老院赔偿

老人到养老院本想安度晚年,却没想到因养老院护理不周造成残疾。近日,广西壮族自治区柳州市柳南区人民法院一审判决一起特殊的人身损害赔偿案件。

2011年6月,年已八旬且双目失明的王老先生以一级护理的标准付费入住柳州市五菱养老院养老。2012年3月28日,老人因需小便多次呼叫护理,但养老院无人理睬,老人无奈只好自己起身小便,不料却跌伤在地。跌伤后,养老院没有对老人进行必要的医疗救护,导致老人在次日才由家属送到医院治疗。经检查,老人的伤情为右股骨颈骨折。在医院治疗期间,共花费各项费用1200多元。后经司法鉴定,老人损伤右下肢构成八级伤残。

老人出院后，家属与养老院就赔偿事宜始终无法协商一致。最终，老人诉至法院，要求养老院赔偿其各项损失共 76 615 元。

2013 年 3 月，柳南区法院开庭审理了此案。在庭审中，养老院否认老人有呼叫要求护理的事实，也否认其系自行小便时摔伤，同时还表示院里配备的护理人员充足，不可能发生原告诉称的情况，但养老院对其抗辩理由均未提交证据证明，也没有提交证据证明原告系违反养老院的管理规定导致摔伤等养老院免责的情况。法官审理认为，原告系双明失明、生活不能自理的高龄老人，其小便时不呼叫要求护理显然与常理不符，故法院对被告养老院的抗辩不予采纳。

最后，柳南区法院根据查明的事实，认定王老先生因呼叫护理无人理睬致其自行小便跌伤的事实成立，被告应对原告摔伤右髋部所导致的损失承担赔偿责任，一审判决养老院共赔偿王某各项经济损失 4 万余元。

（资料来源：http://www.chinacourt.org/article/detail/2013/06/id/1012601.shtml，有改动。）

案例思考

1. 老年人面临哪些普遍的问题和需要？
2. 我们应该如何保护老年人的合法权益？

T 体验活动

找 5 位同学，分别扮演一个家庭中的奶奶、爸爸、妈妈、儿子、女儿。设置以下情景：奶奶退休之后一个人生活，中秋节的时候，爸爸、妈妈、儿子、女儿一起回奶奶家看望奶奶。让一家 5 口围坐在一起，用绳子将每个人相互连在一起。刚开始的时候，一家人谈天说地，其乐融融，奶奶非常开心。忽然，爸爸接到一个电话，有朋友约他出去聚餐；女儿的朋友失恋了，希望女儿能出去陪她散心；儿子的同学约他出去打球。于是爸爸、儿子、女儿都想要外出，作出向外走的动作，却发现连着他们的线会受到拉扯。

活动结束后：

1. 请 5 位扮演者分别谈谈对于活动的体会。
2. 在现代社会中，人们越来越忙，作为子女应该怎样更好地陪伴老年人？

Z 知识链接

一、老年社会工作概述

（一）老年及老龄化的界定

按照国际标准，我国一般称老年群体中 60~69 岁的人为低龄老年人，70~79 岁的人为中龄老年人，80岁以上的人为高龄老年人。

人口老龄化是指总人口中因年轻人口数量减少、年长人口数量增加而导致的老年人口比例相应增长的动态。国际上通常把60岁以上的人口占总人口比例达到10%，或65岁以上人口占总人口的比重达到7%作为一个国家或地区进入老龄化社会的标准。人口老龄化有两个含义：一是指老年人口相对增多，在总人口中所占比例不断上升的过程；二是指社会人口结构呈现老年状态，进入老龄化社会。

根据老年人在总人口中所占的比例，可以分为几种不同的国家类型：① 年轻型——60岁以上老年人口占总人口5%以下，主要分布在非洲和亚洲等不发达国家；② 成年型——60岁以上老年人口占总人口5%~10%，主要分布在发展中国家；③ 老年型——60岁以上老年人口占总人口10%以上；④ 超老年型——65岁以上老年人口占总人口15%以上，主要分布在欧美，特别是北欧国家。

（二）老年期发展的阶段特点

老年期的典型特征就是"老"，即老化、衰老的意思，而人的老化首先就是从生理方面开始的，这种生理特征的变化不仅体现在上述老年人的外观形态上，还反映在人体内部的细胞、组织和器官及身体各功能系统的变化上。在生理功能方面，老年人也表现出了明显的衰退趋势，主要有以下表现。

首先，贮备能力减少。这是全身组织器官与生理功能退化的结果，对于老年人来说，一旦环境发生变化或出现意外事故而处于紧张状态时，机体就难以应付，从而影响了其正常的生理功能。例如，运动时供应所需能源贮存不足，机体不能及时提供能量，老年人因此难以承担重负荷或应付意外事件。

其次，适应能力减弱。老年人机体多种生理功能的减退，往往导致内环境稳定性失调，从而出现各种功能障碍。例如，短期内改变老年人的生活环境，可能会导致老人水土不服、肠胃不适、睡眠不佳等现象。

再次，抵抗力下降。随着生理功能（特别是免疫功能）的衰退与紊乱，老年人的抵抗力明显下降，容易患上某些传染性疾病、代谢紊乱性疾病、恶性肿瘤等，例如流行性感冒、一些肠胃疾病等。

最后，自理能力降低。随着机体的衰老，体力逐渐减退，老年人往往动作迟缓、反应迟钝，行动多有不便，容易出现意外事故，如容易摔跤、跌伤，或被刀、剪割伤等。

在老化过程中，生理功能的降低也同样存在个体差异，衰退情况各不相同，而且，同一个个体的各个器官功能的衰退情况也不尽相同。但总的来说，机体的生理功能随年龄增长而发生的变化是有规律的，各个组织、器官系统将会出现一系列慢性退行性的衰老变化，并呈现出各自的特点。

（三）老年人的需要

不同年龄段的老年人在身体健康状况、生活自理能力、参与社会活动、婚姻状况、家庭关系、心理需求等方面都有不一样的特点。老年人的需要主要有以下几个方面。

（1）健康维护。老年期是疾病多发期，健康维护是老年人最为关注和渴望满足的需要。老年人需要建立健康的生活方式，获得适宜的生活照顾，并得到康复服务。

（2）经济保障。在传统社会中，老年人依靠子女提供经济供养，在"反哺式"供养的社会习俗中，老年人基本没有后顾之忧。在现代社会中，在延期支付的养老保险制度安排下，老年人关心的是有没有资格领取养老金、能不能按时足额领到养老金、领到的养老金够不够维持基本生活所需，等等。

（3）就业休闲。许多达到退休年龄的老年人，还有继续工作的愿望和需要，希望发挥专长；也有许多老年人过去忙于事业无暇休闲，闲下来后打算好好享受生活，因此养花、养宠物、学习书法绘画、外出旅游等成为他们的新需要。随着老年人群体物质文化水平的提高，老年人群的兴趣呈现多样性。

（4）社会参与。老年人要贡献社会，需要广泛参与社会生活，特别是深度参与社会生活各个方面。老年人有老年人的意愿需要表达，有老年人的利益需要维护，有老年人的作用需要发挥。因此，社会参与是老年人的重要需求。

（5）婚姻家庭。幸福美满的家庭生活是所有人追求的目标。老年人也有维持和向往美好婚姻家庭生活的权利。伴侣和家庭支持系统对于老年人获得良好的生命质量和生活质量具有十分重要的意义。

（6）居家安全。家居条件的改善、居住环境的安全，是老年人所关注的重要方面。

（7）身后事宜安排。老年属于人生最后一个历程和阶段，因此许多老年人十分关心自己身后事宜的安排，包括子女的生活、财产的处置、墓地的购置、后事的操办等方面。

（8）一条龙照顾服务。伴随老化过程，老年人在各个阶段会有不同的照顾需要，可能需要接受居家养老、社区照顾、院舍照顾等不同类型的服务，需要不同类型的照顾之间有良好的整合与过渡。

（四）老年人面临的主要问题

老年人问题，是由老化而引起的社会问题，包括因个人的老化而导致的问题，以及由于社会人口老龄化而出现的问题。老年人的心理社会问题包括以下几个方面。

1. 疾病与医疗问题

社会经济的发展，一方面使得人均国民收入增加，包括老年人在内的居民可以支配收入水平上升，生活质量的提高使国民死亡率下降，人均寿命延长。但是，另一方面，高龄老年人发生难以治愈的疑难杂症的概率也大大增加，如癌症、心脏病、心脑血管病等，老年人尤其是高龄老年人往往要受慢性疾病的折磨，生活质量因此受到损害。而且，高昂的医疗费用也成为困扰老年人的一大问题。现代医学高度发展，高技术含量的医学检测仪器和手段层出不穷，有更高疗效的新药品的研制和开发使许多曾经危害人类的疾病有了新的医治前景。这些变化给人类尤其给老年人带来了福音，但同时增加了老年人医治疾病的花费，并给社会医疗保险制度带来了风险。

2. 家庭照顾问题

目前，家庭结构发生改变，无人照顾的老人增加。老龄化、城市化、少子化、妇女职业化、家庭残缺使得家庭照顾老年人的功能严重受损，空巢老人、独居老人比例大大增加，许多丧失自理能力的老年人无家人照顾，晚年生活景况凄凉。

3. 宜居环境问题

工业化都市的迅速发展使老年人的生活环境恶化。城市的扩大与繁荣，使得城市生活充满刺激和诱惑，这对喜欢新鲜刺激的年轻人具有吸引力。老年人由于生理、心理的变化，大多喜欢安静、自然的环境，喜欢与邻里亲友密切交往，而城市生活的繁杂、喧闹、快节奏、多污染，以及城市居住的楼宇化、单元化和封闭性，使得老年人的生活环境日益恶化。

4. 代际隔阂问题

在教育落后、知识更新缓慢的传统社会中，老年人因为拥有长年积累下来的知识和经验而受到年轻人的崇敬和尊重。而现代社会是全球化、信息化和知识爆炸的社会，教育文化的进步使得知识的更新和增加超过以往的任何时代，老年人长年积累的知识和经验大多已经过时，而学习和再学习能力的下降，使其无法掌握现代的知识和信息，因此与年轻人的共同兴趣越来越少，沟通越来越困难，代际隔阂越来越深。

5. 社会隔离问题

老年人面临社会隔离问题，主要是由于其闲暇时间增多，而社会交往减少。老年人退出工作岗位回到家中，可自由支配的闲暇时间大大增加。但是因为职业生涯的结束，社会交往的圈子也大大缩小，老年人的晚年生活往往与孤独、寂寞相伴。

（五）老年社会工作的含义

老年社会工作是针对老年人的问题与需要而产生的一种专业服务活动。它是指老年社会工作机构和老年社会工作者运用社会工作的专业理念、方法和技巧，为老年人及其家庭提供社会保障与社会服务，以协助老年人解决生理、精神、情感和经济等方面的问题，使老年人能够继续参与社会生活，幸福地安度晚年的专业服务活动。老年社会工作的对象既包括"空巢"（独居）、残疾、困难和高龄老人，又包括一般的健康老人，还有外围人群或组织机构。我国老年工作的根本目标是促进"老有所养、老有所医、老有所教、老有所学、老有所为、老有所乐"。

（六）老年社会工作的主要内容

老年社会工作的内容在不同的国家有着不同的表现形式，可以说，凡是协助老年人解决其生活困难或问题，满足其需要，并帮助其进一步发展的服务活动都可以纳入老年社会工作的范畴。具体地说，老年社会工作主要包括以下几方面的内容。

(1) 老年社会救助。老年社会救助主要是指为困难老年人提供经济上的援助,以保障老年人的基本生活,也称作经济供养。社会工作者需要关心处于经济困难中的老年人,通过各种途径为老年人申请和及时获取有关经济或物质帮助,使老年人顺利度过困难时期。

(2) 老年生活服务。老年生活服务主要是指为老年人,特别是丧失生活自理能力的老年人提供各种日常生活的帮助与照料,以帮助老年人解决和克服生活中的困难,满足其基本生活需要。对于无子女或由于种种原因无法得到子女照顾的老年人,可以帮助他们到养老机构集中养老,也可以居家养老,由社区或志愿人员对他们的生活给予适当照顾。

(3) 老年家庭关系处理。在多数情况下,老年人都是与子女生活在一起的,并由子女提供照料服务。但是由于两代人在生活方式、价值观念、兴趣爱好等方面存在一定的差异,容易引发家庭矛盾,从而影响老年人的生活质量。因此,协助老年人处理好与子女的关系,推进老年人与子女间的相互理解与尊重,并调适老年夫妻间的一些摩擦与冲突,以改善老年人的生活环境,发挥家庭的正常功能,也是老年社会工作的重要内容之一。

(4) 老年心理辅导。老年人在面对逐渐衰退的身体机能、退休以后的生活变化及随之而来的经济收入减少与社会地位下降、丧偶、患病、家庭变故、亲朋好友生离死别等生活事件时,很容易产生孤独、寂寞、忧郁等精神状况,从而引发心理问题。因此,针对老年人或轻或重的心理不适,需要社会工作者辅导老年人进行自我心理调适,以缓解其内心的压力,使其对生活保持一种健康的心态。

(5) 老年社会参与和社会融合。这主要是指为老年人提供各种文体娱乐活动服务,鼓励老年人走出家庭,增加老年人之间的社会交往,帮助他们寻找自己的生活乐趣,以丰富老年人的日常生活,使老年人老有所乐,老有所为,从而以愉悦的心情安度晚年。

此外,老年社会工作还包括老年医疗健康服务、老年教育服务、老年就业服务等内容。可以说,老年社会工作的内容将会随着老年人对生活质量要求的日益提高而不断扩展。

(七) 老年社会工作的原则

由于老年人具有不同于其他社会群体的独特的生理和心理特点,因此老年社会工作除了应遵循一般社会工作的基本原则外,还应遵循其自身独有的原则。这些原则主要包括以下几点。

(1) 从价值观念上尊重老年人,努力理解和接纳老年人。从价值观上尊重、接纳老年人是做好老年社会工作最基本的前提。一个人如果在思想观念上排斥、歧视老年人,是无法真正理解老年人的,也就不会真正愿意以自己的努力来帮助老年人解决其生活中面临的困难和问题。社会工作者只有真心关心老年人,切实了解他们的真实感受,从而理解、接纳他们,才能同老年人建立良好的专业关系。

(2) 耐心了解老年人的需要,热情鼓励老年人的进步。社会工作者应充分考虑老年人的生理和心理特点,而不能以自己的行动和反应能力来要求老年人,更不能急于求成;在对老年人开展讲解、说明、劝导工作时,要有较强的耐心,说话语气要尽量委婉,必要时应作反复说明以使老年人充分理解自己的意图;开展活动时要给予老年人细致周到的照顾，确保老年人在体力和心理上能够承受，并对老年人多加鼓励，对其所取得的任何进步和改变都应及时地给予赞赏，以促使他们建立起自信心。只有这样，才有可能与老年人建立良好的专业关系，实现社会工作的目的。

（3）协助老年人自立、自决。社会工作者不能代替老年人作出行动和决策，因为对老年人大包大揽并不是解决问题的好办法，反而会伤害老年人的自尊心，使他们感到自己无能而产生沮丧心理。社会工作者应当相信老年人自身的能力，并通过增强老年人的自立能力，提高老年人的自信心，积极鼓励他们在可能的情况下自行作出选择和决定。

（4）与老年人建立相互信赖的良好情感关系。能否与老年人建立起相互信任的专业关系，是老年社会工作能否得以顺利开展的基本保证与前提。因此，社会工作者在工作中必须设法取得老年人足够的信任，并辅以必要的、适度的情感投入，充分理解老年人的独特感受，从而能够有效地协助老年人解决生活问题或困难。但社会工作者应牢记自己是专业助人者，其情感的介入有一定限度，是为了更有效地开展助人活动。因此在这一过程中，助人的专业关系是一种融情感性和工具性于一体的混合关系，关系的建立是有目的的，社会工作者要始终以解决问题为中心，切忌陷入情感泥淖而无法自拔。

二、老年社会工作的相关理论

（一）社会撤离理论

社会撤离理论（Disengagement Theory）是在老年社会工作中引起争论最多的理论。这一理论认为，人的能力会不可避免地随年龄的增长而下降，老年人因活动力的下降和生活中角色的丧失，希望摆脱要求他们具有生产能力和竞争能力的社会期待，愿意扮演比较次要的社会角色，自愿地脱离社会。在社会撤离理论看来，老年人减少他们的活动水平，减少与人交往，关注内心的生命体验，这会使老年人过上一种平静而令人满意的晚年生活。而且，老年人主动地撤离社会，能使社会权力井然有序地实现交接，社会也不会因老年人的死亡而功能受损。因此，社会撤离理论认为，老年人从社会主流生活中撤离，无论这一过程是因老年人自愿还是由社会启动，对社会和个人都会产生积极影响。

尽管社会撤离理论不乏其合理之处，但其理论前提（假设所有老年人都愿意脱离社会）是不成立的，也是被社会工作所反对的，理由如下。

（1）随着物质生活水平的提高和医疗条件的普遍改善，老年人预期寿命延长，他们在离开工作岗位后还可生活20~30年。因此，如何保持他们退休后的活动已成为各国老年社会工作者正在思考的问题。

（2）无法证明老年人退出有用的社会角色必定对社会有利。事实上，由于每个人在社会结构中所处地位的不同，因而每个人脱离社会的程度也是不一样的。一些人80岁仍担任国家要职，而一些人55岁就只能提前退休。在文、教、科、卫行业，许多60岁以上的老年人，仍在社会生活中发挥着不可替代的积极作用。

（3）社会撤离理论忽视了个性在一个人适应衰老过程中所起的作用。许多老年人一生中都愿意保持一种活动水平较高的生活方式,这与他们的生活满意度直接相关。世界范围内出现了越来越多的老年志愿工作者,对这一情形作了最好的诠释。实际的社会工作也已证明,那些与人交往频繁、积极参与社会生活的老年人比那些独处的老人更倾向于身心健康。

(二) 符号互动理论

符号互动理论(Symbolic Interactionism Theory)有时又称相互作用理论。该理论认为,人们是在他们的社会环境中、在与他人的交往中获得他们的自我概念的。换句话说,人们是根据他人对自己的评判、态度来思考自身的。一旦他人把我们归入自我概念,我们便会不由自主地根据他人的划分对自己作出反应,从而形成自我概念。比如,如果整个社会对老年人采取歧视的态度,必然会对老人的自我认知造成影响。如果老年人每天听到的广播、看到的电视、外出购物所目睹到的一切,都把老人描绘成昏庸、老朽、无用,那么这些信息的积累,自然会对老人的自我观念产生否定性的认识,让他们感到自己不再有能力,对家人和社会都是负担,从而使他们与社会产生隔离感。

从符号互动理论又派生出了社会损害理论和社会重建理论。社会损害理论是反指,有时老年人一些正常的情绪反应,会被他人视为病兆而作出过分的反应,从而对老人的自我认知造成损害。例如,一位因丧偶心情痛苦的老人询问子女自己是否应该搬过去与其同住。这种询问就很可能被子女视为老人无能力再作出任何决定的表现,从此凡事处处为老人作决定。这种关心久而久之就会让老人觉得自己的确缺乏能力而把一切决定权都交给子女。也就是说,接受消极标志的老人随后进入消极和依赖的地位,丧失原先的独立自主能力。现实生活中有太多的案例表明,对老年人的过分关心会导致老年人产生自己无用的错误认知,从而对老年人的身心造成损害。这一理论对老年社会工作者具有深刻的启示意义。

社会重建理论则意在改变老年人生存的客观环境以帮助老年人重建自信心。社会重建理论的基本模式分为三个阶段。第一阶段:让老人了解到社会上存在的对老年人之偏见及错误观念。第二阶段:改善老年人的客观环境,通过提倡政府资助的服务来解决老年人的住房、医疗、贫困等问题。第三阶段:鼓励老人的自我计划、自我决定,增强老人自我解决问题的能力。

(三) 社会交换理论

社会交换理论(Exchange Theory)以行为心理学和功利主义经济学为其理论依据,认为社会互动是一种双方交换的行为,在交换过程中双方都考虑各自的利益,企图根据他们在某些方面的利益来选择相互作用,当互动双方都达不到自我的目的,社会互动就会趋向停止。在社会交换理论看来,人们是通过掌握物质财富、能力、成就、健康、美丽等社会认可的权力资源来确定自己的社会地位的。在社会中,大多数老人掌握的权力资源比年轻人少,因此,他们的社会地位便相应下降。由于老年人缺乏可供交换的资源,所以他们在社会中只扮演屈从和依赖的角色。鉴于此,社会交换理论提出,发展与老年人有关的政策和社会服务的原则就应当是力求最大限度地增加老年人的权力资源,以保持老年人在社会互动中的互惠性、活动性和独立性。也就是说，应该让老年人拥有可供交换的资源，让他们感到自己有用，仍能给下一代提供帮助和支持。而且，应帮助老年人意识到他们曾经被尊敬、被需要及对社会作出过贡献。

（四）活动理论

活动理论（Activity Theory）与社会撤离理论的基本观点正好相反，认为活动水平高的老年人比活动水平低的老年人更容易感到生活满意和更能适应社会。活动理论主张老年人应该尽可能长久地保持中年人的生活方式以否定老年的存在，用新的角色取代因丧偶或退休而失去的角色，从而把自身与社会的距离缩小到最低限度。活动理论提出的基本的观点为大多数老年社会工作者所肯定。在老年社会工作者看来，社会不仅在态度上应鼓励老年人积极参与他们力所能及的一切社会活动，而且应努力为老年人参与社会提供条件。现实的情况是，许多老年人想有所作为而苦于没有机会；一些老年人因退出社会主流生活而导致老年抑郁症；有些老年人因枯坐家中无人交谈而提前进入脑退化进程。现代医学证明，勤于用脑的人比懒于用脑的人，脑力活动退化的速度要缓慢得多，较少说话的老人比常有人陪伴的老人更多患老年痴呆症。因此，让老年人保持较高的活动，积极参与社会生活，对防止老年人大脑退化具有毋庸置疑的作用。随着核心家庭和双职工家庭的增多，快速的生活节奏和竞争压力使子女很难抽出更多的时间陪伴老人，所以，鼓励老人自我调适、积极投身社会生活而不是独处一隅，就显得十分必要了。

当然，也不能仅以活动水平的高低来判断老年人对生活的满意程度，事实上，老年人的经济收入、生活方式、人际关系等方面都是构成老年人是否有一个幸福晚年的重要因素。我们也不能忽视如下事实：有些老年人活动不积极却也很快活，他们赋闲家中养花喂鸟以娱悦性情、读书写字达观内心。也就是说，老年人因性格差异会有着不同的晚年生活，我们不应用一种模式去要求所有的老年人。

（五）连续性理论

以上我们所介绍的两种理论——无论是社会撤离理论，还是活动理论，它们共同的不足之处都在于忽视了个性在衰老过程中的作用，或片面强调了撤离，或一味强调了活动。连续性理论（Continuity Theory）正是看到了此种局限而提出了自己的基本观点。连续性理论认为，不论是年轻还是年老，人们都有着不同的个性和生活方式，而个性在适应衰老时起着重要的作用。总是消极或退缩的人不可能在退休后成为积极分子；同样，一贯活跃、自信和参与社会的人在老年时不可能安静地待在家里。人主要的个性特点和价值观念随着年龄的增长变得更加突出。在连续性理论看来，如果一个人在老年时仍能保持中年时代的个性和生活方式，那么他（她）便会有一个幸福的晚年。因此，每个人不用去适应共同的规范，而是根据自己的个性来规定标准，这是老年人对生活感到满意的基础。对个体而言，连续又可分为内部连续（个性、爱好）和外部连续（年轻时爱踢足球，年老时踢不动了仍爱看足球）。

尽管连续性理论看到了个性在人们适应衰老时所起的重要作用，但过分强调连续性又难免对老年人产生误导：当老年人因健康状况不佳或财力受限而不能保持早年的生活方式时，一味对连续性的追求可能会减少老年人在晚年时的自尊，也可能妨碍老年人根据个人的愿望而改变其生活方式。这一理论的最大缺陷在于忽略了外部社会因素对人们个性改变的作用及对衰老过程的影响。事实上，对生活满意度高的老人通常是那些没有拘泥于某种固定生活模式、能随社会环境的变化而不断改变其生活方式的人。

三、老年社会工作的主要方法

（一）老年个案工作

1. 老年个案工作的定义和性质

所谓老年个案工作，就是指社会工作者在专业的价值观指导下，运用专业的知识和技巧为老年人及其家庭提供物质或情感方面的帮助和支持，以使当事人减低压力、解决问题和达到良好的福利状态的服务活动。

由此，我们可以发现老年个案工作的一些基本性质，可概述如下。

① 老年个案工作的提供者是受过一定专业训练的人员，他们运用社会工作的价值理念、方法和技巧为老年人提供支持和服务，因此，它有别于一般的社会公益活动和志愿服务。

② 老年个案工作的服务对象是需要帮助的老年人及其家庭。

③ 老年个案工作的终极目标是增进老年人与社会的福利，最终实现"助人自助"。

④ 老年个案工作实现"助人自助"终极目标时，面临着更大的挑战。这是因为社会、家庭和老年人自身对老年的认识都存在误区。就社会而言，人们普遍认为老年是退出社会的代名词，因此在观念上往往视老年人为家庭和社区的负担，对老年人的作用视而不见，却片面夸大其身体上的劣势；就老年人而言，他们退出工作岗位之后，与社会的联系逐渐减少，同时某些能力不可避免地随着年龄的增长而降低，从而导致一部分老年人认为自己只能消极被动地适应社会，甚至抱着"等死"的心态来打发时光。因此，老年个案工作的一个重要功能，就是要澄清这一认识上的误区，通过组织、宣传等方式改变社会与家庭对老年人的片面看法，同时，在协助老年当事人工作的过程中，使老年人感受到他们仍然可以改变自己和改变周围的环境，而并非只是消极的一群人。

2. 老年个案工作介入的内容

（1）协助老年案主认识及接受老年。

（2）帮助老年案主重新整合过去生活的意义，从而使其产生人生完美的、积极的、正面的感受。

（3）改善老年案主与家人的关系和相处问题。

（4）支持老年案主积极参与社区活动，使其晚年生活更加充实。

（5）为老年案主组织与争取权益以及寻找各种社会资源。

（6）帮助老年案主建立科学、健康的晚年生活方式和心理准备，积极地应对人生晚年期各种"生活事件"（如丧偶、重病、空巢家庭，等等）。

（7）辅导老年案主正确认识死亡及接受死亡的来临，而减少愤怒及恐惧的消极情绪。

3. 老年个案工作的基本技巧

（1）会谈技巧。老年个案工作会谈是指工作者与老年案主相互接受有特定目的的一种专业性谈话。在这个过程中，双方交换观念、表达态度、分享情感、交流经验，老年案主向工作者袒露心声，工作者向老年案主表达愿意协助的态度，并借此收集有用资料，同时向案主传递一种新的观念、希望、支持、信心，以提升老年案主的能力。在会谈中需要运用如下一些技巧。

① 专注。专注是工作者对老年案主的语言、情绪、心理的高度关注。这种专注既有非语言的肢体专注表达，如工作者要面向案主，面部表情要松弛，手势要自然，眼神亲切，身体适当向前倾向案主，等等；也有非语言的心理专注表达，如注意倾听案主的说话，观察案主的手势、神态、身体动作及语气语调，揣摩案主的心理以体会案主话语的"言外之意"。

② 真诚。工作者的真诚有助于与案主的专业关系的建立。真诚地表示愿意协助的态度，以真正的自我对待案主，不用专业的脸谱或权势吓人，可以有效地降低案主的自我防御。

③ 同理心。这是指工作员对老年案主的一种"感同身受"和投入理解。同理心有高层次和低层次之分。低层次的同理心仅仅表明工作者只是进入了案主的浅层的内心世界，并把对案主的感觉与理解作了一定的表达。而高层次的同理心则是在良好的专业关系的基础上，工作者尝试运用专业的力量去影响案主，引导案主从更客观的角度看待自己的问题，同时能够明察出潜在的、隐含的或透露不足的部分并对此进行有效的沟通。

（2）辅导技巧。

① 怀旧。它是指让老人回顾过往生活中最重要、最难忘的时刻，从回顾中让老年案主重新体验快乐、成就、尊严等多种有利身心健康的情绪，帮助老人找回自尊和荣耀的一种工作手法。

② 生命回顾。它是指通过生动地缅怀过去一生成功或失败的经历，让老人重建完整的自我的一种工作手法。生命回顾和怀旧不同的是，前者是对整个人生的回顾，而不只是回顾生命中最重要的事件和时刻。这种技巧的目的是通过老年案主的内省来重新体味人生的价值和意义。

具体运用怀旧和生命回顾的老年个案辅导技巧要注意以下几点。

第一，建立相互信任的工作关系。鼓励老年案主诉说往事，初期可集中于较为愉快的人生经历，然后才慢慢过渡到较为消沉的往事。

第二，侧重聆听老年案主在诉说经历时的感受，尤其注意他们喜怒哀乐的情绪，对于那些被抑压的感受，应该帮助他们抒发出来。

第三,对有子女的老年案主,要让他们把作为父母的经历及感受需要表达出来,以协助个案的诊断和治疗。

第四,对于有丧偶的经历,加上因病或意外而导致伤残的老年案主,工作者要协助他们把痛苦的感觉宣泄出来,尤其是配偶对案主生命的意义。

第五,当怀旧情绪抒发后,工作者可以采用"时间紧迫"技巧,协助老年案主从过往生活重回现实中。

第六,生命回顾是协助老年案主中肯地评价自己一生的经历,而不是让其过分自责。如果遇到这种情形,工作者应帮助案主分析导致自己失败的外在因素,以避免案主把所有责任担在自己的身上。

(3) 寻找资源和链接资源。在帮助老年案主的过程中,社会工作者要通过与拥有不同资源的个人、团体、机构合作,才能为老年案主提供最完善的服务。资源包括有形的物质资源和无形的精神资源;资源又可以分为正式和非正式资源,前者是指从社会福利机构或其他正式机构处获得的资源,后者是指从家人、朋友、同事、邻居处获得的资源。对一个专业社会工作者来说,为了给老年案主提供最好的服务,他必须对案主的资源网络有一个详尽的了解,把握相关的资源知识,同时明确各种资源之间的区别,取长补短,使之对案主发挥最大的作用。

(二) 老年小组工作

1. 老年小组工作的定义和主要类型

所谓老年小组工作,是指在社会工作者的协助和指导下,利用老年组员之间的互动和小组凝聚力,帮助老年组员学习他人的经验,改变自己的行为,正确面对困难,恢复自己的社会功能和促进自己成长的专业服务活动。

适合老年人开展小组工作的小组类型主要有:(1) 老年社交康乐小组;(2) 老年支援小组;(3) 老年治疗小组;(4) 老年服务小组;(5) 护老者小组。

这些小组的成立都有各自不同的目的、工作重点、沟通方式及运作模式,表3-2是对不同的老年小组类型以及不同的特性所作的比较,可以为老年社会工作者开展老年小组工作提供借鉴。

表3-2 老年小组特性比较

特性	支援小组	治疗小组	社交康乐小组	服务小组	护老者小组
目的	帮助组员应付日常生活压力	帮助组员改变行为及康复	帮助组员与同辈积极参与有益于身心健康的活动	帮助组员,共同合作为他人提供服务	帮助家庭成员扮演及发挥护老者功能
社工角色	促使相互之间的支持和帮助	专家、权威人物、改变者、促使者	促进活动程序,提供架构	协调者,帮助组织行动计划倡导者	教育者、支持者、使能者

续表

特性	支援小组	治疗小组	社交康乐小组	服务小组	护老者小组
重点	组员分享和共同关注	组员的问题、关注及目标	小组活动成为需要参与、学习等的媒介	完成任务	护老者及老人的需要
维系因素	共同的困难和相同的经历	组员之间相互关系	对活动学习、技巧发展上的共同兴趣	相同的目的和关注	护老者的角色
组合	曾经遭遇相同困难的组员	可以不同或拥有共同点的组员	不同人士或类似技能水平的组员	人数多,背景不一,鼓励分工有能力参加活动者	不同人士,但都是护老者,正在承受护老压力
沟通	高度互动,公开沟通	社工或小组领袖与组员的沟通	在活动上通过语言或非语言沟通	因任务及角色而不同	组员之间及与小组领袖或社工的沟通
自我披露程度	中度及高度,主要分享适应技巧	高度	低度	低度	中度及高度,主要分享适应技巧
运作	非正式、平等参与、共同讨论	组员互助解决问题	决定于程序、活动性质、团队精神、语言及非语言参与	形式化程序	一般非正式及平等参与,也可包括正式的演讲

2. 老年小组工作的技巧运用和注意事项

小组活动正式开始之前,工作者应该充分了解参加小组的老年人的需要、期望及兴趣,在充分沟通的前提下事先与老年组员建立初步的良好关系。

一定要保证小组气氛活跃,使老人愉快开心,开始做一些简单、易玩且具有趣味性的活动。

选择小组成员时,最好把教育水平相同,身体条件相当,期望和兴趣一致的归为一组,这样小组就容易沟通,活动也能够顺利开展。

每次小组聚会,工作者要预先准备好活动内容和所需物资,并用示范的方式具体及简单地教老年组员如何参与。

每次活动最后,工作者要多用启发的方式协助老年人把参与活动的感受表述出来,并把这些体会与小组宗旨联结起来,加速老年人对小组的认同。

工作者对老年人要多用称赞的技巧,以鼓励他们的自信心和参与小组的积极性。对待沉默的组员不要操之过急,应慢慢引导。

小组活动切忌选用过于复杂和抽象或过量活动的游戏。

工作者要妥当地处理好小组解散老人临别的情绪问题，否则老年人会产生一种被遗弃的感觉。一个好的处理方式是，让老年组员在较早阶段就知道结束的一天终将来临，然后，把最后一次活动安排成一次有意义的结束聚会，如茶欢会、旅行等，让全体老年组员共享小组完毕之成长。当然，工作者也可鼓励老年组员参与小组以外的活动，使他们能够从其他资源中满足需要。最后要回顾参加小组的成长和转变，后续可以安排跟进聚会。

（三）老年社区工作

1. 老年社区工作的定义

所谓老年社区工作，就是指通过社会工作者运用各种工作方法，强调老人的潜能，鼓励老人的社区参与，提升老人的社会意识，让老人成为主动的、有自助能力的人从而改善老人与社区的关系，提高老人的自助、互助能力，通过老人的集体参与改善他们的生活质量的一种服务活动和服务过程。

2. 老年社区工作的开展

根据国外社区工作的定义和发展历程，可以知道社区居民参与社区事务和社区民主建设是社区工作的核心，因此，在海外老年社区工作中，"赋权""充实力量""增加机会"等成为重要的概念。在中国开展老年社区工作，除了强调提升老年人的民主意识、民主权利和增加他们参与社区公共事务的机会之外，还要积极组织老人自助和互助，积极开展各种为老服务和老人文化娱乐活动，以提高老年人晚年生活质量。

具体而言，在中国，老人的民主参与、能力建设、社区服务、社区康乐、社区教育、社区照顾等，都是开展老年社区工作的重要内容，本任务限于篇幅，着重介绍老年社区服务和老年社区照顾的有关内容。

老年社区服务就是指政府或非政府团体通过社区组织和社区所在的福利机构为解决社区老年人的实际困难与满足各类需求而有针对性地提供设施与服务的福利性项目的活动。

老年社区照顾的概念与老年社区服务的概念有相近的地方，但是严格地说，老年社区照顾有两个基本含义：一是使老年人不脱离其所生活和熟悉的社区，在本社区内接受服务；二是动员社区资源，运用社会人际关系资源开展服务。

（1）英国的老年社区照顾。社区照顾作为一种运动起始于20世纪50年代，它是英国推行社会服务的一种方法，它的含义不仅包括"在社区照顾"，即对那些有需要的、以前由院舍照顾的特殊人群（如老年人）现在尽可能地使他们留在社区接受照顾，而且包括"由社区照顾"，即对这些特殊人群（如老年人）由社区中的各种政府及民间机构、社区自治服务团体及这些人的家庭、亲属照顾。具体地说，英国在社区服务政策是通过以下服务项目与措施实现的。

① 社区活动中心。这是由英国地方政府出资兴办的，具有综合性功能的社区服务机

构。它按照社区居民的一定数量规模设置，工作人员为政府雇员。社区活动中心提供的针对老年人的服务主要包括为本社区内居住的老人提供一个娱乐、社交的场所，对于那些行走不便的老人，则由中心定期用车接送到中心参加活动。

② 家庭照顾。这是英国政府为使老人留在社区、留在家庭而采取的一种政策措施，即对在家居住、接受亲属照顾的老人，政府发给与住院舍同样的津贴。

③ 暂托处。暂托处就是为解决家庭成员长年累月因护理被照顾者使身心交瘁、不堪重负这一问题而设置的一种短期护理服务机构。

④ 居家服务。这是对居住在自己家里、尚有部分生活能力但又不能完全自理的老人提供的一种服务，项目包括上门送餐或做饭、洗衣、洗澡、理发、做卫生清洁、购物、陪同上医院等。目的是使那些年老体弱、行动不便、家中无人照顾的老人能继续生活在自己家里，生活在自己熟悉的社区环境中。

⑤ 老人公寓。这是政府为社区内有生活自理能力但身边无人照顾的老年人夫妇或单身老人提供的一种服务设施。

⑥ 老人院。就是指那种集中收养生活不能自理、无家庭照顾的老年人的院舍。不过现在英国的老人院也不再是早期那种大型集中的院舍，而是分散在社区中的小型院舍，这样可以使住院老人不离开他们熟悉的生活环境。

(2) 我国香港地区的老年社区照顾。目前，香港共有263个老人活动中心，28个老人综合服务中心，28个老人日间护理中心，香港提供给老人的社区照顾的服务有三种方式，即医疗照顾、住屋服务、社区支援服务。其中，社区支援服务的目的就是要提供辅助服务，帮助老人留在社区里生活。现在，这方面服务包括以下几点。

① 老人社交中心。中心定期举办学习班、兴趣小组及文娱康乐活动，促进老人与社会的紧密接触和联系。

② 老人综合性社区服务中心。除一般性小组及社区活动外，中心更提供多样化的辅助服务。例如，膳食、送饭、浴室、洗衣等，协助有困难的老人。此外，还提供个人辅导及推广老人社区教育，如出版老人刊物、调查研究老人问题、举办老人退休讲座、设立护老者组织及义工小组等。

③ 家务护理。包括替老人送饭、料理家务、个人清洁及护送看病等。

④ 老人日间护理中心。为体弱而在日间缺乏家人照料的老人提供有限度护理服务及社交活动。

⑤ 老人短暂住院服务。在现有的一些老人院内，开设一些宿位为老人提供短暂住院照顾，以分担家人长期照顾的责任，使他们可以处理一些私人事务或稍作休息，然后再负起照顾老人的责任。

⑥ 老人外展服务。通过外展接触，社工人员与一些老弱、独居及有困难到中心参加活动的老人会面，协助他们申请所需的服务，如公共援助、家务助理，并为他们提供探

访、社交、康乐活动及辅导服务。

⑦ 交通及公共娱乐方面的优待。

（四）老年个案管理

1. 老年个案管理的定义

老年个案管理是一种在老人服务中达成整合与绩效责任（Accountability）的新兴方法。它由一连串的行动组成，是一种过程，目的在于确保老年案主与人群服务系统能得到他们所应有的服务、待遇、照顾与机会等。它也是一套有逻辑的步骤，是在服务网络中与老年案主互动的过程，以确保老年案主得到支持性、有效果、有效率，且符合成本效益的所需服务。老年个案管理也是一种可有效监督服务的方法，以确保各个老年案主均能经过适度个别化的权衡考量，而使有限的资源达到有效的运用。

2. 老年个案管理的阶段和实施原则

实施老年个案管理，需要有评量、计划、联系、监督、记录及评估这些基本步骤。老年个案管理的最初阶段就是评量期。虽然实际的接案工作可能由他人来做，但个案管理者必须留意老年人的个人史、家庭史、其先前所接受过的服务，以及相关人员的见解等。评量中尤其重要的，是能看到老年个案的优点。这样的观点，可以使老年个案管理避免以医学或精神病理学的假设来看待案主，并坚持以下基本原则。

(1) 评量的重心应在注意个人的优点，而非病理。

(2) 个案管理者与老年案主的关系是非常重要的。

(3) 介入时必须以老年案主自决为前提。

(4) 把社区看作蕴藏各项资源的重要场所。

(5) 个案管理者应有积极拓展的态度。

(6) 老年人是可以学习、成长与改变的。

个案管理者通过评量时的资料收集，就可以发展个案服务计划。可以说，个案管理者也就是方案计划者。他（她）通常必须充分了解什么服务对老年案主来说才是适当的，也知道老年案主可得到的服务有哪些。个案管理者必须经常更新社区中可得服务的资讯，才能针对老年人及其家庭个别的需求来发展服务计划。

老年个案管理的第二阶段，就是要在确定了老年案主及其家庭所需的服务之后，在将老年案主与其所需的服务作结合。这也许简单到打一个电话就能够完成，也可能需要强烈的倡导手段。有些机构会不情愿接收新的老年案主，尤其是那些看起来比较麻烦的老年案主，而老年案主对接受服务也可能会犹豫或不感兴趣。这时，老年个案管理者就必须兼具经纪人与倡导者的角色。

个案管理者，由于担任管理者的角色，而不是直接服务的提供者和执行者，所以得以监控老年个案的进展。个案管理者可以客观地评估服务的效果与质量，因为他们并不直接提供服务。

3. 老年个案管理的开展步骤

（1）完整的个案评量。收集包括家庭史、职业地位、环境评量，以及曾使用过的服务等资料；运用老人发展、家庭、组织与行为等方面的知识。

（2）工作者使用服务。与老人服务、健康医疗、教育服务、司法体系、公私立老人福利机构等部门联系；确定施行服务所需的资源。

（3）利用权威。运用各级政府在法令与财政方面的支援。

（4）评估与追踪。评估服务，监督机构与服务者的品质；评估服务的使用与家庭的进展情形。

阅读案例

北京可以从香港养老服务中学什么

"港式养老服务"的一个重要经验在于，养老要发动民间力量，但也需要政府投入大量的财政资金。

近年来，中国人口的老龄化程度急剧加速，在不久的将来，养老问题会是政府和社会面对的一大挑战。《新京报》近日的调查表明，北京养老院一床难求，社区托老所则大多缺失，而养老院普遍存在混住情况、护工短缺、医疗缺位和老人心理孤独等诸多难题。养老已是家庭、社会、政府共同面临的大问题。

国内许多专家对此提出了所谓"专业化""产业化"和"规模化"的养老对策。而事实上，养老服务的第一特点应该是公益性。政府要承担相应的责任，特别是财政的责任。

近年来，内地一些城市也声称要引进"港式养老服务"，我们不妨看看，香港的养老政策有哪些值得内地借鉴。

香港的民间社会一直较为繁荣，因此养老服务一开始也是由民间社会来提供。但20世纪七八十年代，香港社会经济结构产生极大的变化，大量的老人无法由有血缘关系的家庭来关照，政府因此成立专门的工作小组，检讨其在养老服务方面理念和政策的不足。此后，政府推出一系列养老服务，不仅是在财政上支持社区养老，还培养了大量的养老服务团队和民间团体。与政府有关的养老机构现在有长者地区中心、长者日间护理中心、长者活动中心、家务助理队等。

以长者地区中心为例，该机构的功能就是整合地区内有效社会资源给长者提供及时的帮助和关怀。该中心要联络当地所有养老服务单位、医疗机构及其他地区宗教或文化团体。他们之间建立互动关系、齐心协力为养老服务，包括开展各种教育活动来促进小区内居民关注和尊重长者；对怀疑虐老、老人抑郁和自杀等个案进行长期跟踪；给长者提供营养较好、价格较低的餐饮服务等。

既然大多数的养老、安老服务都由民间机构来完成，那么，政府发挥什么作用？答案是财政资金投入。比如，2010—2011 财政年度，香港特别行政区政府拨付的养老服务金额高达 40 亿元。其中，38 多亿元是拨给民间机构。

此外，政府还提供养老人力资源方面的支持。香港特别行政区政府资助的公立大学大多开办社会工作专业。这些专业的学生在读期间学费就已经受到政府资助。政府还通过各种方式促进民众对社会工作的认识和尊重。因此，许多香港的年轻人愿意加入社会工作这一行业。这也为可持续的养老服务奠定了良好的基础。

香港社会的老龄化程度比内地严重许多，因此香港在养老服务方面先行一步。"港式养老服务"的一个重要经验在于，养老要发动民间力量，但也需要政府投入大量的财政资金。如果只提养老服务"社会化"，而不提养老服务的政府义务，将会走入另一个误区。

（资料来源：http://www.bjnews.com.cn/opinion/2012/03/29/191019.html, 有删减。）

思考题

1. 讨论香港的养老政策对内地的借鉴意义。
2. 在老年人养老方面，社工能做什么？

任务四 残疾人社会工作

任务描述

本项任务通过引导学生阅读案例、参与体验式活动等方式帮助学生了解以下两个问题：

1. 残疾人社会工作的主要内容有哪些？
2. 如何开展残疾人社会工作？

导入案例

关注残疾人家庭无障碍改造工作

家庭装修往往考虑的是健全人的实用原则，而这些对于残疾人来说则有许多不便。

《中国残疾人事业"十二五"发展纲要》中提出，广泛开展残疾人家庭无障碍改造工作，对贫困残疾人家庭提供改造补助。

据省残联介绍，从2008年至今的6年时间中，辽宁省共筹措改造资金8500余万元，对全省社区和残疾人家庭进行无障碍改造，共改造社区2136个、残疾人家庭29 620户，切实提高了残疾人的生活质量，为残疾人参与经济社会活动创造了条件。

今后，我省将加快推进城市无障碍建设和现有公共服务设施改造步伐，组织开展全国无障碍建设市、县创建工作，提升全省城乡无障碍建设水平；在全省普遍开展残疾人家庭无障碍改造工作，并重点向农村推进。未来4年，全省将完成对3000个社区、3万户残疾人家庭的无障碍改造任务。

而沈阳市的残疾人家庭无障碍改造工作也在如火如荼地进行着。

本期，记者就将关注身边的残疾人，看看残疾人家庭无障碍改造为残疾人群体的生活带来了怎样的改变。

沈阳已连续3年将社区和残疾人家庭无障碍改造列入为民办实事的惠民工程。继2011年对200个社区和2000户贫困残疾人家庭实施无障碍改造，2012年投入500余万元进行无障碍社区和家庭改造后，在2013年，沈阳市又为约4800户贫困残疾人家庭全部完成无障碍改造。

"无障碍环境包括物质环境、信息和交流的无障碍。物质环境的无障碍主要是要求：城市道路、公共建筑物和居住区的规划、设计、建设应方便残疾人通行和使用，如城市道路应满足坐轮椅者、拄拐杖者通行和方便视力残疾者通行，建筑物应考虑出入口、地面、电梯、扶手、厕所、房间、柜台等设置残疾人可使用的相应设施和方便残疾人通行等。信息和交流的无障碍主要是：公共传媒应使听力言语和视力残疾者能够无障碍地获得信息，进行交流，如影视作品、电视节目的字幕和解说，电视手语，盲人有声读物等。"沈阳市残联工作人员这样向记者介绍，"为残疾人创造无障碍环境，是残疾人走出家门、参与社会生活的基本条件，也是方便老年人、妇女儿童和其他社会成员的重要措施。无障碍设施的改造建设是惠及残疾人的民生工程，同时是社会进步的重要标志，对提高人的素质，培养全民公共道德意识，推动精神文明建设等也具有重要的社会意义。"

残疾人家庭无障碍改造工作，为残疾人的生活提供了便利，为他们的生活铺就了一条平坦的路。

（资料来源：http://www.Infzb.com/news_view.aspx? id=20140224110212669，有改动。）

案例思考

1. 残疾人家庭无障碍改造工作的意义何在？
2. 残疾人群体有哪些需求？

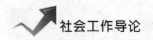

体验活动

在班上找6名学生，3男3女，男生背女生，男生当盲人，用纱巾蒙住眼睛，女生扮下肢残疾者，为盲人指引路，绕过路障，达到终点，最早到达者，为赢。

其中，路障设置可摆放椅子，须绕行；气球，须踩破；鲜花，须拾起，递给女生。

活动结束后：

1. 请扮演盲人和下肢残疾者的同学分别谈谈关于活动成功的体会和经验。
2. 请讨论在残疾人群体相关工作中，残疾人自身的资源和潜能是如何被激发并运用的？

知识链接

一、残疾人社会工作概述

（一）残疾人及特点

残疾人是指在心理、生理、人体结构上，某种组织、功能丧失或者不正常，全部或者部分丧失以正常方式从事某种活动能力的人。他们通常存在以下一些问题。

1. 认知方面

不同的缺陷会影响人的认知能力和认知方式。例如，盲人由于视力障碍，尤其先天视力残疾，就缺乏甚至没有视觉空间概念，没有视觉形象，没有周围事物的完整图像；而在另一方面，由于没有视觉信息的干扰，形成了爱思考、善思考的习惯，相应地抽象思维和逻辑思维就比较发达，同时由于他们的语言听觉能力较发达，而且记忆力比较好，所记的词汇比较丰富，也形成了盲人语言能力强的特点，许多盲人给人们一种语言生动、说理充分的印象。聋哑人因缺乏或丧失听力，他们和别人交往不是靠听觉器官和有声语言，而是靠手势。他们的形象思维非常发达，逻辑思维和抽象思维就相对受到影响，特别是先天失聪者。聋哑人的视觉十分敏锐，对事物形象方面的想象力极为丰富。但行为和人格偏离的患者，由于情绪不稳定，情绪的自我调节和自我控制能力差，其认知特点主要是现实性较差，容易离开现实去考虑问题，带有浓厚的幻想色彩，表现出明显的片面性。

2. 情感方面

(1) 孤独感。孤独感是残疾人普遍存在的情感体验，由于生理和心理方面的某些缺陷，残疾人的行动受到不同程度的限制，其行为容易受到挫折。残疾人的活动现场太少，且在许多场合常常受到歧视，使他们不得不经常待在家里，久而久之便产生了孤独感。

(2) 自卑情绪。残疾人在学习生活和就业等方面所遇到的困难远比普通人更多，且难以得到足够的理解和帮助，甚至常常受到厌弃与歧视，极易使他们产生自卑情绪。

(3) 敏感和自尊心强。敏感和自尊心强易导致他们对歧视的情绪反应强烈，有的残疾人以爆发式情感表现，有的残疾人则以深刻而持久的内心痛苦隐藏在内，表现为无助与自我否定。

(4) 富有同情心。残疾人由于自身的疾患，往往对残疾同伴怀有深厚的同情，这种同病相怜的情感使同类残疾人容易结为有限的社会支持网络，甚至相互依恋。

3. 性格方面

孤僻和自卑是残疾人性格的普遍特点，每一种不同的残疾又有其特殊的性格特点。例如，盲人一般都比较内向、温文尔雅，内心世界丰富，情感体验深刻而含蓄，很少爆发式地外露情感，善思考探索。聋哑人则比较外向，情感反应比较强烈，豪爽耿直，看问题容易注意表面现象。肢体残疾人主要表现为倔强和自我克制，他们具有极大的耐心和忍辱精神。智力残疾人由于整体心理水平低下，难以形成较完整的性格特征。

(二) 残疾人的需要及问题

1. 就业

人生活在现代社会，就需要工作。就业就像是维持人体生存的米饭一样重要。残疾人处处受歧视或遭受不公正对待，实现就业会极大地帮助残疾人走出残疾的阴影。

2. 康复服务

残疾人本身就是具有身心疾病的人员，康复服务可以说是他们走入社会的必然需求，残疾人康复在我国还是不健全的。

3. 无障碍建设

近年来由于残奥会等大型赛事的举办，国家对无障碍建设的投入力度很大，无障碍是保障残疾人正常出行的基本点，相信在社会各界的不断重视下，无障碍建设一定是中国残疾人事业可圈可点的地方。

4. 教育

残疾人也是社会公民，有获得受教育的权利，同时他们需要有针对性的特殊教育。目前，我国残疾人整体素质不高，这严重影响了残疾人事业的继续社会化。国家应该加大对残疾人教育事业的投入力度，帮助残疾人获得优质高效的教育。

5. 心理及家属疏导

帮助残疾人及其家属消除自卑感，积极进行心理辅导，促进残疾人回归社会生活。

6. 社会非歧视

对残疾人的歧视历来就有，社会工作者要加大宣传，帮助社会形成残疾人也是社会中的一股重要力量，是社会中的公民的意识，消除歧视，提高社会素质。

(三) 残疾人社会工作的基本含义

残疾人社会工作是围绕残疾人个人、家庭、群体以及相关的社会组织和社区开展的专业性助人活动。残疾人社会工作者通常在专门的组织机构开展工作，工作方法主要包括个案工作、小组工作和社区工作，此外还涉及个案管理、方案评估以及研究工作。

（四）残疾人社会工作的特点

具体而言，残疾人社会工作的特点表现为：首先是工作对象在生理、心理和社会交往方式的特殊性；其次是服务需求的多样性（人数多、范围广）；最后是工作过程的艰难性。

由于社会工作者一般不具有与工作对象相同的生活经历，因而增加了对工作对象生活境况及心理感受的理解难度。

（五）残疾人社会工作者特别注意事项

1. 价值观导致的反移情

在从事残疾人社会工作的时候，社会工作者要反思自己对于残疾人的看法，尽量避免排斥、拒绝残疾人或者过度保护残疾人等移情反应的出现。

2. 文化差异与特定技能

社会工作者对残疾人的世界和残疾人的生活缺乏了解，会使建立工作关系的过程有许多困难。此外，与残疾人的沟通可能需要特定的技能和工具，社会工作者需要花费较多的努力才能熟练掌握。

3. 职业倦怠

社会工作者要敏锐体察自己的工作状态，避免出现职业倦怠，在专业上不断充电，在工作手法上尽量多样化，通过向同事和其他专业人员咨询和督导来缓解工作上的压力，从而有效避免职业倦怠。

二、残疾人社会工作的主要内容

（一）残疾预防

从致残原因来讲，有先天性的，也有后发性的，主要有传染性疾病、营养不良、先天性发育缺陷、意外事故、慢性病和老年病药物中毒等引起的残疾。

残疾预防可以分为三级。一级预防主要是预防致残性伤害和残疾的发生。二级预防主要是防止伤害后出现残疾。提供残疾早期筛查，早发现、早诊断、早治疗。三级预防主要是残疾出现后采取措施，预防残障。通过运动治疗、作业治疗、语言治疗、心理治疗等康复功能训练方法改善功能，预防或减轻残疾。

（二）康复

1. 康复模式

我国目前采用的康复模式与机制主要有以下几种。

（1）世界卫生组织模式。主要由卫生部门负责，是以社区和家庭为基础，依靠初级卫生保健系统及上级医疗系统，建立社区康复网，通过残疾人及病人家属、社区康复员，采用简单、实用、有效、经济的康复措施。

（2）社区服务模式。主要由民政部门负责，是将社区康复纳入社区服务系列，为残疾人、老年人及生活能力有限的人提供职业康复和社会康复。

（3）家庭病床模式。主要由社区卫生部门和医疗康复机构负责，向社区康复对象提供在家庭进行的医疗、预防、保健、护理和康复服务。

（4）特殊类型残疾人的社区康复模式。主要由民政部门与社区卫生部门、社区康复组织负责，专门为特殊类型的残疾人提供社区康复服务。

2. 康复类型

（1）医疗康复。目前常用的康复治疗方法有物理和运动疗法、作业疗法、语言疗法、心理治疗、文体治疗、中医治疗等。

在医疗康复方面，社会工作者通常会与医生、护士及其他专业的人员组成小组，协同工作，同时会运用个案工作的方法开展康复辅导。

（2）教育康复。应用文化教育及技能教育等对残疾人进行康复工作，称为教育康复，它是残疾人社会工作的一项重要职责，主要在盲校、聋哑学校、儿童福利院及社区康复站点开展。教育康复从内容上分为两种情况：一种是对肢体功能障碍的残疾人进行的普通教育，包括从初级到中高等教育；另一种是指对盲、聋、哑、精神或智力障碍的残疾少年儿童和有需要的残疾人进行的特殊教育。

（3）职业康复。国际劳工组织在1985年《残疾人职业康复的基本原则》中明确规定了职业康复的主要内容，包括以下六个方面。

① 掌握残疾人的身体、心理和职业能力状况。

② 就残疾人职业训练和就业的可能性进行指导。

③ 提供必要的适应性训练、身心机能的调整以及正规的职业训练。

④ 引导从事适当的职业。

⑤ 提供需要特殊安置的就业机会。

⑥ 残疾人就业后的跟踪服务。

职业康复的四个步骤是职业评定、职业咨询、职业培训和就业指导。

（4）社会康复。社会康复是指从社会的角度，采取各种有效措施为残疾人创造一种适合其生存、创造、发展、实现自身价值的环境，并使残疾人享受与健全人同等的权利，达到全面参与社会生活的目的。

社会工作者开展的社会康复服务有以下几个方面的具体工作。

① 用法律、法规和各种政策帮助残疾人保护自己的合法权益免受侵害。

② 保障残疾人的生存权利。

③ 帮助残疾人消除社会上、社区中和家庭中的物理性障碍，创造无障碍环境，为残疾人的生活起居和享受社会的公共服务创造条件。

④ 消除社会上对残疾人的歧视和偏见，并激励残疾人自强自立，建立起和谐的家庭

生活和社会生活环境。

⑤ 为残疾人的自身发展提供帮助,使其有接受教育的机会,以提高其生活自理能力、就业能力和社会参与能力。

⑥ 帮助残疾人获得经济自立能力或得到社会保障。

⑦ 鼓励和帮助残疾人参与社会政治生活,保障其政治权利。

三、残疾人社会工作的相关理论

(一)正常化理论

正常化理论是用来分析和看待诸如精神病患者及其他伤残人士等某些特殊的社会群体的理论。在社会工作领域中,正常化理论一般有以下两种含义。

(1)以服务对象为本的社会工作价值理念认为,由于贴标签的缘故,以往把残疾人等一些受助者的行为视为异常,并采用主流社会通行的所谓"正常"的方法去治疗他们实际上是有失偏颇的,因为在一些社会工作者和治疗者或助人者的眼里被视为不正常的行为,其实在受助者群体那里完全是再也正常不过的事情,关键是助人者把自己看问题的眼光强加于受助者身上。换而言之,问题实际上是出在助人者对服务对象的任意标定上。

(2)所谓正常化,就是为受助者提供与平常人相似的生活环境,包括让他们回到自己熟悉的平常社会,过正常人的生活。英国倡导和推行的社区照顾就含有这种意义。美国全国智力迟钝公民协会曾对正常化所作的界定是:所谓正常化,就是帮助残疾人获得一种尽量接近正常人的生活方式,使他们的日常生活模式及条件尽量与社会中大多数人一样而不是有意地将他们区隔开来。在社会工作实务中之所以强调这一点,盖源于社会工作承认所有人(包括残疾人等)都具有尊严和价值。

上述正常化理论引出一个对残疾人社会工作共同的启示,即残疾人社会工作尤其需要从服务对象的角度去看待事物而不可妄加臆断和随意标定。

(二)回归社会理论

回归社会理论的提出是和一些社会学家在 20 世纪中期对西方普遍实行的将精神病人长期封闭在院舍里的研究具有密切关系的。20 世纪 50 年代,美国社会学家戈夫曼在深入研究庇护所里的精神病人的情况后指出,由于在庇护所里精神病患者始终处于不良的同伴关系(指精神病患者长期生活在一起而形成的具有强烈刺激性的互动关系)和"关护"关系(指庇护所里的管理人员、医护人员对精神病患者的消极的、冷漠的态度和严格管制精神病患者行为而导致医患人员隔阂、紧张甚至敌视的关系),结果并没有使精神病患者的病情好转,相反可能会加重患者的病情。同时,也有社会人士关注到老人和残疾人因长期住院而产生的种种不良后果,发现长期住院令那些残疾人等产生依赖性、渐渐失去重新适应社会的能力。正是在这样的背景之下,"非住院化"运动开始兴起,回归社会的理论也由此而产生。

回归社会理论的基本观点主要包括以下几点。

(1) 由于老年人、残疾人、精神疾病患者及康复者等，是社会上最脆弱及最无依靠的群体，因而往往需要社区内正规或非正规的服务和照顾去协助他们在社区内继续过正常的生活。

(2) 社区照顾是让残疾人、精神病患者等福利服务对象回归社会的典型模式。

(3) 社区照顾的目标是尽量维持残疾人等有需要人士在社区内或其自然生活环境内的独立生活。换言之，社区照顾表示提供合适的支援，让残疾人等社区人士可以在自己的生活上获得最大的独立性和自我控制。

（三）社会网络理论

社会网络这个概念最初由社会人类学家所创，早在1940年，李察夫-布朗（Redcliffe-Brown）已经用"人际网络"比喻社会结构。1954年，英国人类学家白恩士（Barns）采用社会网络的分析方法有效地分析了一个挪威的渔村社区。至今，社会网络理论在社会工作领域里受到广泛的重视及采纳，因为它能够提供一个系统的方法分析人与人之间的联系，加深社会工对服务对象之间的相互沟通模式及互动的理解。

概括而言，社会网络理论有如下几个基本观点。

(1) 所谓社会网络，通常是指一群人之间所存在的特定联系，而这些联系的整体特点可以用作解释这群人的社会行为。或者也可以把社会网络视为一群人之间的关系结构及他们之间所存在的交换关系及特定角色。

(2) 社会网络和社会支持常常联系在一起，网络大多数情况下都扮演支持性的角色。社会支持网络是一种非正式的社会支持，通常被视为解决个人及社区问题的"第一线"问题，因为当个人遇到问题时的第一个反应通常是寻求相熟或亲密的人的协助，所以，社会支持网络无疑是补足正规社会服务的一种有效支持模式。

(3) 一般而言，社会支持网络至少可以表现出两大方面的功能：① 缓冲压力。社会网络中的支持可以在两个关键性时刻介入，一个是在危机将会发生或刚发生后但在压力产生之前，社会支持可以帮助个人采取较乐观的态度或做较适当的准备工作减低压力的负面影响。另一个是社会支持也可以在压力产生后但病态形成前产生作用，帮助个人采取较积极的态度去面对困难，或鼓励个人去执行适当的治疗程序。这些支持系统可以包括亲戚、朋友、互助小组及邻舍照顾团体等，而所提供的支持可能包括心理及情绪上的支持，在日常生活的细节上进行协助，提供物资、金钱、技术及意见，等等。② 直接及整体的保护作用。社会支持能够帮助个人融合进社会的网络之中，并由此强化个人的心理及生理健康，帮助个人与社会之间保持协调。当个人确知其生活在一个支持性及关怀性的社会网络中，并也能主观地感觉到其他人时时刻刻都愿意提供适切的帮助时，他个体自然会感觉到自信、安全及可以控制周围的环境。这种健康的心理状态也自然能够帮助个人增加对危机及疾病的防卫性、预防问题及压力的产生。

(4) 社会工作在开展实务过程中，通常采用以下一些社会网络介入策略来帮助个人及群体解决所面对的问题。

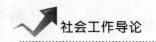

① 个人网络策略。这种被最普遍采用的策略,其重点在于强化服务对象的现存人际关系及其所处的环境内有发展潜力的成员的互助能力。

② 自愿联结策略。这种介入策略是要帮助需要援手的人及可以提供协助的辅助者之间建立一对一的辅助关系。社会工作者的任务就是要将服务对象与适当的辅助者配对,而这些辅助者通常是对某一些问题的处理较有经验及较关心,以致能对需要辅助的服务对象提供适当的协助。

③ 互助网络。这种介入策略是把面对相同问题或具有相似兴趣或能力的人聚合在一起,建立他们之间的联系,促进他们互相支持的功能。在采用互助策略时,社会工作者可以尝试联系相同困难的服务对象组成互助小组,也可以把这些互助小组与社区内其他非正式组织联系成为网络,以达到互相支援及互相咨询的效果。

④ 邻里援助网络。当采取这种介入策略时,社会服务机构通常以一个地域界定的社区为基础,然后尽力识别当中所存在的非正式辅助网络及区内的"自然辅助者"。这些自然辅助者可以在向邻里提供支援上扮演关键的角色。社会工作者的任务就是强化区内的非正式自然网络,把分布在区内的大小网络联系在一起,形成一个有效的邻里援助网络系统,帮助区内孤立无援的人士。

⑤ 社区授权网络。这种介入策略的目的就是要发展一个聚合了非正式社区领袖的讨论场所,借以有效地反映社区内各种群体的意见及利益。社会工作者的任务是去促进这些非正式领袖的沟通、联系、互助并建立网络,鼓励这些网络成员共同参与及关心区内问题,形成社区内申述问题及倡议社区政策改革的声音。

四、残疾人社会工作的主要方法

(一)残疾人社会工作分类

1. 残疾人个案工作

(1)残疾人个案工作的含义。残疾人个案工作是指针对残疾人个人或家庭实施的一种工作方法。社会工作者通过收集并检阅受助者的资料,了解案主的境况,进行理性的反思,并有计划地面对不同的要求和反应,做好社会诊断及服务计划,提供社会服务,记录并评估。

(2)残疾人个案工作的内容。① 对残疾人士本身提供的个案辅导。主要是康复训练,包括医疗康复、教育康复、社会康复、职业康复等。② 对残疾人士的家庭开展的个案工作。例如,向家庭其他成员提供心理辅导以应对其长期照顾家庭中残疾人士而出现的心理不适应,教授家庭成员对残疾人的护理和沟通技巧,帮助家庭申请经济援助,帮助家庭申请残疾人社会工作者的帮助以缓解家庭成员在长期照顾中的压力等。这些工作的开展,需要个案工作者充分调动和利用资源,开发残疾人士及其家庭的潜能,恢复和提高他们的社会功能。

（3）个案工作在残疾人康复中的重要作用。康复是指应用各种有用的措施以减轻残疾的影响和使残疾人重返社会。残疾人通过治疗和训练最大限度地发展其潜力，以便能在生理上、心理上、社会上和职业上正常地生活。它强调康复的对象不仅是有功能障碍的器官和肢体，更重要的是整个人回归社会。而社会个案工作是社会康复工作的主要方法之一，是为社会生活功能失调的个人提供特殊服务，使其对周围环境有良好的适应。它的具体功能是积极地、科学地解决在社会中由于各种关系的失调、变态和冲突所造成的残疾人与家庭、单位与社会之间的矛盾，即代表残疾人与外界联系，依靠法律等手段，帮助残疾人解决有关家庭生活、就业、教育、住房、经济收入和公共场所活动等方面的困难，使他们全面参与社会活动。

社会个案工作为残疾人全面康复提供必要手段。在现实生活中，残疾人的心理问题和社会问题主要表现为：一是残疾对个体打击使其心理或行为发生变化，有时出现严重心理障碍；二是残疾人家庭和社会环境的压力超过个人承受能力，加上人与人、人与环境的互动产生的人际变化和社会适应变化，导致残疾人失业、收入减少、家庭不和及婚姻破裂等社会问题。

（4）残疾人个案工作的工作流程。康复工作是一项系统工程，要求严格按照操作规范实施（见表3-3）。

表3-3　社会个案工作流程及内容

社会个案工作流程	内　容
申请与接案	① 社会工作者与残疾人及家属交谈了解有关问题 ② 对有关问题进行分析、筛选 ③ 选定本机构工作范围内的社会问题
资料收集和研究	① 与残疾人或其亲属等细谈，了解全貌，防止误诊 ② 对问题进行认真研究
社会诊断	① 重点听取心理康复医师的意见，达成共识 ② 对资料综合分析，找出问题原因、明确诊断
社会治疗	① 与心理康复医师一起协助残疾人改善心态，发挥潜能 ② 协助残疾人调整社会关系，解决问题 ③ 协助残疾人去除环境阻力，改善环境
结案与评估	① 告诉残疾人回归社会的努力方向及注意事项 ② 评估效果、总结工作得失、技巧

2. 残疾人小组工作

（1）残疾人小组工作的定义。残疾人小组工作是指社会工作者根据不同的需要组建不同的社会群体，利用群体动力和群体工作的策略和方法，实现一定的社会目标，如消除社会歧视、争取社会资源、促进自我能力的提高、互励互助等。

（2）开展残疾人小组工作的优越性。个案工作中存在不可避免的缺陷，如有的案主不肯向工作者透露解决其自身问题的重要经历，因此有必要将零散的个体组织起来进行治疗。

人必须在小组中生活，不能离群索居，归依小组是人的本性，所谓"物以类聚，人以群分"。人在小组中发展，也可以通过小组达到发展的目的。

(3) 残疾人小组活动策划书。残疾人小组活动策划书的内容可以进行如下设计。

① 理念的阐述。包括：机构的背景；导致设计小组的原因；小组的理论架构。

② 目标。包括：总活动目标；每次活动的分目标。

③ 小组成员。包括：特征、年龄、性别、教育背景；需要处理的范围，如他们的问题和需要等。

④ 小组的特征。包括：性质；持续时间；规模；聚会频率；聚会的时间。

3. 残疾人社区工作

(1) 残疾人社区工作的含义。残疾人社区工作是指社会工作者依托社区，通过社区宣传、社区教育、社区组织等工作形式帮助解决残疾人问题；通过动员社区力量、开发社区资源支持残疾人融入社会环境。

(2) 残疾人社区工作的重要意义。

① 可以为残疾人提供切实有效的扶持和帮助，促进其参与社会生活。

② 有助于夯实残疾人事业基础，促进残疾人事业的可持续发展。

③ 有利于残联和残疾人工作者密切联系残疾人，树立实事求是的工作作风，更好地为残疾人服务。

④ 有利于推动社区建设、弘扬人道主义、促进社会主义精神文明建设和维护社会安定团结。

(二) 残疾人社会工作的具体技巧

1. 让残疾人充分运用其可以运用的资源和能力

工作人员尽量从残疾人及其周围环境中了解服务对象自己已有的能力和可资利用的资源，帮助残疾人改变态度或学习某些技术和方法去解决问题。具体的工作方法如下。

(1) 辅导。工作者解释某些看法及教导残疾人，使其建立自我意志和发挥潜能去解决问题。

(2) 支持。帮助残疾人认识自己所处的环境里可以运用的资源及其途径，然后针对残疾人的困难，工作者安排提供援助服务，如残疾人家务助理、残疾病人短期照顾等，帮助他们渡过难关。在此期间，工作者要不断地给予鼓励和支持，使残疾人从中获得经验和能力去面对困难。

(3) 保护。这是一种强化的支持，以防残疾人受到伤害。保护的方式可以有多种，工作者应该就残疾人情况采取不同的禁止及安全措施去避免伤害的出现。例如，在迫不得已的时候送残疾人至院舍照顾，以及在一般情况下安排亲友、家务助理及健康护士护理和照顾病弱的残疾人等。

2. 降低残疾人运用资源的环境阻力和矛盾

残疾人在求助过程中会因为周围的人、事和环境的许多阻碍及误解而得不到足够的支援，如残疾人的家庭成员对其应接受怎样的服务有不同意见、机构人员对残疾人的情况并不了解等，工作者的介入就是要调解这些矛盾和澄清误会，使残疾人获得应有的支援和帮助。具体的工作方法如下。

（1）调解。工作者通过斡旋以消除或减少残疾人、残疾人的家人及服务机构人员之间出现的不协调和冲突，促进各方的沟通和合作，为残疾人提供有利援助。

（2）商议。根据残疾人的需要，为残疾人磋商及协调以便获得更多的社会资源和服务。

3. 发掘并有效运用社区资源

在大多数情况下，残疾人需要的帮助较社会服务机构所能提供的资源要多，因此，工作者要为残疾人发掘及调动更多的服务资源，以照顾残疾人的需要。为了达成这些目标，工作者采用的服务方法可以有以下三种。

（1）调动资源。调动资源的具体步骤是：一是协助残疾人辨认社区内一些潜在而有帮助的人际网络及服务资源，如家人、邻居、志愿服务人士等；二是鼓励及激发这些人际网络发挥作用；三是调动不同的可运用的资源和支援网络去帮助受助者。例如，针对独居而行动不便的残疾老人，工作者可以用社区内可以调动的资源为受助者编织一个合适的支援系统。又如，安排家务助理协助处理家居事务，调动义工人员定期探访和组织活动，联络邻居在受助人遭遇危机时提供照应等。

（2）创造新资源。工作者协助发展和设立一些新的互助或支持团体，以加强对残疾人的照顾和支援。这些团体可以有以下不同形式：一是遭遇类似困难和问题的残疾人所组成的互助或支持团体，如残疾老人互助组、残疾妇女自强小组等；二是一些照顾者的团体，如残疾人支援小组、弱智人士家长组等；三是服务性的义工团体；四是倡导性团体，如残疾人权益促进会、残疾人关注组等。

（3）社区联络。即要与社区内的不同组织和人士建立和保持一个合作的网络与关系，从而为残疾人的问题解决创造一个良好的资源和人员环境，大致有两个方面的联络和合作形式：一是短期性针对某些残疾人，建立事件或问题解决的联络和合作关系；二是长期和持续性的联络和工作关系的建立。例如，定期接触和会议、转介、合办残疾人服务计划等。

工作者要对社区有一个充分的了解和认识，其内容应包括以下五个方面。

第一，社会有些什么特色？社区结构、动力和资源情况怎样？

第二，社区内有多少残疾人？分布如何？

第三，这些残疾人在社区内怎样生活？有些什么困难？有哪些特殊需要？

第四，社区对这些人的关心怎样？是否有一些热心居民参与非正式照顾工作？他们都是些什么人？

第五，社区有些什么服务机构和社会团体？他们对残疾人及其相关问题的看法怎样？他们能提供什么服务？

（三）促进残疾人权益的策略

很多时候由于社会资源的匮乏和社会人士的忽视，残疾人的困难和需要未必都会引起社会的关注或得到充分的解决，对此，社会工作者可以采取以下两种方法。

（1）倡导。即为一些备受忽视的残疾人争取合理的照顾和利益，包括工作者在机构及社区内为残疾人争取更佳的服务提供及向社会建议合理的政策修订，以改善残疾人的困境等。

（2）社区教育。社区教育的目的就是要教育社区人士通过体会一些身处困境的残疾人的苦况，以消除他们对残疾人存有的偏见和歧视，从而争取更多的社区人士对残疾人扶助工作的支持和参与。社区教育包括工作者直接解释和游说，举办社区教育宣传活动提升社区互助和容纳的气氛等。

五、我国残疾人社会工作实践和实务经验

（一）我国残疾人社会工作的发展历程

在长期的封建社会中，中国残疾人的生活责任几乎完全落在家庭上。20世纪40年代，我国出现中国盲民福利会、中华聋哑协会等组织，但由于得不到政府的支持，不久即夭折。中华人民共和国成立后，残疾人获得了政治权利和基本生活权利。为开展残疾人工作，1953年成立了中国盲人福利会，1960年成立了中国盲聋哑协会。大部分省、市、自治区、直辖市建立起地方协会和基层组织。

改革开放以来，残疾人事业得到较快发展。1979年，上海开办了第一个弱智儿童学习班，此后，全国各省市纷纷仿效，以官办、民办等多种形式，接纳弱智儿童。随着中国残疾人福利基金会的成立，辽宁省沈阳市皇姑区积极响应号召，发动街道力量，开始对残疾人进行知识教育、技术培训、医疗康复工程，规定凡达到康复标准的残疾人可送到街道的福利工厂。1987年，在重庆举行的第二届国际康复研讨会上，沈阳市皇姑区已形成了一个统筹规划残疾人的"社区康复"的办法。同年，长春大学首次开办了专门招收残疾人上大学的特教部。

1988年，全国各类残疾人的统一组织——中国残疾人联合会成立。全国各地省、地、县、镇也相继成立地方分会，截至1989年，全国90%的省市已完成此工程。1990年12月28日，中共中央七届全国人大常委会第十七次会议通过了《中华人民共和国残疾人保障法》（以下简称《残疾人保障法》），该法是保障残疾人利益、发展残疾人事业的基本法律，旨在保障残疾人以平等的权利、均等的机会，充分参与社会生活，共享社会物质文化成果。作为社会的一种关怀，或者说国家的一种义务，《残疾人保障法》的顺利通过，使中国的残疾人社会工作发展到一个新的理论水平。与此同时，该法还规定每年5月的第三个星期日为全国助残日。10年来在全国普遍开展红领巾助残、青年志愿者助残、一助一送温暖等多种形式的活动，各级领导和数以亿计的群众踊跃参加。残疾人参与社会生活的环境大为改善。1995年中国残疾人联合会通过并颁发文件《关于统一制发〈中华人民共和国残疾人证〉的通知》，依照《〈中华人民共和国残疾人证〉管理办法》和《中国残疾人实用评定标准》对残疾人进行鉴别和管理。

国家陆续制订并实施关于残疾人事业的三个五年计划，不仅给残疾人带来了实实在在的利益，而且使残疾人事业从较低的起点走上了系统的、有特色的发展轨道，拓展成为包括康复、教育、就业、扶贫、福利、文化生活、无障碍环境等领域广阔的事业。

同时，从20世纪末至今，随着社会工作专业化、职业化进程的加快，社会工作专业理念、知识、技能技巧被逐渐运用到残疾人工作中来，越来越多的专业社会工作岗位被开发出来，一大批专业社会工作者参与到残疾人社会工作中，以人为本、助人自助，保证残疾人得到更为专业、更为人性的服务。

（二）我国残疾人社会工作的组织机构与场所

（1）主要组织机构。例如，国务院残疾人工作委员会、中国残疾人联合会（三级）、康复工作行政机构（三级：残疾人康复服务指导中心、指导部、指导站）

（2）主要实践场所。例如，社区康复训练服务三级网络、其他残疾人社会工作场所。

（三）我国残疾人事业的主要经验

（1）建立健全保护残疾人权益和促进残疾人发展的法律和政策。

（2）把残疾人事务纳入宏观经济和社会发展规划。

（3）采取各项积极行动和扶持措施，加速实现残疾人与社会其他成员的平等权利。

（4）形成政府主导、职能部门牵头、其他相关部门配合、社会组织和个人共同参与的工作格局。

Y 阅读案例

"用我手，写我心"
——社区残疾人探访活动顺利举行

足印温情，传遍社区。为表达对九门寨社区残疾人的关爱，传递社会温暖，九门寨社区综合服务中心社工于2014年2月20日下午开展"用我手，写我心"社区残疾人探访慰问活动，服务对象与社工在片片温情与依依惜别中结束本次活动。

本次社区探访活动主要面向社区残疾人群体，活动负责人分别到百花山、九咀、旧寨、思贤冲、三门口等5个村民小组的部分残疾人家中进行探访慰问。看似简单的一次家访活动，对探访对象来说却像家人般的温暖。社工和志愿者手提着慰问物资和祝福卡，逐

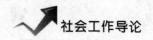

家逐户探访。部分受访群体是社工之前走访过的，而另一部分则是社工新挖掘的，许多受访对象都愿意与社工和志愿者分享自己过年的喜悦、家常点滴、自己的身体状况和小心愿等，社工也从中了解到了社区残疾人群体的需求。整个探访活动下来，九门寨社工与社区残疾人群体的关系进一步密切。

诚然，九门寨社区部分残疾人因为行动不便等原因鲜与外界社会接触。开展探访慰问活动，一方面是为了走近残疾人群体，鼓励他们多与社会接触，打开自己的心房；另一方面，社工也借此机会在交谈中倾听、了解他们的需要，为日后开展残疾人工作不断整合社区资源，满足他们的需求。

（资料来源：http://www.dgtongde.com/tongde/webfile/NewsView.asp?ID=1309&SortID=41,有改动。）

S 思考题

1. 残疾人维权存在哪些障碍？
2. 作为社会工作者，你认为残疾人社会工作最重要的是什么？

单元四

熟悉社会工作服务领域：组织与机构

单元介绍

本单元重点介绍了社会工作的服务领域，即家庭、企业、医务、司法和青少年社会工作的特征、内容和工作方法。

单元目标

1. 掌握社会工作服务领域的范围。
2. 熟悉各领域的工作内容和方法。

任务一 家庭社会工作

任务描述

本项任务通过引导学生阅读案例、参与项目体验式活动等方式帮助学生了解以下两个问题：

1. 家庭社会工作的内容有哪些？
2. 家庭社会工作有哪些方法？

D 导入案例

名人家暴

2011年,"疯狂英语"的创始人李阳被指对妻子动粗,一时间反家庭暴力再次引起了广泛讨论,呼吁反家庭暴力法出台的声音越来越高。2014年2月,"疯狂英语"的创始人李阳和外籍妻子Kim的离婚案在北京市朝阳区人民法院宣判。法院认定李阳家庭暴力行为成立,判决准予李阳和妻子Kim离婚,认为李阳于2011年8月对Kim实施的殴打行为,符合家庭暴力的构成要件,属于家庭暴力行为,判决李阳向Kim支付5万元的精神损害抚慰金。3个女儿均由Kim直接抚养,李阳按照每个孩子每年10万元的标准以年为单位支付抚养费,直至3个孩子分别年满18岁为止。

家庭暴力是一个多层次的社会问题,仅仅依赖法律不可能完全解决。一方面,家庭暴力发生以后,主要的不是对施暴者的惩罚,而是对受害者的救助,并且要防止家庭暴力再次发生。另一方面,有些当事人因为各种理由,也不愿意将施暴者送上法庭。从这个角度讲,建立一套从医疗卫生到民政救助,再到民间救助的社会救济系统更重要。但民间组织现在对家庭暴力救助十分困难,法律没有相关帮助,施暴者自然是非常抵触,最难的还是没办法从政府部门得到支持。

解决家庭暴力是一个全社会的命题,司法力量、政府力量、社会力量都应参与其中,形成合力,如果自顾自地管着自己的一亩三分地,不准他人越雷池一步,难免陷入画地为牢的窠臼。

(资料来源:http://news.xinhuanet.com/overseas/2014-02/13/c_126128741.htm,有改动。)

案例思考

阅读案例资料并结合当前的社会现状,思考并讨论开展家庭社会工作服务的重要性。

T 体验活动

将班级分为几个小组,每组6~8人,以小组为单位选取发生在家庭中的案例或情境进行角色扮演,时间为15~20分钟,要求体现家庭存在的冲突。

活动后全班分享:

目前我国家庭中常出现的冲突和矛盾有哪些?

Z 知识链接

一、家庭社会工作的含义

台湾家庭问题专家和著名社会工作者周月清将家庭社会工作定义为:运用社会工作的

方法或理论,并以家庭为中心及维护家庭的完整,视家庭为一个整体并顾及家庭中每一个成员的需求,而提供各项家庭服务,以从事各种社会问题的解决。在问题的解决过程中,包括对整体家庭及各个家庭成员两者的需要从事评量、介入和评估等。简单地说,家庭社会工作是以家庭为中心而进行的社会工作介入及所提供的家庭服务;其目的在于协助解决家庭问题,改善日常家庭生活,提升家庭自身解决问题的能力,促进家庭关系的和谐及家庭功能的正常发挥。

二、家庭社会工作的特点

(一)服务对象是作为整体的家庭

家庭社会工作以家庭整体为取向,将家庭中每一个成员的问题都看成是整个家庭的问题,所有的家庭成员都是社会工作的服务对象。家庭作为一个有机整体,其成员之间是相互联系、相互影响的。当个别成员出现困难或问题时,其原因可能不仅仅在个人,而可能与整个家庭有关。例如,许多子女的行为问题常常与夫妻之间的婚姻关系不和睦有关。因此,社会工作者并非只对子女的行为问题提供服务,还要协助夫妻双方协调婚姻关系,进而改善家庭关系,加强子女教育工作。

(二)服务目标是协助家庭正常运转

每一个家庭都有向往和睦、轻松、愉快生活的期望,每一个家庭也蕴藏着丰富的能量与资源,具有解决问题的潜能。因此,社会工作者可以通过适当的指导,协助家庭发掘自身及社会资源,增进家庭功能,改善家庭关系,引导家庭自动、自主地解决所面临的问题和困难,从而实现家庭正常运转的目标。

(三)强调多元方法的融合运用

在家庭社会工作中,社会工作者往往整合个案工作小组工作和社区工作等方法来提供服务。例如,运用个案方法从有问题的个体成员入手来发现和获取信息,然后运用小组工作方法对家庭成员进行治疗和服务,同时鼓励家庭参与社区活动,协助家庭加强与社区资源的连接,从而增强家庭功能。

三、家庭社会工作的内容

关于家庭社会工作的服务内容可以有不同的分类,但比较常见的有以下三类。

(一)临床式服务与具体式服务

(1)临床式服务,包括咨询辅导、社会个案工作和小组工作,如家庭关系咨询、婚姻辅导、教育方案、就业协助等。

(2)具体式服务,包括经济补助、住所、食物、信息提供等有形的服务等。

(二)以家庭问题作为服务内容的区分

(1)夫妻关系紧张、离婚、分居、婚外恋。

（2）亲子关系的障碍。

（3）单亲家庭。

（4）青少年离家出走或逃学逃夜。

（5）未婚怀孕问题。

（6）身体和智力障碍、慢性疾病、艾滋病患者。

（7）儿童虐待和疏忽。

（8）性虐待。

（9）婚姻暴力。

（10）老人虐待及疏于照顾。

（11）家庭成员的问题，如化学性物质依赖（酒瘾、药瘾）、情绪与行为、意外伤害、死亡、服刑、赌博等。

（12）和家庭福利有关的服务，如经济援助、老年服务、移民服务、在宅服务和法律服务等。

（三）以儿童福利作为服务内容的划分

（1）支持性服务，包括个案、小组、家庭治疗、家庭倡导、社区心理卫生、保护性服务、情绪治疗和性虐待等。

（2）补充性服务，包括在宅服务、日托等。

（3）替代性服务，包括寄养照顾、中途之家、教养机构、领养等。

四、家庭社会工作理论

（一）角色和互动理论

在社会学中，角色是指与一定的社会地位、社会身份相联系的被期望的行为。个人在社会生活中会基于一种地位和身份，按照一定期望，选择一定行为模式去履行角色。社会角色是社会互动的重要依据和标准，扮演什么样的角色就该有什么样的行为。通常，个人在行使自己的角色时，会受到以下三个因素的影响。

（1）个人经验、能力、人格。这是影响角色行使的重要因素之一。对于一个还没有做过父亲的人而言，会很难想象父亲这个角色在行为时应该注意的是什么。个人既往经历过的事情对个人扮演角色起到一定的作用。而对于一个能力较强的人来说，他（她）可以通过同他人的互动，学习到如何以适当的角色同他人交往。个人人格的特点也同样会影响角色的行使，如一个性格内向的人，如果要他（她）在晚会上担任主持人的角色的话，无疑会是一项艰巨的挑战。

（2）自我参与的程度。一般而言，自我参与的程度会影响角色行使的认真程度。自我参与的程度越深，自我投入越多，角色行使越认真；反之，自我参与的程度较浅，自我投入较少，角色行使的程度也就越随意。一个在家庭中认真承担职责的父亲和一个认为家庭生活无聊至极的父亲，两者对于家庭生活的参与程度并不相同，因此，他们对于父亲这个角色的行使也就存在不同，前者可能会是一个勤奋、负责的父亲，而后者可能则是一个在家庭中得过且过的父亲。

（3）行使角色所占据的时间长短。行使角色占据的时间越长，角色对之投入的精力和时间相对较多，角色行使会较为认真、用心；反之，行使角色占据的时间较短，角色行使则会较为随便。

每一个人在社会里不仅只扮演一种角色，而是根据情境及互动对象的不同，扮演多种不同的角色，如一个人在家庭中可以是和蔼的父亲、温柔的丈夫、孝顺的儿子，在工作单位中则是有威望的领导、会办事的得力下属，同朋友在一起的时候又是一个可以让人信赖的老友。这些角色彼此之间不能混淆，否则就会增添他人的困扰。如果用领导的角色和自己的家人打交道，时时要求家人听从自己的要求，对家人的一切指手画脚，无疑会引起家人的反感，最终引发矛盾或冲突。如果一个人无法掌握在何种情境下该扮演何种角色，或者碰到特定的他人应该用何种角色回应的时候，紧张、压力乃至问题就会产生。

角色紧张是实际生活中行使角色经常会遇到的问题。它指的是，同一个时间里对于一个角色的扮演者或者是角色来说，有太多而且不同（或者根本上是冲突或相反）的期待和需求，而角色的行使者无法完成这些期待和需求，从而产生心理上的压力。

角色行使除了受不同角色定义规范的影响之外，还受到个人对情境定义的影响。所谓的情境定义，是指个人对一连串外在环境的解释与评估，它的目的在于帮助个人选择一个较为恰当的反应与行为，以应对其所面临的情境。情境定义是一种过程，是个人对其所处情境的解释、了解与评估的反应。情境定义不同，个人的反应与行为也会有所区别。依照情境定义的观点，个人角色是由一组特定社会行为模式所界定的。例如，妻子这个角色是通过在家中遵循相应规范、承担妻子职责等行为来界定的。就每一个情境而言，都有适合于这个情境的一组行为模式，所以，个人在互动的场合中，会尽量制造最合适的情境行为要求，以得到互动对象的接纳。如果个人不能够依照这个情境的行为模式行动，就会产生问题。例如，妻子不能完成妻子的任务，父亲不能很好地履行父亲的责任，这都是不符合情境要求的行为。因此，家庭社会工作者应该对情境加以评估，发现影响角色行使的因素，并尽量减少不利因素的作用。

在将角色和互动理论适用在家庭社会工作的时候，工作者需要了解当事人对角色的定义如何，角色行使过程中的冲突是什么，问题在哪里，角色行动的具体情境如何，从而帮助当事人更好地适应自我的角色，完成角色的任务。

（二）家庭生命周期理论

家庭生命周期理论向我们展示家庭变迁的动态过程，帮助我们从时间角度理解家庭的研究框架，因此又被称为家庭发展理论。家庭生命周期是一种发展理论架构的衍生，是以社会制度、社会人际互动及个人人格等因素来讨论家庭关系。家庭生命周期理论开始于20

世纪 30 年代，该理论认为家庭同人的生命发展阶段一样，也有一个从成立到消亡的过程。家庭生命周期就是指家庭从成立开始，经历发展的各个阶段最终归于消亡的整个过程。家庭生命周期一般被划分为若干阶段。每一阶段都有相应的发展课题需要家庭成员去面对或解决。如何面对或解决这些发展课题，关系到家庭成员的心理发展进程与生活适应水平。

到 20 世纪 60 年代，家庭生命周期的理论架构得到进一步发展，家庭社会学家伊夫宁·M. 杜瓦尔（Evelyn M. Duvall）认为，家庭的每个发展阶段都有不同的需求，包括生理上的需求和文化规范的需求等，当这些需求能满足时，则该家庭是快乐和满足的；否则，即是不幸福与不满足的。杜瓦尔将家庭生命周期分为 8 个阶段（见表 4-1），每个阶段都有不同的任务和需求。家庭生命周期理论有助于家庭工作者了解家庭所面临的压力，评估家庭需要。

表 4-1 家庭生命周期与家庭发展任务

家庭生命周期阶段	家庭中的角色	任务和要求
1. 新婚期（没孩子）	妻子 丈夫	● 发展相互满足的婚姻生活 ● 怀孕及将成为父母的适应 ● 适应彼此的亲戚网络
2. 育儿期（从第一个孩子出生到其两岁半）	妻子—母亲 丈夫—父亲 女儿—姐妹 儿子—兄弟	● 适应子女的诞生、成长 ● 发展一个可以满足的双亲、新生儿的家
3. 学龄前期（从第一个孩子两岁半到其六岁）	妻子—母亲 丈夫—父亲 女儿—姐妹 儿子—兄弟	● 以激发性、成长方式适应学龄期子女的重要需求 ● 充沛的精力适应及满足子女需求，父母因此缺乏隐私
4. 学龄期（第一个子女六岁到其十三岁）	妻子—母亲 丈夫—父亲 女儿—姐妹 儿子—兄弟	● 有学龄子女的家庭以建设性的方法适应社区的生活 ● 鼓励子女教育上的成就
5. 青少年时期（从第一个子女十三岁到该子女二十岁）	妻子—母亲 丈夫—父亲 女儿—姐妹 儿子—兄弟	● 青少年在自由与责任之内取得平衡 ● 发展中年父母的兴趣和工作
6. 空巢期（从第一个子女到最后一个子女离家生活）	妻子—母亲—祖母 丈夫—父亲—祖父 女儿—姐妹—姨、姑 儿子—兄弟—舅、伯叔	● 成年子女离家就业、服兵役、上大学、另组新家庭等 ● 维护支持性家庭关系
7. 中年父母期（空巢到退休）	妻子—母亲—祖母 丈夫—父亲—祖父	● 新的婚姻关系重建 ● 维护老的及年幼的亲属关系
8. 老年家庭成员（退休到双亲死亡）	寡妇/鳏夫 妻子—母亲—祖母 丈夫—父亲—祖父	● 应对丧偶及独处 ● 亲近家人或适应老年生活 ● 适应退休生活

对那些有障碍子女尤其是重度无法生活自立的障碍子女的家庭而言，家庭始终处在子女的养育期，特别是在社会福利制度落后的国家，家庭始终停留在第二个发展阶段（育儿期），而无法发展到下一个阶段，父母永远扮演照顾子女的角色，片刻也不休息，直到障碍子女或是父母终老。这种家庭的生命周期及其家庭要完成的任务与一般常态发展的家庭差异极大。根据家庭发展理论，障碍者家庭的需求可称为"特殊性需求"，因其不是在家庭正常发展下及在期待中发展的一般性需求，因此，对这些有特殊性需求的家庭介入，就必须根据其特殊性的发展需求。而这也正是当我们将其与一般家庭比较时，障碍者家庭之所以为弱势家庭的原因，即它需要社会福利系统的介入，协助其能满足家庭发展阶段任务的达成。

（三）社会冲突理论

1. 社会冲突理论家庭观

社会冲突理论应用在家庭的主要观点包括以下几个方面。

（1）社会冲突是人们生活的基本要素，冲突存在于任何社会互动形式中，同样也存在于家庭生活及家庭互动关系中。

（2）个别行动者会依其个人的喜好行动，包括需要、价值观、目标及资源，因此在其日常生活与他人互动中会有各种理由诠释其欲求、利益及追求的方式，而不可能要求每个行动者都是为了达到社会最大的利益而行动。

（3）无论是就个人或是团体而言都会有冲突发生，运用在家庭时情况亦同，如家中不同的成员会有不同的目标、价值、兴趣及时间规划，且会与家中其他成员产生冲突。

（4）家庭的冲突也可能来自于同样的目标与兴趣，但限于资源（爱、注意力、权力、金钱）分配的不足，会有竞争。家庭冲突论者把个人喜好作为了解家庭关系及互动的主要因素。

（5）家庭是劳动力来源的体系，会影响家庭的权力、性别关系和生活；通常，家中的男人参加工作赚钱养家，而女人则负担家中未领薪的劳务，这种状态成为主流社会典型的"家庭形态"，由此男人在家中成为拥有较高权力的人。

（6）权力（Power）是家庭冲突理论的重要概念，存在于家庭内外系统之间，而且会受社会文化、阶层的影响，如就家庭内而言，与性别、年龄有关。

2. 社会冲突理论的运用

社会冲突理论常用来解释家庭暴力，其理论有两个基本假设：(1)家庭生活会出现冲突；(2)社会阶层化的合法性和权力的不同，允许家中拥有较高权力者用暴力对待家中权力较少者。这也是西方社会最常使用的"权力与控制"，即以不平等两性关系来定义婚姻暴力，包括使用武力、胁迫、经济控制、隔离及男人特权，对其配偶实施身体、心理、经济、性的虐待。

另外，就儿童虐待案例而言，父母视子女为其财产，因此为了控制子女而对其行使暴力。由此可见，"钱力""拳力"与"权力"含义相同，"钱力"与"拳力"会提升"权力"，因此得以控制另一方，此即为权力的不平衡所带来的家庭冲突。实务工作者介入的目的在于促使家中权力重新配置，使受虐待者可以在家中拥有平等的权力。我们倡导男女两性平权社会，并将其作为家庭暴力防治的最根本工程，也可以说是冲突理论的运用。

（四）增权理论

增权理论是研究权力如何影响行为的一种观点，因为个人行为的方式实际上是同个人拥有的权力联系在一起的，所以，增权理论试图解释个人如何通过社会介入来增加他们的权力。从最基本的层次来看，增权意味着获得或转移法定权力及正式权力的一个过程，那么，增权当中的"权力"是什么样的权力呢？增权理论认为权力是没有限制的，但是能够在社会介入的过程中产生，它较强调增加以下三种不同的权力。

（1）个人层面的权力，指的是个人感觉到自己是一个有能力的个人，这种个人层面的权力也相当于"个人效能"。一个自觉到自身存在的个人，才能正视问题的产生或解决。增进个人权力的一个方法就是帮助个人界定并理解他已有的权力，包括对个人的事务作出自己的决定，也就是说，个人通过提高自我认识，觉悟到自己的地位和能力，最终对个人的命运作出决定。

（2）人际交往的权力，指的是个人运用社会能力影响他人的权力。例如，个人可以在与他人交往中，意识到自己能够掌握谈话和决策的技巧，能与他人建立平等的关系。个人具备的社会交往能力来源于他在社会中所处的位置、扮演的角色、人际交往的相关技巧、自信，甚至个人的吸引力。影响人际交往的一些要素同性别、种族、外貌等先天方面有关，而另外一些影响要素则完全是可以通过技巧、后天的学习和努力达成或改变的。因此，界定人际交往技巧缺乏、学习新的技巧和后天资源的不足是增权过程的一个关键步骤。

（3）政治权力，意指个人通过正式或非正式的手段影响组织、社区、社会资源分配的能力。资源的稀缺性和有用性，使得资源成为不同个体之间竞争的对象。个体如果能够在组织内部乃至更大的范围内对资源的分配和使用具有控制的力量，那么，不论这种力量的性质如何，个体完全可能比其他人在资源占有上具有更多的优势，从而便利地实现自身的目的。

增权理论对家庭社会工作实务的启示在于：为求助的家庭提供的任务，除了切实地帮助服务对象解决物质上的问题、摆脱困境和重建家庭的互动模式及规范外，对家庭及其成员的能力建设同样重要。通过各种手段对服务对象赋权，使其最终感到自己是有能力的、有信心的、能够依靠自己的力量来寻找资源和面对今后相同或相似的生活困境，这些服务对象的成长标志，才是家庭社会工作的真正成效和服务目标。

五、我国家庭社会工作的实务经验

我国目前有不少机构从事家庭社会相关工作，但是很少有机构明确地承认自己从事的工作是家庭社会工作，其主要的特点是建立了以政府为主导的多元主体的家庭服务体系。从家庭社会工作服务的主体看，主要有五类主体。

其一，政府主导的相关部门做了大量的家庭福利和家庭服务的工作。各级政府部门中，民政部门与家庭服务工作有最直接和最紧密的关系，其各类家庭服务带有较强的福利特色，如对残疾人家庭、"五保户家庭"、低收入家庭等进行的低水平、广覆盖的社会支持和社会帮助。有学者认为，在中国家庭不仅被视为社会照顾的自然机构，而且具有近乎天职地位的道德意义，缺乏家庭照顾是接受国家和地区救助的先决条件。以残疾人为例，其家庭承担着巨大的经济压力和心理压力，民政部门对这些家庭的经济支持的确帮助了其家庭解决生存困难。近年来，各城市街道（社区）办和居委会自主开展各种活动，家庭生活服务功劳卓著，其最重要的工作就是对贫困家庭的帮助和对老人的帮助。自2015年12月《中华人民共和国反家庭暴力法》，许多地区都启动了家庭暴力预警系统，设立"110家庭暴力报警中心""家庭暴力投诉站"，直接干预家庭暴力。

其二，工会、共青团、妇联和残疾人联合会等群众团体也做了大量的家庭帮助工作。以妇联组织为例，各地妇联联合民政部门与其他志愿者队伍、科研机构等非政府组织及公安部门合作成立了妇女避救站，如徐州家庭暴力受害妇女庇护中心；在各地开展贫困母亲救助行动。

其三，一些非政府组织或非营利组织的专业人士在从事家庭社工。2005年6月27日，中国社会工作协会婚姻家庭部正式成立，开展了"爱心2008"贫困家庭病残儿童助医活动，召开和谐文明家庭高峰论坛以及社会化养老服务发展趋势与对策高级论坛等活动。同时，中国各省市自治区在"中国婚姻家庭研究会"下设有各自的研究会（这些研究会多与各省市妇联组织有内在联系），专门从事婚姻家庭研究，并有《中国婚姻家庭》杂志作为研究成果的发布窗口。一些非政府组织或非营利组织也从事着家庭社会工作。如北京红枫妇女心理咨询服务中心对单亲家庭提供心理和社会服务，帮助单亲父母和她们的子女找回自我，促进成长。

其四，经营型家庭服务和咨询工作。随着市场化和大众对婚姻家庭、亲子关系和老人服务等需求的增长，城市中出现了一批以提供婚姻家庭服务为主的经营性组织，主要有婚介类、婚庆类、婚姻家庭心理辅导和咨询的经营型服务。

其五，各种媒体中的家庭咨询工作。根据收视率和收听率的要求，各类媒体出现了一批情感倾诉类节目，主要是为存在感情困惑和家庭矛盾的人群提供倾诉平台，辅以嘉宾点评，引导倾诉者及观众妥善处理婚姻家庭生活中的矛盾。

从上述种种"类"家庭社工（即类似于专业家庭社工）看，其工作方法缺少专业性。其一，家庭社工的工作方法都是以解决困难为主，特别是解决燃眉之急，并确实解决了一些现实的困难，如养老、残疾服务和对特殊儿童的社工服务等。但这种救济性质的服务，忽视了或无力顾及个人与家庭细致的情感需求。其二，以帮助个人为主，而不是支持整个家庭，缺少整合型的社工服务。其三，缺少评估，特别是以政府为主体的类家庭社工几乎没有评估。其四，中国式的家庭社工在社区中普遍存在，邻里之间的互助式帮助是一个有待发展的中国式家庭互助的有效模式，需要进一步挖掘①。

阅读案例

上海市浦东新区××社区单亲母亲家庭服务项目简介

上海市浦东新区约有单亲母亲家庭7000余户，而××社区（街道）的单亲母亲家庭就多达172户。由于家庭的主要经济来源被切断（丈夫死亡或者被丈夫遗弃），多数单亲母亲生活陷入贫困，精神缺少支撑，进而引发子女教育问题，给未成年人带来了很多成长的烦恼，衍生出许多社会问题，也影响整个社会的稳定与和谐。

在笔者参与项目近一年时间里，项目组对××社区的172户单亲母亲进行了三轮走访工作。第一轮在前三个月内完成，成功对50户单亲母亲家庭进行了深入的访谈，为后期其他活动的开展，提供了重要的指向性。第二轮历时两个月，完成对剩下的122户单亲母亲家庭的走访，为该社区内的每一个单亲母亲家庭建立了档案库，实现一户一档。随着项目的不断进行，项目组又发起第三轮的新年姐妹互访活动，邀请部分单亲母亲作为志愿者，与社工一起走访慰问其他家庭，不断建立起单亲母亲互助网络。通过以上走访，我们对××街道单亲母亲家庭的情况进行了摸排调查，发现了许多单亲母亲家庭的现实困境，并进行了更深层次的需求分析，不断丰富完善服务计划。本项目运用了个案工作、小组工作及社区工作等多种手法对单亲家庭进行了干预。

（1）个案工作的介入

通过家庭走访，项目组发现了有困难的个人和家庭，为其开展有针对性和计划性的个案服务。社工定期约见服务对象，提供面对面的心理疏导、就业及人际交往技巧辅导、亲子教育辅导、法律咨询等，也协助困难家庭在合法、合理的前提下，申请各项资助和应有的经济补偿等，帮助单亲母亲提高自身潜能，应对家庭困境，恢复和发展其社会适应功能。根据"人在情境中"的理论，社会工作者还不断发掘单亲母亲家庭所在环境系统的有利资源，做好家庭、学校和社区三者之间的沟通。

（2）小组工作的介入

社工秉承社会工作的理念，充分利用小组互动、小组经验、小组凝聚等活动形式，来实现小组中单亲母亲个人问题的解决。项目前期，小组活动涉及主题为健康、兴趣、技能等，如旨在介绍健康生活理念的"健康生活我做主"单亲母亲互助小组等。在服务推进期，社工开展的小组活动主要为治疗小组、互助小组、社会化小组，如改善亲子关系的"亲子零距离"单亲母亲小组、"超越自我"单亲家庭子女小组、"心灵之声"单亲妈妈情绪辅导小组，以及"巾帼志愿者"单亲母亲志愿者培训小组等。这些小组活动的开展，不

---

① 何静，周良才. 家庭社会工作理论与实务［M］. 北京：北京大学出版社，2014：39.

仅让单亲母亲个人和其子女获得一些知识、技能，更让他们结识了许多朋友，形成了一个自助互助的平台，扩大了社会交往，促进了家庭功能的发挥。

（3）社区工作的介入

社区工作方法可以积极开发、利用社区资源，为单亲母亲家庭提供更多帮助，另外也可为单亲母亲家庭提供服务社区的机会，使她们更好地融入社区生活。针对前期需求分析，项目组发动一切资源，联合社区家庭文明建设指导中心、居委会、专家学者开展了"我健康我快乐"更年期保健讲座，针对法律、就业、婚恋、亲子等方面的专家咨询活动，"亲子零距离"社区讲座，道口志愿者活动等。多次的社区活动拉近了单亲家庭与社区其他群体的距离，也使社区内更多的居民受益，增强了社区凝聚力。

综上所述，家庭社会工作的介入，从个人层面解决了单亲母亲家庭的实际困难，满足了实际需要，使服务对象经济生活有所改善，自信心提升，建立了积极的生活态度和互助网络，实现了服务对象的增能和赋权。在家庭层面，通过家庭关系的改善，使家庭功能得到恢复与增强。在社会层面，也产生了良好的社会影响，通过对单亲母亲家庭困境的直接帮助，缓和了由此可能产生的社会矛盾和不良后果，有利于和谐社会的建设。同时，家庭社会工作在解决单亲母亲家庭问题中的成功尝试，也为解决其他特殊家庭问题提供了可借鉴的经验。

（资料来源：李亚妮. 单亲母亲家庭生活困境分析及家庭社会工作介入策略研究[J]. 社会福利，2012（11）：22—24，有改动。）

思考题

1. 家庭社会工作的方法有哪些？
2. 家庭治疗方法和个案工作方法有何区别？

任务二　学校社会工作

任务描述

本项任务通过引导学生阅读案例、参与体验式活动等方式帮助学生了解以下三个问题：

1. 如何界定学校社会工作？
2. 学校社会工作的服务内容是什么？
3. 我国学校社会工作本土化过程中面临何种困境？

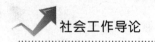

D 导入案例

校园暴力频频发生　学校难辞其咎

广东河源紫金某校7名女生将一女同学脱光衣服后暴打侮辱,摁到马桶内逼其喝厕水,一旁还有专人拍摄视频。施虐者还时不时在镜头前摆出V字手势欢呼。目前警方正全力追捕这7名女生。

这段近日被翻出的视频,实际上拍摄于4年前。而在网络上以"校园暴力事件"为关键词搜索一下,可以查到近年不少类似事件:2007年,广东一所学校几名女生轮流殴打一名女生并拍下视频;2008年,云南省鲁甸县某中学学生因与本班学生发生口角被打死;2008年4月,10名女大学生暴殴舍友超过5个小时;2013年10月14日,承德技师学院学生群殴,一名年仅17岁的学生失去生命……

频频上演的校园暴力事件,不由让人感慨,缘何他们的青春里浸染了如此多的冲动、暴力与残酷?

引发校园暴力的原因很多,如不良的社会环境,带有暴力倾向的影视作品、网络游戏,家长过于骄纵的教育方式等,而学校更是难辞其咎。

具体到发生在河源的这件事上,事情发生后4年才被媒体捅出来。4年前,学校无法为受辱学生提供有效的保护,致使受辱女生以退学逃避伤害;4年后的今天,学校对此事仍是遮遮掩掩,推卸责任,不肯承认学生是在校期间被打。可以说,一些学校面对校园暴力不作为,让学生有了委屈无处诉说、无处求援,无疑是校园暴力频发的原因之一。

学校在教育中也存在盲区。受升学压力影响,学校往往过于重视学业教育,而忽视甚至无视学生的品质教育和心理疏导。曾有个极端案例:被某中学视为"传奇"的一名优秀学生得了抑郁症,直到其因此自杀的8年后,家长和学校才知道真相。另外,也不可否认某些教师因为偏爱某些学生而无形中伤害了另外一些学生。如果这些学生的个体攻击性太强,一旦认为自己受欺、被遗弃、遭排挤等,就容易采取暴力手段对其他学生实施报复和攻击。

因此,减少校园暴力,除需要全社会共同关心学生的健康成长外,亟须学校转变教育观念。首先,在重视学业的同时,切不可偏废学生的理想、信仰、人格、情感、心理等方面的教育;其次,要给学生创造一个平等安全的学习生活环境,不人为制造学生之间的矛盾和冲突;最后,要密切关注学生的思想行为动态,及时发现并处理学生的诉求。

(资料来源:2013年10月21日《羊城晚报》,有改动。)

案例思考

1. 青少年学生的哪些生理、社会特性易导致暴力事件的发生?
2. 为了减少校园暴力,学校社会工作可以做些什么?

T 体验活动

生命坐标

下图是小王的生命坐标图,你能不能从该图中看到小王的生命历程呢?

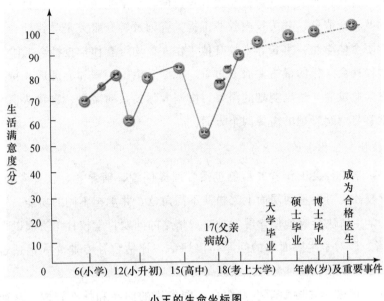

小王的生命坐标图

请在阅读示例后画出自己的生命坐标图。注意,横坐标表示年龄,纵坐标表示对生活的满意程度。同时,在绘制过程中找出自己生活中的重要转折点,连成线。并用虚线表示对未来人生的趋向的畅想。

活动结束后:

1. 请分别谈谈绘图过程中的体会。
2. 请说说自我认知与生涯规划之间的关系。

Z 知识链接

一、学校社会工作的界定

(一) 相关定义

根据《中国社会工作大百科全书》,学校社会工作是指政府、社会各方面力量或私人经由专业社会工作者运用社会工作的理论、方法与技巧,对正规或非正规教育体系中的全体学生,特别是处境困难的学生提供的专业服务。其目的在于帮助学生或学校解决所遇到的某些问题,调整学校、家庭及社区之间的关系,发挥学生的潜能和学校、家庭及社区的

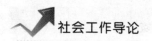

教育功能，以实现教育目的乃至若干社会目标。

（二）服务对象及需求

学校社会工作的服务以全体学生为主要服务对象，尤其是学校生活适应有困难的学生。学校社会工作者是来自学校以外的专业人员，其基本职能是通过与教师、学校及教育职能部门交流与合作，更有效地协助学生成长。向在校学生及其家长提供咨询、个案、小组、专项活动及转介服务，并为校内教职工提供咨询及转介服务是学校社会工作的主要职责。可见，除了全体学生，家长、学校其他工作人员均可看作学校社会工作的服务对象。

学生是学校社会工作的最主要服务对象，根据学生的生理和心理成长特点来看，他们的需要体现在学业发展与生涯规划的需要、协调人际关系的需要、自我认识与自我探索的需要、情绪觉察与情绪管理的需要四个方面。

（三）学校社会工作者的功能与角色

总的来讲，学校社会工作者的角色包括咨询提供者、辅导者、教育者和资源协调者。具体而言，学校社工者在不同层面上又扮演不同角色，并承担不同的功能。

（1）协助学生解决影响他们学习、社交或情绪的问题，学校社工扮演以下角色。

① 评估者。即对学生所面临的问题作出评估，评估哪种专业介入最适合解决学生面临的问题，如心理学家、精神科医生或教师等。

② 使能者。即鼓励并协助学生发掘自己能使用的内在和外在资源，从而满足他们成长的需要；协助家长找出处理孩子提出问题的方法。

③ 辅导者。即加深学生对自己的了解，协助他们加深对健康成长相关知识的认识；提升家长对家庭如何影响孩子成长的认识，如家长的态度、管教模式及家庭关系和家庭动力等对孩子成长的影响。

④ 组织者。即为面对共同困难的学生组织发展性或治疗性的小组或活动。

⑤ 检讨者。即定期总结学生的进展，在得到案主同意的情况下向相关人士反馈；按实际情况重订介入目标或结束服务。

（2）协助学生发展潜能和健康成长，学校社会工作者扮演的角色包括以下三个方面。

① 组织者。即通过组织教育活动，增加学生的自我认识、潜能开发，如领袖训练、社交技巧训练。

② 资源联络者。即社工应该发掘并联系可应用的资源，协助学生有效地完成工作。

③ 教育者。即通过组织并主持多样化的教育性活动，培养学生正确的价值观和分辨是非的能力。

（3）作为学校、学生和家长的第三方，学校社工扮演的角色包括以下四个方面。

① 调解员。即强化不同人或组织的联系和相互认识，从而协助学生适应学校和家庭生活，以达到协助其健康成长的目标。

② 协调者。即促进多方人员沟通，建立和谐关系。

③ 教育者。通过不同类型的家庭教育活动，使家长了解有关学生的成长需要，从而促进良好家庭关系的形成。

④ 顾问。向教师提供关于如何处理学生难题的意见。

(4) 整合社区资源中学校社工扮演资源整合者的角色，其目标在于找寻合适的社区资源以配合学生的需要，如转介至精神科医生或相关专业矫治机构；替老师寻找社区资源以进行活动，如历奇培训、领袖培训等①。

二、学校社会工作的发展历史

(一) 美国学校社会工作的发展历史

美国被认为是学校社会工作的起源地，学校社会工作在美国的发展与其国内人口、政治和社会政策等方面的变化是密不可分的。根据各时期的工作手法、侧重点不同，美国学校社会工作的发展可以分为如下几个阶段。

1. "访问教师"时期（1906—1920年）

1906年，在美国波士顿、哈特福德和纽约等地创建了学校社会工作专业。1906年，美国康涅狄格州的哈特福德慈善组织协会（Hartford Charity Organization Society）的友善访问者黎竖惠·S. 毕文（Winifred S. Bivin）被派往北二中（The Second North School）去帮助13岁的问题儿童妮丽（Nellie），②这是学校社会工作的开端。在波士顿，为建立和谐的学校和家庭的关系，进而帮助学生学习，妇女教育协会委派家庭访问教师（Visiting Teacher）（学校社会工作者的前称）到学校负责学生、学校、家庭沟通方面的工作。1913年，纽约州罗切斯特（Rochester）教育委员会开始为访问教师项目提供经费。当时学校社会工作者充当的是家庭—学校—社区之间的联络者的角色。当时访问教师的主要责任是考察学生的出勤率，了解学生本人、家庭和其所生活的社区的情况，并向学校汇报学生的具体情况；此外，访问教师要向学生家长解释强制入学法以及学校的作用，并反映学生在学习、生活等方面遇到的困难；同时，访问教师也为特殊儿童争取受教育的机会，鼓励他们通过接受教育获得在社会上独立生存的条件。

2. 个案工作时期（1921—1930年）

20世纪20年代，治疗者的角色成为学校社会工作者新的角色。精神保健运动的开展使人们开始关注学生的情绪行为问题，美国开始在大部分社区迅速成立了精神保健诊所，诊断和治疗有焦虑症和其他情绪行为问题的青少年。

3. 制度化时期（1931—1960年）

1930年，美国访问教师协会（National of Visiting Teachers，NAVT）顺应形势的发

---

① 香港社会服务发展研究中心．学校社会工作实务手册 [M]．广州：中山大学出版社，2013：14-17．
② 杨国愉，龚德英，张大均等．国外心理健康学校社会工作的研究现状与趋势 [J]．高等教育研究，2007, 28 (5)．

展成立，美国学校社会工作开始了制度化之路。1943年，美国访问教师协会改名为全国学校社会工作者协会（American Association of School Social Workers，AASSW）。1955年，全国学校社会工作者协会和其他6个社会工作协会合并成为美国社会工作协会（National Association of Social Workers，NASW），旨在促进社会工作的专业发展，加强沟通，影响公共政策，加强家庭、学校、社区的联系，增进三者对学校社会工作者的了解。

4. 团体工作与社区工作时期（1961—1970年）

20世纪70年代，随着学校社会工作者数量的增加，学校社会工作的重点转向家庭介入、社区合作以及帮助行为问题和残疾学生。学校社会工作服务以学校为载体，在学校和社区之间起桥梁的作用，使学校教育满足社区需要。

5. 综合化的新工作模式时期（1971年至今）

为了减少社会服务中的重叠部分和填补服务的空白，社会服务开始走向综合化，学校被看作一个预防、评估和满足学生身心健康需要的中心。学校社会工作者作为各种服务的联合者，扮演了重要的角色。学校社会工作者逐渐不再以单一身份出现，而是作为跨专业小组的成员，如作为学校健康诊所的小组成员或防止自杀综合计划小组的成员提供服务。相关法律的出台强化了学校社会工作者作为个案管理者的角色，从个人、小组、班级、家庭、学校、社区、政策及法律层面进行全方位的介入。①

（二）中国学校社会工作的发展及现状

1. 港台地区学校社会工作

在西方国家及我国港台地区，教育界和社会福利部门均要求政府加强学校社会工作的服务，学校社会工作已在预防、补救和遏止青少年问题上起到了不可替代的作用。而在内地，学校社会工作的实务及研究尚处于开拓阶段，迫切需要探讨出一种切合实际的本土化的发展模式。

在我国的港台地区，学校社会工作早已成为学校工作的重要组成部分。1971年，世界信义宗社会服务处、香港明爱、圣雅各福群会、基督教儿童基金会等机构，开始在中小学推行学校社会工作。1974年，香港政府在部分学校开展另一个试验计划，由社会福利署辖下的家庭服务中心将个案工作服务延伸至学校。政府在1977年进行评估，肯定了学校社会工作有利于青少年的成长。同年制订"青少年个人辅导社会工作程序计划"，对学校社会工作给予政策与经费上的承担，至此，学校社会工作得到了正式的确立。1982年，全港中学都获得了学校社会工作的服务。香港方面于1979年发表的《香港社会福利白皮书——进入八十年代的社会福利》和1991年发表的《跨越九十年代香港社会福利白皮书》都充分肯定了学校社会工作服务的持续需要，并制定提供学校社会工作服务的政策，表明应由政府和非政府机构的专业社会工作者为所有中学提供服务。香港政府在1991发表的

---

① 林文忆. 美国学校社会工作发展及其对我国的启示［J］. 青年探索，2009（01）：86—90.

"白皮书"中承诺,在1995—1996年度要达到为每2000个学生提供1名学校社工服务的目标,且已提前一年达到。到了2000年,全港已完全实行了"一校一社工"的政策。

2. 内地地区学校社会工作

我国内地地区学校社会工作起步较晚。2002年,在上海浦东新区社会发展局教育处的倡导下,浦东38所学校与国内第一家专业社会工作机构乐群社工服务社合作,试行学校社会工作,推行"一校一社工"制度。上海在内地地区率先推进学校社会工作职业化。2007年,中共中央组织部在社会工作人才队伍建设规划实验中提出"每2000个学生中提供1名学校社会工作者服务"的目标,预期实现"一校一社工"的目标体系建设。"一校一社工"体系的提出,明确指出了学校社会工作开展的一种有效形式,对学校社会工作的开展具有深远的影响。2008年,深圳市政府以向社团购买服务形式,在中小学推行"一校一社工"项目。虽然在上海和深圳这样的发达城市,学校社会工作已全面开展,但是,由于社会缺乏对学校社会工作的认识,社会工作者的角色被分散到教师、辅导员、心理咨询师和德育工作者身上,社会工作者很难发挥其角色优势。因此,学校社会工作介入学校比较困难,学校社会工作专业化和职业化道路任重道远。2008年对于我国学校社会工作来讲是一个发展元年,其契机为给我国造成巨大损失和伤害的汶川地震后的灾后救助。大量专业社会工作者、志愿者进入灾区,为在地震中受灾的学生提供大量专业服务与辅导,并取得了较好成效,也获得了社会对学校社会工作的认可。学校社会工作逐步进入大众视野。

三、我国学校社会工作本土化过程中的困境

(一)现实困境

目前,我国正处于急剧转型时期,同时学校社会工作要面对社会变迁、社会改革所带来的现实问题和挑战,如城乡二元结构和户籍制度所导致的教育资源不均衡问题,社会对于学校社会工作的认可度较低问题,专业人才队伍建设问题,等等。

1. 学校社会工作的定位问题

在实践中,工作者们虽然自喻为学校社会工作者,但更多地是以"助理班主任""心理辅导员"的身份介入服务的。这与我国的教育体制有一定关系。为了更加明确地给学校社会工作定位,首先得厘清如下三种关系。

(1)学校社会工作与德育的关系。在现有学校体制下,学校社会工作还归属在学校德育范畴,体制上分离还需要时日。学校社会工作的服务对象可以是学生、家长、学校职工及社区,重点以学生为本,工作路径自下而上,工作重点是学生的成长,促进学生心灵改变和人格成长。学校德育以学校及社会的外在要求为本,工作对象主要是学生,工作重点是教育要求,工作方法体现由外而内。

(2)学校社会工作与心理健康教育的关系。从社会工作和心理学的理论渊源来看,心

理学对早期的社会工作有着非常重要的影响。学校社会工作与心理健康教育的目的是一致的,都是帮助学生身心健康成长。心理健康教育是学校社会工作介入的一个方面,当案主遇到心理困惑、心理救助时,学校社工可以帮助其转介到专业的心理老师或双方配合工作。心理健康教育可以看作学校人才培养的一个课程,或学校的一个机构。学校社会工作主要运用个案、小组、社区等专业工作方法;心理健康教育主要运用的是辅导、咨询、治疗等工作方法。两者有较大的工作重复。这也为学校社工定位带来一定难度。

(3) 学校社会工作与班级管理的关系。班主任是班级管理的主要承担者,并与学校职能部门、年级主任、任课教师等共同维护良好的班级环境,提高学生的学习成绩,促进学生的健康成长,其工作主要以班级为单位。学校社会工作的执行者是专业社会工作者,更多关注学生身心成长,介入层面主要是个人层面。但在日常的工作中,学校社工与班主任有着非常多的合作与交流。这也容易给人造成学校社会工作者就是班主任的不准确认识。

2. 学校社会工作者专业人才队伍建设问题

以上海浦东学校社工人才队伍建设为例。2002 年 5 月,在浦东新区社会发展局教育处的推动下,浦东 38 所学校开始试行学校社会工作,试点推行了"一校一社工"制度。学校社会工作者主要由以下四类教师担任,他们分别是社会工作专业的毕业生、心理辅导教师、团队(政教)教师及普通教师。作为第一批浦东新区的 41 名学校社会工作者,他们的学历和工作背景分别是:社工专业(含社会学)毕业人员 5 人;心理学专业毕业人员 11 人;德育干部 15 人;其他教师 10 人。[①] 专业社会工作人才比例不超过 13%。其他学科背景的社工主要通过培训来增强专业知识。其他学校的社会工作也都存在着这样的问题。因此,如何打造专业的学校社会工作人才队伍,是学校社工在本土化过程中获得社会认可的基本前提。

3. 学校社工以何种形式介入——内设还是外置

所谓内设,就是将社会工作者岗位纳入学校内部编制,社会工作者以学校正式成员的身份为学校师生提供专业服务;所谓外置,就是在学校外部成立服务机构,社会工作者以外派驻校的形式为学校师生提供专业服务。学校社会工作岗位的内设和外置各有利弊。内设的益处是:有利于社会工作与学校工作的一体化规划与管理;有利于增进社会工作者对于学校的归属感和身份认同;有利于社会工作的持续稳定开展。内设的弊端是:不利于保持社会工作的独立自主性;社会工作者的时间精力有可能被学校的中心任务占用;与学校利益的一致性不利于社会工作者客观地分析评估学校的问题;无法得到专业团队的支持。外置的利弊得失正好与内设相反。[②] 史柏年在其《学校社会工作:从项目试点到制度建

---

① 蔡屹.浦东新区学校社会工作本土化发展历程及经验反思[J].华东理工大学学报(社会科学版),2006(2):11—15.

② 史柏年.学校社会工作:从项目试点到制度建设——以四川希望学校社会工作实践为例[J].学海,2012(01):93.

设——以四川希望学校社会工作实践为例》一文中同时提出内设与外置相结合,形成内外协同、优势互补的学校社会工作格局的解决之道,取两者之长。同时,在我国现代教育体制下开展学校社会工作还要避免双头管理和责任推卸问题。

(二)伦理困境

社会工作专业伦理就是一整套指导从事该专业的工作人员正确履行责任和义务,并预防道德风险的行为规范。社会工作者对服务对象的伦理责任主要有案主自决、知情同意、隐私和保密等。伦理困境是社会工作者在从事实务工作中经常遇到的。学校社会工作所面对的服务对象的特殊性和复杂性也使得学校社会工作者必然遭到伦理困境。具体来讲有以下几个方面。

1. 是否坚持案主自决原则的困境

尊重案主自决原则是社会工作者的共同认识,是指社会工作者在提供服务的过程中无论采取什么样的治疗方式、治疗技巧,都必须首先征得求助者的同意,由求助者自己决定是否需要作出改变。案主自决原则之所以重要,首先,是因为它体现了"助人自助"的价值理念,案主自决可以称为案主自助的开始。案主通过自决的过程,提升了自己解决问题的信心和自我效能感,并在解决问题的过程中,习得了解决问题、困难的一般方法和技巧,增强了解决问题的能力。其次,它暗含了社会工作的"with"原则,而非"for"原则,即社会工作者在为案主提供专业服务的过程中,与案主是陪伴关系,社会工作者与案主一起协同努力,共同面对困难、问题,寻求解决方法。①

然而,学校社会工作的服务对象绝大多数是未满18岁的未成年人,案主可能还缺乏理性思考并作出判断的能力,或者案主的决定十分不利于服务的进行。甚至对于一些有困境的特殊学生而言,不太乐意主动地思考,而更愿意被动接受社会工作者的决定。这时,是否坚持案主自决往往会成为社会工作的困扰。学者王思斌指出,"案主的自决必须有两个前提:第一,案主绝对清醒,有自决的意志和能力;第二,自决的方向和后果对案主绝对无害。只有同时满足了这两个条件,案主的自决才是被允许的"。可见,实施案主自决原则,允许社会工作者以建议或忠告的方式影响案主作出的决定,但建议和忠告的提出必须是十分审慎的,而且是有前提的。我们认为,社会工作者以建议的方式告诉案主解决问题的方法,比忠告的方式更加有利。如果案主作出的决策是不利于案主自我成长的,或者是损害他人利益的,社会工作者也可以尝试着使用面质的方法,让案主自己意识到所作的决定会产生哪些不利后果,从而使案主从错误的认识中觉醒。②

2. 是否坚持价值中立的困境

关于价值中立,较多学者都认为社会工作者不应该将自己的价值观、人生理念、行为

---

① 曾群. 人情、信任与工作关系:灾后社区社会工作实务的伦理反思[J]. 社会,2009(3):48.
② 宣飞霞,陈琼. 试论学校社会工作中的伦理困境[J]. 浙江青年专修学院学报,2012(1):49.

准则强加在案主身上，更不能以自己的价值理念、道德标准评判案主的行为和认知，应尊重案主的独特性。事实上，社会工作者只有在保持价值中立的前提下，才能进一步对案主的行为和认知寻求积极的理解。然而社会工作作为一项体现人文价值、伦理关怀的助人工作，应保证接案和分析问题时的价值中立，而允许工作过程中出现一定程度的价值关联，反对强烈的价值介入，即对案主进行价值评判，将个人价值理念强加于案主之上。① 其实，从社会工作目前阶段所选取的服务对象就可以看出，社会工作是允许有价值关联的，社会工作是一项"根据一定的价值观念帮助有困难的人走出困境的活动"。我们现阶段所关注的大多是最需要帮助的、社会所关心的，或者因某些原因导致社会资源不足的群体。

3. 多方利益冲突带来的伦理困境

学校社会工作的服务对象的主体是学生，然而学生作为系统中的一个子系统，不可能孤立地存在，其与其他系统发生着联系。学校社会工作者经常会通过教师、学生、社区等来收集有关案主的资料，还需要与学校班主任开展广泛的合作，甚至很多时候还要争取学校、社区资源。这样，学校社会工作的服务就可能出现多个服务对象。服务对象各自立场不同，因此，学校社工在开展服务时经常会遇到多方利益冲突带来的伦理困境。例如，在学校社会工作服务中，班主任可能更加看重整个班级的学生成绩，家长更关心自己孩子的学习成绩，而社工可能更关注个体学生的身心健康发展。当这样的情况出现后，学校社会工作一样要注意厘清谁是真正的案主，并积极协调多方利益，尽量减少冲突的发生。只有这样才能最大程度保护案主的权益，并将学校社会工作推广扩大。

四、学校社会工作的服务内容

通过对服务对象的分类来分别探讨各类服务对象及其需求。根据定义，可以把学校社会工作分为针对全体学生的一般需求而开展的社会工作服务与针对特殊学生（处境困难学生）的特殊需求而开展的社会工作服务。

（一）针对学生一般需要的学校社会工作服务

1. 学业发展与生涯规划的需要

学生正处于生涯发展的探索期，通过学校学习、社团活动及讨论等途径，对自我和外界进入深入探索。社会工作者可以帮助学生形成正确的学习观，找到适合自己的学习方式，学会有效管理时间，合理安排时间，学会处理学习与休闲的关系，以达到快乐学习的目的。学校社会工作者可以通过小组工作帮助学生进行学业发展和生涯规划，让学生在参与中成长。小组活动的重点是让学生注重能力培养，优化学习方法，明确生涯目标等。

2. 协调人际关系的需要

学生阶段，特别是青少年阶段是个体社会角色和社会地位的转折期，是形成自我同一

---

① 宣飞霞，陈琼. 试论学校社会工作中的伦理困境［J］. 浙江青年专修学院学报，2012（1）：49.

性的重要时期。在这个时期，与其生活最为接近的群体的关系都发生着变化，如对双亲的矛盾情感；强烈的独立愿望使得其不乐于满足于服从、听话，而是渴望平等交往；想获得从"儿童"到"成人"转化的认可。同辈群体成为这一时期重要群体。针对一般学生的人际关系需要可以通过小组工作，让学生在参与中成长。而针对在人际交往中遇到重大挫折或有严重交往障碍的学生，开展个案工作效果会更佳。此类个案工作侧重了解决学生问题，提高其交往能力。具体而言，可以帮助学生自我觉察，更全面地了解自己，以及树立在他人眼中的自我形象；提高个性品质；促进养成技能；协助自我成长。

3. 自我认识与自我探索的需要

自我认知包括认知自己的价值观、人生方向和目标，认知自己的性格特征，认清自己的优势和劣势，觉察自我的情绪变化等。在认识自我的同时不断地进行自我探索，树立生涯规划意识，为生涯规划做好准备。学校社会工作者在对学生进行辅导时，可以通过极限挑战、领袖训练、角色扮演等方法帮助学生达到以下目标：帮助学生肯定自我；协助开发学生潜能；协助学生进行生涯规划等。

4. 情绪觉察与情绪管理的需要

心理学家霍尔（Hall）把青春期说成是情绪情感的暴风骤雨期。这个时期学生的情绪表现为两极性：强烈、狂暴与温和、细腻共存；可变性与固执性共存；内向性和表现性共存。学校社会工作者在针对学生情绪管理开展辅导时，首先要让学生和家长认识到情绪波动是一种正常现象，不必感到恐慌。社会工作者进行学生辅导应侧重于让学生学会认识、辨别、掌控情绪，最终达到正确处理好情绪的目标。

（二）针对学生特殊需要的学校社会工作服务

1. 针对学业困境学生

遭遇学业困境的学生往往容易衍生出情绪问题、行为偏差问题和社会适应不良问题。而这类对象的服务体现在分析造成学业困境的原因（一般从学生自身、学校、家庭和社区方面来寻找原因），分析学生自身的优势，和学校老师、家长、同辈群体及社区人员沟通，协助学生制订出适合自己的改善学业计划，帮助学生走出学业困境。

2. 针对家庭生活困境学生

这类学生主要是指家庭贫困的学生和特殊家庭的学生。其中，特殊家庭学生主要指的是单亲家庭、再婚家庭、服刑人员家庭、残疾人家庭的学生。这一部分学生主要会面临情绪问题、经济压力问题和照顾问题。对这类学生的服务体现在满足其对情感支持的需要，联络和整合资源的需要。

3. 针对特殊行为群体学生

特殊行为群体学生是指那些有暴力倾向、网络成瘾或违法违纪（如说谎行为、逃学行为、抽烟喝酒等）的学生。这一类学生共同的问题表现为青少年心智发展不成熟，是非观念不明确，易受失败的家庭教育或不良的社会风气影响。例如，有些学生是非观、荣辱观倒置，他们不认为打架是违法犯罪，相反，认为打架是"英雄"的表现；而有些学生因思想空虚、情绪不稳定而把打架当作宣泄途径；有些学生由于学习压力大企图从网络中寻求解脱，或由于人际交往出现困境转而在网络上寻求安慰，最终造成网络成瘾的结果。针对这类特殊行为的学生，社会工作者应该深入细致地收集资源，找到引起这类行为的根本原因。在对学生进行辅导的过程中，善于利用家庭的力量来改变学生，并争取更多的社会支持。同时帮助学生"去标签"，让他们最终回归到正常的生活学习中去。

五、学校社会工作在本土化过程中应该重视的几个特殊服务群体

与其他发达国家的工业化—城市化—现代化的发展之路不同的是，我国目前经历着工业化、城市化和现代化共存的特殊阶段。几种类型的社会变迁的重叠也让我国社会问题呈现出复杂性。由于国情的特殊性，我国不可能完全照搬其他成功国家的学校社工模式，其服务领域也有着独特性。我国城乡二元结构、户籍制度使得教育资源呈现不均衡状态。农村教育资源的缺乏是制约我国社会发展的瓶颈。这使得许多乡村学校，特别是贫困地区的乡村学校的维持举步维艰，面临硬件设施简陋，教师专业队伍缺乏等现实问题。工业化、城市化进程下产生了大量进城务工经商人口，社会称之为"农民工"。和其他国家的工业化、城市化道路不同的是，我国大量流动人口只是劳动力的流动，而大量家庭的非劳动力，如老人、儿童却未一起加入流动大军，而是依然留在原籍。这就形成了我国独有的群体——"386199部队"，即留守妇女（38）、留守儿童（61）与留守老人（99）。此外，由于我国户籍制度和现代教育体制的影响，跟随父母进入城市的儿童在教育方面也面临着许多问题。他们更多的是进入"农民工"学校，社会称之为流动儿童。"农民工"学校的学生绝大多数都是进城务工人员的子女，由于办学条件差、入学手续多、资金不足，这类学校一般存在着以下不利因素：一是缺乏教育资源；二是不利于孩子积极地融入城市社会。这使得我国学校社会工作在本土化过程中不得不重视如下一些特殊群体的社会工作服务。

（一）贫困地区乡村学校

贫困地区乡村学校中真正推行学校社会工作的非常少，可以说是凤毛麟角。但这些贫困地区乡村学校却有着一批人，从事志愿性的工作，如志愿者、支教教师、义工等，其工作实质和学校社会工作较为接近。贫困地区乡村学校面临的主要问题包括学校硬件设施简陋、缺乏，教师的缺乏与教师流失严重并存，学校社会工作针对这类学校提供的服务有如下两个方面。

第一，为学校争取更多的资源。争取资源可以从两个角度入手：一方面积极争取国家及政府的支持，从制度和资金资源上来改变农村资源稀缺的现状，督促国家履行职责；另一方面努力争取社会资源。如今，我国的慈善事业均取得较好成果，无论是个人还是企业，慈善意识或企业社会责任意识都在增强。学校社会工作者可以通过多种形式的活动加大宣传，积极搭建平台，将民间大量的慈善基金引入到贫困地区乡村学校的建设中。同时为有意愿支教的志愿者提供施展的空间，解决乡村教师资源短缺问题。

第二，将社会工作引入乡村教师群体的服务中。乡村教师人才队伍本来就面临教师不足的现状，同时乡村教师的流失率居高不下。提高工资待遇、改善学校制度与文化环境、完善教育政策、培养乡村教育师资等都有利于减少乡村教师流失现象。同时，学校社会工作还可以为乡村教师群体提供有效的社会支持系统，建立乡村教师群体社会支持网络（政府、非政府、高校、乡村民众等）。目前，乡村地区缺少社会工作服务和社会工作者，应大力发展农村社会工作教育，培育农村社会工作者。可以在乡镇建立乡村社会服务机构（大专院校把此作为社会工作实习基地，组织社会工作专业学生或志愿者在这些机构为乡村教师提供服务），成立流动社会工作队，定期走访乡村学校，为乡村教师提供专业服务，如可以先在一些乡村社区进行社会工作服务试点，然后把成功经验加以推广。①

（二）留守儿童学校

留守儿童是指父母双方或其中的一方到户籍地以外的地区谋生，把未成年的子女留在原户籍地而产生的一种特殊儿童群体。这是中国在城市化、工业化进程中的一种特殊现象。据2008年2月27日全国妇联发布的报告显示：根据2005年全国1‰人口抽样调查的抽样数据推断，全国农村留守儿童约5 800万人，其中14周岁以下的农村留守儿童约4 000多万。在全部农村儿童中，留守儿童的比例达28.29％，平均每4个农村儿童中就有1个多留守儿童。②

留守儿童教育中存在的问题包括两个方面：一方面是留守儿童自身在教育方面存在的问题；另一方面是留守儿童教育管理中存在的问题，或者说是留守儿童支持系统在教育管理中存在的问题。

留守儿童自身在教育方面存在的问题在学习方面主要表现为学习成绩较差或下降，学习家庭监督不够，学习动力不足，自觉性差，经常产生厌学情绪，出现逃学、旷课甚至辍学的现象。③④ 在心理健康教育方面主要表现为心理承受力弱，意志力不强，缺乏安全感和家庭归属感；自卑闭锁、自暴自弃、沉默寡言、悲观失望、孤僻寂寞；任性冲动、脾气暴躁、情绪焦虑、态度冷漠、性格内向、神经过敏，有的充满盲目反抗和逆反心理，对父母打工不理解从而充满怨恨。在道德品质和社会化教育方面主要表现为放任自流、我行我素，奢侈浪费、好逸恶劳，不尊敬长辈、狭隘自私；一些留守儿童沾染上说谎、讲脏话、吸烟、吸毒、酗酒、赌博、小偷小摸等恶习，甚至抢劫偷盗，走上犯罪道路；有的拉帮结派，打架斗殴，敲诈勒索，欺负同学；有的上网成瘾，看不良录像、夜不归宿。在日常生

---

① 苗春风. 乡村教师流失问题研究回顾与思考——社会工作制度的引进[J]. 上海市社会科学界第六届学术年会文集（2008年度）青年学者文集.
② 宗苏秋. 试论社会工作对农村留守儿童问题的介入[J]. 科学之友, 2010(03): 120—121.
③ 段成荣, 周福林. 我国留守儿童状况研究[J]. 人口研究, 2005(1): 29—36.
④ 叶敬忠, 王伊欢, 张克云, 陆继霞. 对留守儿童问题的研究综述[J]. 农业经济问题, 2005, 26(10): 73—78.

活方面主要表现为饮食不规律、饭前不洗手、饭后不漱口，生病时得到的照料较差，家务劳动负担重，上学存在安全隐患，社会交往较少等。在安全方面主要表现为得不到亲人的照顾，人身安全容易受到他人的非法侵害或伤害；行为失控、违法犯罪甚至走上自杀轻生之路，危及自己的人身安全和生命。针对存在这些问题的留守儿童，可以运用前文分析到的关于学业发展与生涯规划、情绪管理、自我认知等方式提供服务。①

留守儿童教育管理中存在的问题主要表现在学校管理和家庭教育两个方面。学校管理方面表现为对留守儿童问题认识不足、农村教育资源本身不足及缺乏相应的专业服务。而家庭教育方面主要体现在父母外出所带来隔代教育问题。留守儿童主要跟随爷爷奶奶或外公外婆生活，这类人群一是年龄较大，二是本身文化水平低，三是传统思想影响大。这些因素都不利于孩子的家庭教育。学校社会工作除了可以为学校争取资源，提供相应的专业辅导外，还可以从家长的辅导入手。

(三) 外来工子弟学校

由于父母外出务工而将孩子留在原籍的称为留守儿童，而跟随父母一起到务工地就学的则称为流动儿童。由于目前我国教育体制不完善、户籍限制以及教育资源分配不均，这一类外来务工人员的孩子较难进入流入地的公办学校，除少部分能进入公办学校享受义务教育外，绝大多数进入民办性质的外来工子弟学校就读。据《深圳社会发展报告（2010）》蓝皮书数据，截至2009年年底，深圳有民办中小学256所，在校生352 428人，占全市中小学校数量、在校生比例分别达到40.6%和40.4%。在统计中，深圳的民办学校既包括贵族私立学校，也包括服务于底层外来务工子弟子女最基本教育需求的外来工子弟学校。其中，低水平的外来工子弟学校占一半以上，承载着下层流动人口子女接受义务教育的重要任务。

这些外来工子弟学校多处于城乡结合部，教学环境相对比较差，相当一部分学校正游离在拆迁和搬迁之中；同时，这类学校无论是设施还是师资都存在不同程度的问题。由于"农民工"的工作具有不稳定性，使得其子女频繁地更换学校就读，每当这些"农民工"随迁子女进入新的学校时，总会面临各种学习和生活上的不适应，出现自卑、不自信等心理问题。而外来工子弟学校的老师往往因为身兼数职，忽视了对学生的关心，极容易引起这些学生在社会化进程的失调，最终影响他们今后的发展和进步。另外，由于父母工作的长时间性、不稳定性和低收入性，也导致他们和孩子的交流机会少，极易出现亲子关系冷淡或紧张问题，外来务工人员子女呈现出失学率高、辍学率高的现状。

这类学生不仅面临学习的适应问题、不能公平地与城市孩子享受教育资源问题，还面临城市社会融入问题。对于未成年人而言，家庭和学校是最主要的社会化场所。这类人群多生活在城乡结合部，其家庭和学校均在这样的环境中，他们的同辈群体也均属于这个人群——外来务工者或其子女。这样的环境不利于孩子进行城市生活的社会化，也不利于他

---

① 宗苏秋．试论社会工作对农村留守儿童问题的介入 [J]．科学之友，2010（03）：120—121．

们的社会融入。

鉴于以上原因，学校社会工作的介入对于解决这类学校及学生的问题就显得万分重要。而以何种形式介入是值得商讨的。以北京某些学校为例，自2007年开始，北京有3所新公民学校先后在摩根大通的资助下实行了"驻校社工"制度，尽管驻校社工的模式在外来工子弟学校很受欢迎，但是由于资金缺乏等原因，运行了3年的驻校社工服务最终被迫终止，并由驻校服务转为项目介入。可以说，就我国目前的国情与现状而言，项目介入的可行性更强。

学校社会工作可以通过社会工作者需要，从优势视角的角度激发学生的潜能，通过开展职业规划的讲座和培训，让学生发现自身优势，提升应对外部环境的抗逆力。社会工作者可以通过开展小组活动或主题讲座的形式，推进学生改善生活习惯，提升自身技巧，成为合格的新市民。学校社会工作不仅要关注学生在学校的状况，还要综合考虑家庭关系对学生的影响。家庭成为学校社会工作需要加以链接的重要系统之一。通过家访等工作，把家长也纳入服务对象，纠正不当的沟通方式，缓解亲子冷淡或紧张关系，提升双方的沟通、交际能力，促进孩子身心健康发展。

虽然外来工子弟学校、学生及家庭存在种种问题和困境，但学校社会工作者应该平等地对待每一位学生，防止他们被标签化。学校社会工作者不能因为服务对象来自外来工子弟学校，就对学生有一定的偏见。每个人都有自己的潜能，社会工作者应该善于挖掘他们的潜能，鼓励学生树立可行的目标，激发他们向着自己的目标前进。

阅读案例

"免费午餐"项目惠及万余学生

"免费午餐"是由邓飞等500多名记者和国内数十家媒体联合中国社会福利教育基金会等组织发起的公益项目。该项目倡议每天捐赠3元为贫困地区学童提供免费午餐。至2015年12月底募款已超过17 519万元，已有514所学校学生享有免费午餐。

一个媒体人，一群知识精英，一个新媒体工具，上百万名捐赠者，在郭美美事件导致传统公益模式备受质疑的当口，民间公益项目"免费午餐"从网上发酵造就了一个奇迹。短短5个多月就募集善款1690余万元，为77所学校的1万多个孩子提供了免费的午餐。

《京华日报》记者：听说这个项目的缘起是你与一位山村教师的聊天？

邓飞：2003年2月，我以"2010年度记者"的身份参加了天涯社区的颁奖晚会。我的邻座、一个叫小玉的支教女教师告诉我，她所在的学校（贵州省黔西县花溪乡沙坝小学）的学生没有午餐，每天她一个人端着饭盒，没办法面对他们渴望的眼神，不得不快步走进自己的宿舍去吃饭。最初我们是想帮助她所在学校的孩子们。

《京华日报》记者：可能很多人都会被感动，但是不一定付诸行动，为什么你半个月之后就去了？

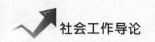
社会工作导论

邓飞：因为我承诺她了。我们要去给那个学校建食堂，让孩子们吃上饭。

《京华日报》记者：到了之后你看到的是什么？

邓飞：孩子们蓬头垢面，没东西吃。中午喝凉水或者在小卖部买零食。我们去了小卖部，发现全是假冒伪劣食品。后来，我们又去了其他更为困难的学校，深圳一个企业家提供了第一笔两万块钱的启动资金，只用一周时间，孩子们就吃上饭了。沙坝小学成为我们资助的第一所学校。也是在这一天微博上线，开始公募。

《京华日报》记者：前不久，国务院决定从2011年秋季学期启动民族县、贫困县农村学生免费午餐试点工作，并将宁夏确定为首批试点省份，听到这个消息你是什么感受？

邓飞：很高兴，实际上我们一开始去做的目的也是要推动政府介入。

《京华日报》记者：身为一个媒体人，你更多的是个记录者，如今作为一个行动者投身公益，又是出于什么考虑？

邓飞：我做记者10年，写了近200篇调查报道，是用舆论监督来尽一个记者的社会责任。但免费午餐给我最大的感受就是我们自己可以去做公益建设，实现一些事物的直接改变，更好地服务国家和社会。以后几年我会专注于中国儿童福利的增加，让贫困山区的娃娃能够感受到从出生到进入大学这个路途是温暖的，是有爱的，最终让他们走出来，成为国家的栋梁，带着爱和感恩回报国家和社会。

（资料来源：http://epaper.jinghua.cn/html/2011-09/26/content_704026.htm，有改动。）

S 思考题

1. 和西方国家的学校社会工作相比，我国推广学校社会工作存在哪些困境？
2. 针对案例中的现实国情，学校社会工作可以从哪些方面介入，同时扮演哪些角色？
3. 为更好地开展学校社会工作，学校社会工作者可以整合的资源有哪些？

任务三　企业社会工作

R 任务描述

本项任务通过引导学生阅读案例、参与体验式活动等方式帮助学生了解以下三个问题：

1. 如何界定企业社会工作？
2. 企业社会工作可以介入的领域有哪些？

3. 与其他发达国家相比，我国企业社会工作面临着哪些现实困境？如何才能更好地使我国企业社会工作实现本土化？

D 导入案例

"民工荒"与"大学生就业难"

每年春节过后都会掀起"求职"与"招工"的热潮。一方面，在我国沿海地区，特别是珠三角地区出现民工荒，企业招不到工人；另一方面，全国大学生择业、就业难已成为我国一大社会问题。有人由此联想到30多年前市场经济初兴时进入社会的"脑体倒挂"现象，当时有人戏称"搞原子弹的不如卖茶叶蛋的"。在全社会崇尚科技、建设创新型国家的今天，"大学生工资不如农民工"，根源何在？

大连重工高级工人技师王亮认为是企业太急功近利了。按理说，大学生基础好，学习能力强，开始操作方面差点，但进步也会很快。可是很多企业想降低成本，尽快赚钱，所以喜欢用技术熟练的农民工。这些企业没有长远眼光，没有耐心培养大学生。北京市政协副秘书长谢朝华也对此发表了自己的看法，他说："企业不要大学生，可是对农民工也不够好。一方面急着用人，另一方面又不想提高工人待遇。欠薪时有发生，加班、侵犯权益更是家常便饭。新一代农民工也转变了就业观念，不再为了混口饭吃就什么都肯干，他们也要求好的生存环境，也要求发展，也要求有精神生活。现在农民工的选择越来越多，在家门口就能挣到钱，凭什么还大老远跑你这儿来受气？民工荒本质是权益荒。"

（资料来源：http://sjb.qlwb.com.cn/html/2011-03/09/content_93902.htm?div=-1,有改动。）

案例思考

1. "民工荒"与"大学生就业难"反映出我国怎样的就业问题？
2. 在"民工荒"与"大学生就业难"的现实问题中，求职者和就业者各自存在什么问题？
3. 在解决"民工荒"与"大学生就业难"的问题时，企业社会工作者可以从哪些方面作出努力？

T 体验活动

请10位学生参与条形纸制五角星（事先准备好所需纸片）的手工制作活动。并按其制作五角星的熟练程度较为均匀地分为两组——A组和B组。A、B两组在同一教室开始手工制作。在手工活动开始以后不断改善A组同学的环境，如增加照明、拓宽活动场所、提供茶水等。而对同一教室的B组却不提供任何改善措施。

等待活动结束后：
1. 分别测量两组的成果，包括五角星的数量和完成质量，并进行比较。
2. 请两组成员分别谈谈活动体会。

知识链接

一、企业社会工作的界定

（一）企业社会工作的定义

企业社会工作是由工业社会工作发展而来，工业社会工作是随着全球化、工业化进程中不断涌现的社会问题应运而生的。工业社会以前的农业社会，家庭及家族起着保障作用。然而，在工业革命冲击下，家庭的保障功能逐渐弱化，家庭规模、家庭结构、家庭观念及家庭行为都随之发生了重大变化，如家庭失去了土地保障、家庭的经济功能受到了削弱、家庭人口规模日益缩小，等等。工业生产给人们带来的问题越来越具有普遍性和社会性，同时，这些问题仅仅依靠个人或家庭的力量越来越难以解决，如生产过程中面临的工伤风险，失去土地保障后的养老问题，市场经济下的失业问题，女性越来越多地参与到经济生产中所面临的生育保障，等等。在社会保障制度、社会工作的不断推动中，工业社会工作成为解决社会问题的一种有效手段。企业社会工作是将社会工作的价值理论、专业知识和技术运用于企业的一种社会工作实务。对于这类社会工作实务，学术界还有职业社会工作的称谓。而本书鉴于企业社会工作不仅要解决职业社会工作所侧重的"职业"以及"职场中的人"的相关问题，而且还应解决企业中更多问题，有更丰富的外延。因此，选用企业社会工作这一称谓。

企业社会工作是指福利部门、服务机构（包括企业内部相关机构和专业社会服务机构）运用社会工作的理论与方法，以各行业的企业单位及其职工为案主对象，以预防和解决案主问题为目标，增加职工福利，提升企业效率，促进员工与企业和谐发展的社会工作实务。

（二）企业社会工作的内涵

企业社会工作作为社会工作的一个具体领域，主要是通过构建信息交流平台、争取资源、提升自我能力等服务来解决企业中有关劳资双方在人际关系、员工需求、企业效率与发展等方面的问题。在这个互动过程中，涉及两个较为明显的系统，即社会服务的主体与客体。企业社会工作的内涵主要包括以下四个方面。

1. 企业社会工作的主体

企业社会工作的主体可以理解为服务或福利的提供者，包括提供具体的福利资源、专业技术与手法、专业服务等。这些提供者不仅是某个个体或组织，而且是一个全方位、多层次的系统，包括宏观层面提供相关政策支持的政府职能部门、中观层面负责输送福利与服务的群团组织及企业、福利与服务在微观层面的落实的专业社会工作者。具体来讲，宏观的职能部门通过制定政策法规，加强行政执法力度等方式对企业社会工作进行指导和规范。在这个过程中以政策与法规的形式确定劳动双方的权利与义务，为企业社会工作提供强有力的支持。负责输送福利与服务的中观层面的群团组织在我国主要包括工会、共青团、妇联等。这些群团组织在我国具有较强的行政色彩，是连接宏观层面与企业福利、企业服务的纽带。王思斌称这类工作人员为行政性社会工作者，即从事着社会工作领域工作的行政人员。企业相关部门主要是指负责员工社会福利的部门，如工会、人力资源部门或者其他部门，这根据不同企业组织有所不同。在落实福利与服务的微观层面主要是社会工作者，这包括专业的社会工作者和企业从事此类活动的员工。

2. 企业社会工作的客体

企业社会工作的客体是指接受服务者或服务的需求者，包括企业员工、员工家属及企业所在社区。企业员工作为企业中最大群体，是企业社会工作最主要的服务对象。企业福利、员工职业发展、员工情绪调整与管理、劳资关系、企业文化等都在一定程度上影响企业的生产及员工的归属与认同。企业社会工作者主要通过提高员工解决问题、争取资源的能力来促进员工的环境适应与发展，提升员工的生产效率，最终实现员工与企业关系的平衡。家庭是社会最小细胞，家庭也是满足员工情感需求最重要的场所。将员工家属纳入服务范围可以有效降低企业员工的心理压力和生活压力，提升员工的精神福利，让员工更无后顾之忧地开展工作。企业所在社区也是企业社会工作开展工作的一个重要领域。从系统理论来讲，企业不是单独存在于社会，而是与多个系统发生着联系与互动。企业社会工作者需要充分了解社区相关资源与环境，了解社区各类群体与企业有着哪些共同利益。妥善安排企业与社区的关系既有利于企业的发展，又会给员工及其家属的生活带来便利，还能为所在社区解决一些问题。因此，这也是企业社会工作者的一项重要工作。

3. 企业社会工作的目标

社会工作是一种服务，是一种助人活动，其核心理念是助人自助，其目标可以分为在服务层面上解救危难、缓解困难和促进发展，从社会层面来看，主要是为了解决社会问题，促进社会公平。企业社会工作作为社会工作一项重要分支，助人自助既是企业社会工作的核心理念，也可以理解为工作目标，即帮助案主提高解决问题、争取资源的能力。

企业社会工作的目标可以分为总体目标和具体目标。企业社会工作的总体目标是为了解决员工面临的各方面的问题，提高员工自身认识、解决问题的能力，改善工作环境，增进员工福利，激发员工的工作积极性。通过员工和企业的互动沟通，提高企业生产效率，促进企业进一步重视员工权益，让企业更好地履行企业的社会责任。

企业社会工作的具体目标是将总体目标具体化，落实到实处。具体目标包括帮助企业员工解决因资源缺乏带来的福利不足问题，提供心理疏导服务，协调企业内外关系，促进员工和企业的共同发展。

4. 企业社会工作的原则

在专业的社会工作实践活动中，社会工作应遵循的基本原则有对服务对象的接纳、尊重与包容，注重个别化原则，自我决定和知情同意以及为服务对象保密的原则。企业社会工作在开展具体的服务时，除了要依据上面所提及的基本原则外，还应根据具体工作领域的实际情况注意其自身特有的原则。概括起来，主要有以下两个方面。

(1) 以企业发展为目标原则。虽然我们一直在强调社会工作的最主要的服务对象为企业员工，但由于员工在劳资互动中处于较弱的地位，因此要提高员工解决问题能力、增进员工福利。然而，企业的存在是满足这些需求的最基本前提。企业社会工作者的介入是以第三方的身份来提供服务，而非站在企业的对立面。企业社会工作不是制造和扩大"劳资矛盾"，而是以缓解"劳资矛盾"，以提高员工的积极性，促进企业发展为目标。同时，企业社会工作能否顺利开展与企业的生存与发展有着直接联系。因此，促进企业的良性运行和健康发展，是企业社会工作的原则之一。

(2) 增进企业福利原则。企业社会工作起源于福利运动。员工福利是工资收入以外，由用人单位、政府或社会提供的用以提高员工及家属生活质量的各种物质、行为及精神支持等形式的劳动报酬制度。企业是员工福利提供的主体，为企业员工提供员工福利是企业义不容辞的责任，而享受员工福利是企业员工的权利。而在这个福利系统中，主体、客体双方的力量存在悬殊，以导致企业在福利提供上具有绝对的发言权，员工的福利获得得不到保证。在这场福利不对等的对话中，企业社会工作通过专业手法，在企业与职工之间建立起沟通的桥梁，同时通过为员工增能来提高其获取资源的能力，从而帮助员工最大限度地争取员工福利。

在我国改革开放的30多年间，在经济体制发生着变革、市场竞争加强的背景下，市场犹如一个硕大无比的竞技场，每一个从事经济活动的单位（工厂、企业、公司等）都不得不上场参加竞争。一方面，企业着手提高生产效率，提升企业竞争力。另一方面，员工紧张、单调、乏味、疏离使得员工的工作满意度降低，个人的自主性、创造性受到压抑，员工的工作成就感难以得到满足，从而影响企业目标的实现。为了缓解劳资冲突、提高企业运行效率、增进员工福利，急需一股力量以第三方的身份来解决这些社会问题。企业社会工作介入这些社会问题的解决中十分突出其专业性，即企业社会工作者需要运用社会工作的价值伦理和专业手法及技巧，以企业管理者及员工为服务对象，以企业及企业外部环境为社区，开展针对性的助人工作。如果缺失专业性手法，那么，企业社会工作者在企业的工作就无法得到认可。这也正是企业社会工作逐渐获得社会认同的必然之路。

(三) 社会福利与企业社会工作

福利（Welfare）是指好的或幸福、快乐、健康的生活状态，一种好的生活状态或满意的生活质量,是个体和群体追求的一个理想目标。美国学者威廉·H. 怀特科（William H. Whitaker）认为,社会福利是指社会的满意状况,其目的就是帮助人们在社会环境中更有效地发挥作用。这其中包含两层含义：一是满足人们的基本生存需要；二是满足人们必需的心理和精神方面的社会交往需要。

从社会保障体系来讲,与企业相关的社会保障的主要内容是社会保险与社会福利。社会保险的主体是国家,其标准是保障劳动者在面临年老、疾病、工伤、失业、生育等风险时仍能保证其基本生活的需要。而社会福利则是为了提高全体国民的生活水平和生活质量,社会福利的主体一是国家,二是企业,即员工福利。

19世纪末期,为缓解劳资矛盾、提高工作效率和保证企业利润,工业化国家普遍出现了福利运动,如职工教育、福利餐厅、员工宿舍、医疗服务、休闲娱乐、实物补助等,这些福利措施有效促进了企业员工与外界环境的动态平衡。社会工作是传递社会福利的过程。企业社会工作更是传递社会福利的主要渠道,这里的社会福利既包括社会工作者为企业及员工争取更多的国家福利,也包括提升员工自身能力来争取最大限度的企业员工福利。

（四）企业社会责任与企业社会工作

企业社会责任（Corporate Social Responsibility，CSR）出现于20世纪初。美国学者霍华德·博文（Howard Bowen）在他的里程碑式的著作《商人的社会责任》中首次给企业社会责任下了一个明确的定义,即商人按照社会的目标和价值,向有关政策靠拢,作出相应的决策,采取理想的具体行动和义务。当然,不同学者对于企业社会责任的定义各有侧重,但总的来讲包含：与经济责任相对；有关社会福利方面的责任；强调企业对社会的影响；注重社会利益、法律责任和道德责任；履行社会责任是企业的义务等。企业社会责任就是企业对其生产经营活动影响到的任何个人、单位、群体乃至自然环境所应该承担的责任。[①]

从这个定义出发可以从以下三个方面来理解企业社会责任的内涵,即对企业的产品负责,对企业员工负责及对股东以外的社会负责。企业对自行生产的产品、服务负责,生产优质、合格的产品与服务,运用合法的手段进行销售。企业对员工负责,包括提供除工资、资金以外的福利,满足员工健康、晋升、进修学习的需要。企业对社会负责包括对环境负责和开展慈善事业。

我国企业社会责任产生于改革开放以后,政企分开,使企业成为独立的商品生产者和经营者,基本上形成企业履行社会责任的政策和法律环境。随后,部分企业开展承担扶贫和捐赠责任。如今,企业对企业社会责任的认识也越来越深刻。在市场经济环境下,企业体验到竞争的残酷,降低成本使得许多企业重视经济利益而忽视了对政府（纳税、就业）的责任,淡化了对社会（社区关系、慈善事业、公众利益）的责任,漠视了对环境的责

---

① 周沛. 企业社会工作[M]. 上海：复旦大学出版社, 2010：81.

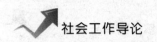

任。这种只注重眼前利益而缺乏长远考虑使企业的生存受到挑战。此外,大量外企、跨国企业的社会责任行为也是一股外力,推动着我国企业认真履行其社会责任。

在内外力量的推动下,并非所有的企业都开始履行其社会责任,或者有些企业已认识到履行社会责任的义务,但不知从何下手。企业社会工作与企业社会责任之间有着内在联系。两者都体现了以人为本的思想,都拥有追求和谐共生的目标,都是对利他主义与利己主义的协调等。在这样的环境和企业需求下,促进企业更好地履行企业社会责任成为企业社会工作者介入的一个契机。企业社会工作介入企业社会责任的服务包括以下两个方面。

第一,在满足员工方面应履行的社会责任。包括为企业员工提供咨询,缓解企业员工的心理和情绪,为员工提供平等的就业、晋升、进修学习的机会,为员工提供参与企业管理的渠道与机会,为员工提供安全和健康的工作环境。

第二,在满足社会方面应履行的社会责任。包括依法纳税,提供合格、优质的产品与服务,保护消费者的合法权益,保护环境,对企业所在社区形成良好互动,积极开展慈善事业。

二、企业社会工作的历史与发展

企业社会工作的提出是在19世纪末。当时主要资本主义国家先后完成或即将完成工业革命,生产资料的私人占有与生产的社会化之间的矛盾日趋尖锐,劳资之间的斗争空前激烈,劳工问题突出并影响工作效率与企业利润。在企业管理部门受到严重的挑战的状况下,企业社会工作作为一种有效的解决方法,在企业中发挥着独特的、重要的作用,并在其发展过程中形成了一系列企业社会工作的方案和计划。

(一)美国企业社会工作的历史发展及经验

19世纪末美国企业界兴起了一场为减轻工业社会生活问题的福利运动,企业开发了各种计划和服务来帮助工作领域的员工解决个人及家庭问题,促成了社会福利秘书这一职业的产生。社会福利秘书可以看作企业社会工作的先驱者,此时美国企业社会工作处于早期酝酿阶段。20世纪30年代美国职场酗酒问题已相当严重,并且造成许多安全问题与工厂生产力的损失。1935年,第一个职业戒酒方案成立"嗜酒者互助协会",这也成为美国企业社会工作产生的标志。到了60年代,随着社会的变迁,药物滥用、暴力、沮丧与离婚事件层出不穷并严重困扰着美国企业,酗酒方案的服务对象和服务内容都得以扩大,并逐渐转升为员工协助方案。如今,美国企业社会工作者介入的内容和提供的服务越来越多,"职场社会工作"成为对企业社会工作的新称谓。

美国企业社会工作起源于酗酒问题,从其提供的服务内容来看,它是随着社会问题的不断产生而增加的。随着社会变迁产生的需求逐渐复杂,美国企业社会工作的发展也日趋全面,其相应的政策支持和技术手法也不断完善,服务模式也呈现多元化趋势。这些都为我国企业社会工作发展提供了强有力的借鉴。

（二）我国港台地区企业社会工作的历史发展及经验

我国香港地区的企业社会工作蜕变自劳动福利服务，其历史可以追溯至1920年，中华基督教会为当时的劳动阶层提供住宿服务及一些个人成长的训练。而真正的企业社会工作发展于20世纪60年代后期，一些社会服务机构和宗教团体尝试协助员工解决其面临的工作和生活问题。这一时期的主要模式是以社会服务中心为基地，在青年中心或社区中心为工人提供一系列的劳工服务，吸引员工主动参加活动或服务，为员工提供社交及娱乐服务，提高员工的自我觉悟，协助其解决工作和生活问题，改善职工的权益及社会地位。80年代社会服务中心的服务逐渐延伸到工厂范围内，此时的香港劳工短缺问题逐渐呈现，为了招募或留住更多员工，企业较为注重员工福利问题。企业社会工作者得以顺利进入工厂，在工厂向员工提供一系列服务，包括个人及家庭辅导、文娱活动、咨询、讲座、培训，等等。随着全球市场经济竞争不断加剧，企业面临许多问题。特别是90年代中后期，香港在政治、经济、社会方面发生巨大变革。因此，一些社会服务机构拓展了一套协助雇主解决雇员个人、家庭及工作有关问题的服务计划，称为"雇员辅助计划"。这一阶段提供的服务包括改善雇主、管理阶层及雇员间的关系，促进雇员对企业的归属感，发展雇员的职业潜能与职业规划，幼儿服务，退休辅导，等等。这类服务主要是为了达到协助企业实行较为人性化的管理方式，增强员工归属感与认同感，提高雇员工作效率，提升员工生活素质的目标。

我国台湾地区企业社会工作发展也是随着台湾地区工业化进程以及社会变迁应运而生。在解决新型劳资问题、劳工问题、企业竞争等问题时，企业社会工作的发展路径与美国和我国香港地区相比呈现出一定的差异。台湾地区真正的企业社会工作始于20世纪70年代，由企业满足员工生活需要发展到社会服务机构介入企业，协助企业解决员工生活、工作问题。例如，1972年台湾松下电器成立大姐协助组织，招募专业人士扮演员工与主管间的桥梁。到了20世纪八九十年代，台湾当局通过成立组织开展劳工辅导服务和强调政策法令来推动劳工服务。如今，台湾地区的企业社会工作服务也朝着整合性服务在发展。

（三）我国大陆地区企业社会工作的发展历史

我国大陆地区企业社会工作起步较晚，西方国家以及我国港台地区企业社会工作的发展经验值得借鉴。然而，我国工业化进程呈现出自身的特点和复杂性。改革开放后我国大陆地区工业化进程进入高速发展时期，与此同时我国还进行着多方面的改革，如国有企业改革、土地制度改革、社会保障改革等。我国大陆地区的工业化进程与我国大陆地区的城市化进程、现代化进程是同步进行的，这必然会增加更多的社会问题。因此，我国大陆地区企业社会工作发展不能只走借鉴之路，还得从我国大陆地区的情况出发，逐渐实现企业社会工作本土化。

我国大陆地区企业社会工作发展可以大致分为两个阶段，即计划经济时代的企业福利与转型时期的企业社会工作。计划经济时期福利制度包括员工的住房、生活文体娱乐、医疗、工伤、养老、子女教育、生活福利等多方面，几乎涉及员工生老病死，能满足员工及家属的绝大多数工作和生活需求。这样的制度能够增强员工的认同感、安全感和归属感。而这种福利制度存在的最大弊端一是过于注重公平而损失了效率，二是只能覆盖到少数人，即国有企业职工及其家属。

随着改革开放的深入，"去单位化"的改革让员工获取福利资源的渠道从单位转向社会。在社会转型下企业面临新的竞争和压力，劳资双方呈现新的格局与态势。企业的关注点朝着经济利益发展，员工也面临新的问题，包括就业稳定性差、收入低下与贫困、基本权益难以得到保障。与此同时，我国大陆地区教育文化水平的不断提升，国民意识的增强，又促进着员工努力改变着这样的弱势局面。随着我国大陆地区加入WTO（世界贸易组织），逐渐加入到国际经济生产与国际竞争之中，也迫使企业朝着国际化方面发展，这表明旧有的劳资关系已不利于我国大陆地区企业参与全球经济。内外两股力量都昭示着需要一种新的方式来解决企业及员工面临的问题，这成为企业社会工作介入的重要契机。

我国大陆地区企业社会工作介入较早的是东部沿海企业，外资企业、合资企业在引入企业社会工作为员工开展服务方面表现更为积极，这也有力地推动了我国大陆地区企业引进企业社会工作。2002年，东莞裕元集团等一些规模较大的台资企业、外资企业就开始聘请社会工作专业的毕业生在企业内开展企业社会工作，为员工提供EAP（员工帮助计划）。这是国内企业社会工作实务的最早尝试，为我国大陆地区企业社会工作的发展作出了很好的表率。从2007年开始，深圳、东莞、广州等地相继实施政府购买社会工作服务的政策，包括岗位购买和项目购买，企业社会工作开始受到关注，一些企业通过各种方式引入企业社会工作。以深圳市为例，深圳市作为企业社会工作试点的先行城市，其企业社会工作发展起步于2008年政府购买社工岗位将社会工作者派驻到企业、工会，此时的企业社会工作发展处于刚刚起步和摸索阶段。2009年，深圳市启动了"风雨同舟——企业社会工作"福彩公益金购买社工服务项目，开始有企业社会工作项目在福彩金的资助下运作。这是深圳市政府为支持企业更好地应对金融危机所进行的一种新的探索，也是深圳市相关部门为把社会工作服务深入到企业领域所进行的一项开创性的举措。与之前的企业社会工作以社会工作者岗位为主要发展模式不同，有更多的企业社会工作项目开始崭露头角，体现出项目发展在该领域的强大优势。在东莞、广州、上海、珠海、厦门等其他沿海经济发达城市，企业社会工作也正在得到推广，一些企业纷纷通过"企业内设""政府购买服务""企业购买服务"等方式引入企业社会工作。

三、企业社会工作的主要领域与主要服务内容

企业社会工作是社会工作在企业中的应用，是专业社会工作者在企业的协助下，帮助员工解决困难、维护员工权益、激发劳动者积极性、促进员工和企业共同发展的过程。企业社会工作的主要领域是在企业，同时在相应的职能部门为企业和员工争取更多的福利与

权益,也在企业所在社区、员工的生活区域开展社会服务。企业社会工作的主要服务内容可以概括为如下几个方面。

第一,企业社会工作福利服务。

随着现代企业制度的逐步建立与完善,越来越多的企业把员工福利作为重要的管理手段之一,它对企业改善和丰富员工物质和精神生活、提高职工素质、激励员工、增强企业凝聚力有着巨大促进作用。社会工作在企业福利领域服务分为几个层面。在政府与相关职能部门,企业社会工作者推动有关法定福利的实施,参与法定福利政策评估,参与相关政策研究与调查。在企业层面,企业社会工作者引导与监管企业履行社会责任,了解员工福利需求,积极争取员工合法权益。在员工层面上,企业社会工作者增加员工福利权利意识,提升员工争取资源的能力,维护员工权益,最大限度地满足员工福利。

第二,企业社会工作心理服务。

人们对心理问题的重视和新的理解与人们对健康内涵的理解有着较大相关性。现代意义上的健康不仅指身体没有疾病,世界卫生组织指出,健康是指一个人在身体、精神和社会等方面都处于良好的状态。随着人们对健康需求和标准的不断提高,心理、精神健康成为人们关心的问题。心理健康是指人的心理活动和社会适应良好的一种状态,是人的基本心理活动协调一致的过程,即认识、情感、意志、行为和价值完整协调。[①] 在社会转型时期往往会呈现出适应滞后的社会现象,如文化滞后即为物质文化和非物质文化在社会变迁速度上所发生的时差,在社会变迁急剧的社会往往表现为物质文化变迁快于非物质文化。这样往往会造成人们由于社会变迁过快而无法适应社会的现象。例如,进城务工者虽然已从事着非农产业,但是影响他们的文化可能仍是小农意识,这必然会造成员工在工作岗位的不适应,进而影响到员工的心理健康。

企业社会工作在心理服务领域的服务内容包括:善于发现和诊断员工的异常行为、认知障碍;尽早介入存在心理健康问题员工的引导与治疗;善于推广有关调节心理的相关知识;积极引导员工建立健康、积极的人生观;正确认识压力;开展员工帮助计划。

第三,企业社会工作职业生涯服务。

职业生涯规划是指个人和组织相结合,在对一个人职业生涯的主客观条件进行测定、分析、总结研究的基础上,对自己的兴趣、爱好、能力、特长、经历及不足等各方面进行综合分析与权衡,结合时代特点,根据自己的职业倾向,确定其最佳的职业奋斗目标,并为实现这一目标做出行之有效的安排。[②] 职业生涯规划的主体既有企业也有员工,科学、合理的职业生涯规划不仅有利于员工的成长、潜能开发,也有利于企业运转、人才的培养。职业生涯规划在我国企业中应用时间不长,仅有少量职场人士通过职业生涯规划来提升自我,因此,对它的认识也有待推广。

---

① 周沛.企业社会工作[M].上海:复旦大学出版社,2010:233.
② 郭蓉.职业生涯规划[M].北京:国家行政学院出版社,2009:5.

企业社会工作者提供的职业生涯服务的内容包括：第一，在员工层面。通过宣传提升员工增加职业生涯规划的意识；对职业生涯中各个阶段有正确的认识，帮助解决职业转换中遇到的问题与困扰；运用专业的方法收集员工的兴趣、爱好、能力、特长等自身因素资料，帮助员工进行个人能力综合评定；协助员工制订个人职业发展计划。第二，在企业层面，企业社会工作帮助企业建立有效的员工生涯管理体系，从规章、制度、架构的建立和员工测评、规划等多角度切入，全方位建构规范的管理流程，将其融入日常人力资源管理中，发挥最大的效用。[①]

第四，企业员工增能服务。

增能"意味着帮助个人、群体、家庭，以及社区在其内部或周围探索和扩展其资源与手段的意图和过程"。社会工作中的优势视角就是要求社会工作者协助人们从压抑中解放自己，社会工作者的角色不是为他人增能，而是帮助他人增能。

员工在履行工作义务的同时应享受相应的权利。然而，对于其中处于弱势群体的员工来讲，往往不利于有效地保护自身的权力。这包括两个方面：一是部分员工不知晓自身应享有哪些权利；二是在知晓自身权利的前提下由于缺乏争取资源的能力而不能保护其自身权利。相对应，企业社会工作者的增能功能表现为：一是通过宣传、教育来提升员工权利意识，了解相关法律、法规，使其明白自己应该享有哪些权益，特别是文化程度低的员工；二是通过专业的手法不断提升员工自身能力，有效地争取自身权益，如缺乏话语权的农民工群体。

四、企业社会工作在本土化过程中需重视的特殊群体

我国正处于全面改革和深度转型时期，我国企业社会工作的开展面临比其他国家企业社会工作更为复杂的国情。我国企业社会工作开始较晚，在借鉴他国成功经验的过程中，不能照搬照用。如何把他国的成功经验与我国的实际相结合，成功地实现企业社会工作的本土化是我们当前的根本任务。在我国的工业化、城市化和现代化进程中，产生了一些特殊群体，其中一些群体又属于弱势群体。当这两类群体出现叠加时所面临的问题更加严峻。例如，大量的国企下岗职工、进城务工人员、企业女性职工群体、企业残障职工群体。以下将从进城务工人员和企业女性员工两个特殊群体入手加以分析，以期起到抛砖引玉之效。

（一）进城务工人员

进城务工人员顾名思义是指进入城市务工的农村人口。在我国习惯称他们为农民工。其他发达国家也曾出现大量进城务工人群，如英国在十六七世纪的工业化进程中产生过大量失地农民，进城务工成为多数人的选择。然而，与发达国家不同的是，兴起于20世纪八九十年代的进城务工者不是因为失去土地而选择进城，而是转移的剩余劳动力的推力和

---

① 周沛. 企业社会工作 [M]. 上海：复旦大学出版社，2010：283.

城市更多就业机会的拉力作用促成的。他们不仅处于工业化浪潮中，还处于我国城市化、现代化进程中。据多部门的分析估算，全国一般概念上的农民工约2亿多人，其中进城务工的在1.5亿人左右，他们分布在国民经济各个行业，在加工制造业、建筑业、采掘业及环卫、家政、餐饮等服务业中占从业人员半数以上，已成为产业工人的重要组成部分。农民工作为我国改革开放和现代化建设中涌现的一支新型劳动大军，是推动我国经济社会发展的重要力量。但由于城乡二元体制的户籍制度以及由此造成的长期城乡社会隔离，农民工在劳动报酬、劳动保护、社会福利、子女就学等诸多方面受到了不公平的甚至是歧视性的对待，在工作、生活、社会适应等方面面临诸多困难和问题。这不仅有损于社会主义社会的公平与正义，而且也给中国社会的和谐发展带来了极大的隐患。[①]

改革开放30多年间，进城务工人员的人口结构发生着巨大变化，包括性别结构、年龄结构、教育结构、收入结构等。学术界从年龄等标准把农民工分为一代农民工、二代农民工或新生代农民工。目前中国企业中相当部分农民工是20世纪80年代以后出生的第二代农民工。他们与20世纪60年代出生的第一代农民工不同，即他们的学习与成长是在改革开放之后，电视传媒的普及使他们得以间接地了解城市生活的概貌，有些第一代农民工的子弟，在童年时代就与其父兄们一道来到城市，所以他们对城市物质生活并不像上一代那样完全陌生。很多新生代农民工从外表、衣着上已与城市居民融为一体，但在文化理念与生活习俗上的差异却十分明显。新生代农民工中的部分人群甚至可以看作是城乡二元结构中的夹心层，即他们既没有从事农业生产的经验和技能，而在城市的经济生产中他们又是一个最为弱势的群体；他们既不习惯农村的生活方式，同时又向往城市生活，但要在城市立足却异常困难（如户籍、住房、经济生活成本等方面所面临的问题）。也有人称这类人群为"回不去（农村）的一代"。同是进城务工人员，其需求、面临的问题与困境都有着天壤之别。一代农民工劳动权益保障、养老、医疗等问题是他们关心的话题，而新生代农民工的城市社会融入问题成为一个新的社会问题。在解决以上问题方面进城务工者都处于弱势地位或者缺乏相应的话语权。企业社会工作者的介入是进城务工者解除困扰、争取自身权益的有效手段。企业社会工作者可以从如下层面介入进城务工群体，帮助他们解决问题。

1. 帮助进城务工群体提升自我

进城务工群体生活在城市，从事非农产业，然而其习得的生活常识和处事原则更多的还具有一定的乡土性。同时，社会急剧变迁造成的文化滞后也不利于进城务工者适应城市生活及工作方式。帮助进城务工群体提升自我，包括"去农民化"或"去乡土性"的文化理念的提升、提高他们的文化知识水平、通过职业化培训来实现职业化的转换等服务。

2. 通过职业化帮助农民工实现身份的转换

农民工，从农民到"工"不仅是从事生产领域的变化，也是一个身份的根本转换。这

---

① 王红艺. 企业社会工作介入农民工服务探析［J］. 青海社会科学，2012（1）：125—129.

种转换能否得以完成的关键就在于能否经由职业化而达到企业的要求,从而能长期、稳定地就业,最后完成由农民到工人、由乡村人口变为城市人口的身份转换。社会工作者一定要认识到农民工群体的这种需求是有些很强的内在驱动力的。然而,在这个转换过程中,多数农民工群体缺乏文化、技能,可调动的社会资源较少。他们要在城市立住脚,首先就得在企业立住脚,要在企业立住脚,就得学好岗位所要求的职业技术。同时还得尽可能地拓展自己的职业技术面以增强自身竞争力。企业社会工作者可以为农民工举办各种业余的职业培训学校,这是对他们最大的充权。

3. 帮助进城务工群体更好地参与社会融入

近1.5亿的庞大人群中蕴涵完成我国城市化进程任务的群体。和一代农民工难以留在城市相比,新生代农民工被称为"回不去一代"。他们出生在农村、接受教育在农村,但没有习得传统的农业生产技能。而他们成长在城市、工作在城市,他们的乡土情结远轻于其父辈或一代农民工,同时他们渴望能够立足于城市。企业社会工作可以通过帮助他们了解相关政策,积极促进在城市的职场及生活方面的适应,通过社会保障性住房和流动人员子女教育等相关政策来解决给他们带来最大困扰的住房和子女教育问题。

4. 帮助进城务工人群争取资源

督促政府对进城务工人员在政策上的支持、资金上的投入以及舆论上的引导,制定和完善相关的政策法规,将其制度化。呼吁政府成立相应社会服务机构或通过政府购买服务的方式为进城务工人群提供更多的社会服务,如康娱活动、提升员工能力、减压、新员工适应、职业规划等。积极地推动企业对进城务工群体的重视,认真履行社会责任,评估这一群体的最真实的需求并满足进城务工群体的福利需求。在进城务工人员面临权益受损的困境时提供法律援助,切实保障进城务工人群的合法权益。

(二)企业女性员工

随着我国女性受教育程度不断提高,女性进入职场参与经济生产的比例越来越大。虽然我国女性职工人群数量和在劳动人口中的比例急剧增加,维权意识和能力却未实现相应比例提升。女性员工在求职过程中易受到性别歧视已成为社会共识,城镇妇女失业率高,女性在劳动力市场易受到排斥。另外,还存在着在工作过程中不能同工同酬,不能较好地享受应有的合法权益,工作和家庭易出现冲突等问题。如果将这一群体与进城务工人员进行交集,那么进城务工女性职工的问题更为突出。2005年下半年,广东东莞龙岗区妇联随机抽取了4000多名外来女工就生存和发展问题进行问卷调查,结果显示,她们的基本状况呈现三低(低文化、低收入、低就业层次);思想上认为自己是异乡过客,没有归属感、安全感,彼此之间缺乏亲和与信任;健康状况令人担忧,由于营养不良、职业损伤、精神压抑而产生疾病或既往疾病加重;认识能力差,法律意识淡漠,缺乏自律性,应用法

单元四 熟悉社会工作服务领域：组织与机构

律能力弱，对自己的处境和务工过程中遭受的不公平待遇多数采取回避退让态度，等等①。

企业社会工作者可以为企业女性员工提供的服务有：第一，企业社会工作者要针对女性员工的生理条件，对企业岗位安置与生产条件的改善，提出自己的意见，并争取得到企业方面的支持。第二，关于女性员工在求职中易受排斥的问题，社会工作者可以通过调查研究，掌握相关福利制度和用工政策在企业的开展情况、所面临的困境，积极促进相应制度的改善与制定，使企业政策既能有利于企业自觉履行社会责任，有利于企业发展，又能有利于保障员工福利和权益，从而从根本上解决女性员工在职场上因生理原因而造成的不利地位。第三，提升职场女性处理工作和家庭生活的能力。尽可能避免因女性把时间和精力放在工作中而产生的夫妻生育、家务安排、子女及老人照料方面的冲突和矛盾。这主要是由女性参与到经济生产的事实与传统女性角色，以及女性自身生理特点之间的冲突造成的。同时，提升处理工作和家庭冲突能力有利于防止家庭暴力的发生。

阅读案例

富士康事件折射专职企业社工紧缺

富士康多米诺骨牌似的自杀，带给人们的已经不再是单纯的悲怆。越来越多的人开始理性分析"N连跳"背后的成因，以及可资解决的方案。有媒体报道，在2011年5月23日的富士康招聘会上，厂方开始不惜花重金聘请心理咨询师。但这一做法随后便受到众多质疑，有网友称富士康员工的心理问题只是悲剧发生的直接原因，而根本原因则是由众多社会关系矛盾组成，请心理咨询师只是治标不治本，由企业社工介入，才能从根本上解决问题。

2011年5月30日下午，"深圳关爱行动"动员会在深圳市公安局召开，宣布成立一个由近千人组成的"义工"团体进驻富士康在深圳的各大厂区，其中，专职社工220余人，全部来自深圳本地社工。据悉，这些社工将至少在富士康工作一周，针对近半年的新员工逐个进行谈话，并建立档案。

专职企业社工周义美特别忙，2011年5月末，深圳市几家社工机构联合残疾人志愿者在富士康龙华生活区相邻的商场门口举办活动，她是组织者之一。繁华地带，还是休息日，参与活动的员工很多，效果不错。

"时间比较紧，活动细节不是很完美，但因为他们（富士康员工）平时生活都比较枯燥，所以还是很有吸引力。"周义美告诉记者安排残疾人志愿者是出于"相对心理"的考虑，"生命是宝贵的，无论发生什么都应该珍惜，这个道理残疾人讲出来比我们更具说服力"。

作为职业社工，在得知富士康连续跳楼事件时，周义美的第一反应就是：早该引进企业

---

① 周沛. 企业社会工作［M］. 上海：复旦大学出版社，2010：307.

社工。"企业社工跟其他社工在工作思维和技巧上大体相同,但特点在于工作内容。企业社工既要协调员工之间、上下级之间的关系,还要开展员工的业余活动,推展员工能力提升的项目。具体讲像包括推动企业不得使用童工、提供给工人安全卫生的工作环境、解决员工心理困惑等。"周义美告诉记者。

"现在,富士康的员工面临的绝不单单是心理问题,背后还包括工作环境、社会生活、经济状况等一系列复杂问题。"中国社会科学院社会学研究所研究员孙丙耀对周义美的活动表示支持,在他看来心理咨询师只能单纯进行心理治疗,而专业的企业社工所能做的工作和起的作用要宽泛得多。

而全国政协经济委员会委员、著名经济学家、北京大学教授黄方毅更是认为引入社工是目前解决"富士康事件"的唯一办法:心理咨询只能解决一个临时的心理安抚问题,必须马上建立一个长期企业社工机制。

（资料来源:http://gongyi.163.com/10/0604/09/68AUID8O00933PQH.html,有改动。）

思考题

1. 上述案例折射出我国企业社会工作面临的哪些困境?
2. 为什么说"请心理咨询师只是治标不治本,由企业社工介入,才能从根本上解决问题"? 企业社会工作的优势体现在什么地方?
3. 如何改变我国企业社会工作事后介入的现状?
4. 企业社工在介入时如何摆正与企业、管理者、员工之间的关系?

任务四　医务社会工作

任务描述

本项任务通过引导学生阅读案例、参与体验式活动等方式帮助学生了解以下三个问题:

1. 什么是医务社会工作?
2. 医务社会工作可以在哪些工作领域发挥作用? 是如何发挥作用的?
3. 如何使医务社会工作本土化,以更好地为国民健康服务?

单元四 　熟悉社会工作服务领域：组织与机构

D 导入案例

中国医务社工艰难起步

当河北医科大学第一附属医院社工部社工送来已获一家慈善基金会救助的消息后，来自河北栾城的张素辉终于松了一口气。初为人母的她还来不及品尝新生命带来的幸福，孩子便被确定患有一种叫"动脉导管未闭"的先心病。张素辉没有工作，老公打零工每个月挣的1000多块钱大多花在了孩子的医药费上。这次手术费需要2万多元，除去医保报销部分，基金会还可补助约1万元。

河北医科大学第一附属医院从2004年开始先心病救助，至今已救治了9000多例患儿。"随着救治数量增加，医院渐觉力不从心，开始和不同的爱心组织合作，社会工作的理念被引入到医院。"医院社会工作部部长王保中说，社工部的主要工作是协调慈善项目和社会工作在医院的运行，目前除了先心病外，还有白内障和白血病项目，去年启动以来已经有100多人受益。但这些社工部工作人员也经常遭遇尴尬。"社会工作者对人们来说还是个新鲜事物，每次和新入院的患者打交道都会反复解释两句话，一是不收费，二是不宣传。"社工部工作人员胡文娜无奈地说。

"对于大多数中国人来说，社会工作者还是一个陌生词汇。"河北科技大学文法学院彭秀良说，"社工"是由社会工作的价值观引导，运用社会工作专业方法帮助困境人士的职业化的社会服务人员。医务社工在发达国家已经成为医疗卫生服务体系中不可或缺的组成部分。彭秀良说，社工扮演的助人角色不只是给予受助者物质帮助，而是达到"助人自助"的目的，帮助受助者正确对待困难、努力克服困难，同时又设法争取资源，切实帮助受助者走出困境。

从2000年以来，社会工作在中国得以发展，医务社工近几年才开始在上海、北京、山东等地一些医院逐步发展，一些医院设立专职社工岗位，有的则尝试与专业社工机构合作、医院出资购买其服务。一些专家指出，目前中国医务社工仍处于发展初级阶段，大多数医务社工由医护人员半路出家，专业水平不高，很多医院主要依赖志愿者开展工作，开展的服务也仅限于为贫困患者解决医药费用等医疗救济方面。

"医务社工的工作应涵盖更广泛的内容，如充分挖掘和利用更多社会资源，针对患者心理层面、社会关系、家庭成员等展开服务，解除患者心理负担，促进其身心全面康复，加强医患理解沟通等。"石家庄学院社会学系副主任张学东说。

（资料来源：http://news.xinhuanet.com/politics/2014—04/17/c_1110284005.htm，有改动。）

案例思考

1. 案例中社会工作室是如何体现助人自助的社会工作价值理念的？
2. 分析以上案例，指出康复社会工作的发展趋势的怎样？

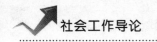

T 体验活动

请5位同学在假定的环境下分别完成如下动作。

（1）倒水。事先准备好一瓶矿泉水和一个纸杯，体验者为缺少右手臂者。请同学们体验单手打开水瓶瓶盖并把水倒入杯中。

（2）叠衣服。体验者带上眼罩，在被蒙住双眼的情况下，把衣服叠起来。

（3）盲人过障碍。体验者被蒙住双眼，在同学的解说引导下避开障碍物（可将椅子放在地面模拟障碍物）。活动结束以后：

1. 请体验的同学分享感受。
2. 请体验的同学谈谈该活动是否改变了其对健康与疾病的认识。

Z 知识链接

一、医务社会工作的界定

（一）医务社会工作的相关概念

在我国目前的医疗卫生系统中，医务社会工作是其组成部分之一。随着社会的发展和医疗卫生服务水平的提高，人们对健康生活的期待也在提升。医务社会工作的存在与发展与人类对疾病和健康的理解息息相关。随着人们对健康与疾病知识及常识的需求不断增加，医务社会工作才得以迅猛发展。因此，为了更好地理解医务社会工作的内涵与外延，有必要对如下几个概念进行界定。

1. 健康

健康是指一个人在身体、精神和社会等方面都处于良好的状态。人们对健康的认识与要求是一个动态、变化的过程，与社会的经济、文化等水平有着极大的相关性。传统的健康观是"无病即健康"，现代人的健康观是整体健康，世界卫生组织（WHO）提出"健康不仅是躯体没有疾病，还要具备心理健康、社会适应良好和有道德"。因此，现代人的健康内容包括躯体健康、心理健康、心灵健康、社会健康、智力健康、道德健康、环境健康等。

健康是生理、心理、社会三个方面正常的状态。在这三个方面中，社会适应性归根结底取决于生理和心理的素质状况。心理健康是身体健康的精神支柱，身体健康又是心理健康的物质基础。良好的情绪状态可以使生理功能处于最佳状态，反之则会降低或破坏某种功能而引起疾病。身体状况的改变可能带来相应的心理问题，生理上的缺陷、疾病，特别是痼疾，往往会使人产生烦恼、焦躁、忧虑、抑郁等不良情绪，导致各种不正常的心理状态。作为身心统一体的人，身体和心理是紧密依存的两个方面。总之，健康的人要有强壮的体魄和乐观向上的精神状态,并能与其所处的社会及自然环境保持协调的关系。

2. 疾病

迄今为止,疾病尚无统一的定义。疾病是在一定病因作用下因自身态调节紊乱而发生地异常生命活动过程,并引发一系列代谢、功能、结构的变化,表现为症状、体征和行为的异常。疾病是机体在一定的条件下,受病因损害作用后,因自身调节紊乱而发生的异常生命活动过程。是一定的原因造成的生命存在的一种状态,在这种状态下,人体的形态和(或)功能发生一定的变化,正常的生命活动受到限制或破坏,或早或迟地表现出可觉察的症状,这种状态的结局可以是康复(恢复正常)或长期残存,甚至导致死亡。

研究表明,正常人体均存在着少量的细菌、病毒甚至癌细胞。但有的人发病,有的人不发病,究其决定条件,可总结为三个方面,即外界致病因素、机体的内部因素及自然环境和社会因素。

3. 亚健康

从上面的介绍看来,健康和疾病是相对的概念,人的一生从生到死,始终处于内部生理环境与外部社会生态环境的动态平衡过程中。然而,社会与科技在不断进步,城市化与工业化的步伐明显加快,人们在物质生活得以改善的同时,环境污染日趋严重,人们的生产与生活方式均发生了巨大的改变。这种改变造成了诸多的不科学、不合理的变化,如食品安全危机、社会压力和心理压力不断增加、人的机体长期处于过度紧张的疲劳状态等。而上述种种会使大脑、内脏器官出现功能失调或功能减退,机体组织结构老化速度加快,进入一种没有疾病而又有自我不适的状态,从而危及人们的身心。医学界将这种称为亚健康,即无器质性病变的一些功能性改变。

4. 医务社会工作

从健康—亚健康—疾病的认识,反映出随着生活水平的提高,人们对健康的要求越来越高。而医务社会工作的存在与发展与健康息息相关。医务社会工作的内涵与外延也在人们的认识中不断地扩大。这一点从医务社会工作的发展阶段可以看出来。医院社会工作、医务社会工作和健康照顾社会工作代表了医务社会工作发展的三个阶段,也反映了人们对健康的不同认识阶段。医院社会工作是在医院中协助医生,解决病人、家属心理性、社会性问题的职业化服务。医务社会工作是医疗卫生机构中,解决病人和家属心理、社会问题的社会服务,突出特点是服务对象和工作范围已超出医院和临床医疗的医学范围,反映世人健康观念的转变。健康照顾社会工作是在健康照顾体系和处境中,预防疾病,解决病人和家属的心理、社会问题的社会服务活动的总称①。

因此,我们将从医务社会工作发展的第三阶段来下定义,把医务社会工作界定为在健康照顾工作中实施的社会工作实务,目的是协助那些受到实际的或潜在的疾病、失能或伤

---

① 刘继同. 医务社会工作导论 [M]. 北京:高等教育出版社,2008:115.

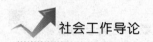

害影响的服务对象、家庭和群体,增强、促进、维持和恢复尽可能好的社会功能。

(二)医务社会工作专业的知识基础

医务社会工作的服务领域广泛,学科内容渊源深厚,学科基础多样,是典型的跨学科、跨部门和跨专业服务的领域。医务社会工作涉及社会医学、精神医学、家庭医学、医学人类学、医学社会学、医学心理学等诸多学科。医务社会工作的知识基础宽厚,来源广泛,主要由三部分组成。一是医学基础知识和医学科学体系,主要回答有关疾病、病理、治疗和健康的基本知识。二是社会福利理论与社会工作知识,主要涉及社会福利制度与社会工作专业服务。三是其他自然科学和社会科学知识,主要为医务社会工作实务提供宽广的知识基础。因此,可以看出,医务社会工作是社会工作的特殊领域,是社会工作专业体系中知识、技术和服务最密集的领域。

二、促使现代医务社会工作进入我国医疗卫生体系的几股力量

社会工作是生产力发展的产物,医务社会工作的兴起与发展更是如此。以健康照顾为主的现代医务社会工作能进入我国医疗卫生体系不是偶然,也并非完全照搬西方模式。这是我国现行经济、社会发展的需要,其背后有着以下几股推动力量。

(一)制度背景

1. 社会转型背景下政府职能的转变和生活观念的转变

随着我国经济和社会的全面发展,工业化、城市化、现代化的不断推进,国家实力和人民生活水平不断提高的同时,也伴随着社会转型的一系列社会问题。经济增长目标与社会公平目标之间的张力的存在,让民生、社会公平还未真正处于主导地位。然而,随着我国进一步深化改革,不断改变政府职能,构建社会主义和谐社会成为当前我国社会主义现代化建设的最为重要内容。伴随我国现代医疗体制改革和社会建设事业的不断深入,人们对医疗服务形式和内容的需要也不断增多。医院作为和谐社会的一个重要窗口,与人民群众切身利益密切相关,必然在构建融洽内外关系上走在前列。和谐医院成为构建和谐社会的重要内容。

然而,医疗体制改革使得我国多数医院以药养院,当前社会普遍反映人民群众"看病难、看病贵",一些医院片面追求经济利益而忽视了社会效益,医患关系紧张等现状不容忽视。而如今,人们对医疗服务,甚至健康需求不断提出新的要求和标准。这两者之间的张力亟须化解,人民群众需要更为人性化、更为优质的健康服务。以"预防控制和治疗疾病,改善公民身心健康状况,传授健康理念和文明生活方式,适应生物医学模式转变,为病人、家属和社区居民提供整体化、连续性和综合性福利服务"为基本职责的医务社会工作者无疑成为化解此类张力的最佳人选。医务社会工作者成为满足人们更高健康需求、构建和谐医院的重要力量。

2. 相关政策的推动

(1)公共卫生政策。公共卫生概念起源于18世纪末19世纪初。当时公共卫生概念很

大程度上"等同于"环境卫生和预防疾病策略以及疾病预防和控制。随着社会进步,尤其随着人类疾病谱、医学诊疗方法和医学模式的转变,公共卫生超出了生物学的范畴。20世纪以来,以健康保险、社区健康服务和公共服务为主的大众健康政策范式形成,尤其是以环境保护、生态健康、人群健康、职业健康为主体的新型大众健康政策范式形成,公共卫生政策范式从公共市政工程建设、健康保险与填平保护转变为全民健康与增权。纵观人类社会历史发展,公共卫生政策与服务范式发生了重大变化,其内涵与外延、理念与价值基础、政策目标、工作范围、服务对象都发生了重大变化。

目前,中国公共卫生政策与服务范式正处于由传统向新公共卫生范式转型的阶段。公共卫生的核心定义是"Public Health",受苏联和日本阐释的影响,中国将其习惯上译为"公共卫生",其含义有所偏离、曲解和狭义化。"公共"这一概念未表现出"公众或大众"的主体地位,先进"健康"理念被降低到较低的"卫生"层次。改革开放以来,公共卫生政策由狭义的范式向新型、现代、广义大众健康政策范式转变的趋势明显。新公共卫生政策的宗旨是创造一种崭新的生活方式,用现代文明生活方式预防疾病。例如,将健康促进和健康保护作为疾病三级预防中最基础的一级预防的主要内容,世界卫生组织提出的人类健康四大基石"合理膳食,适量运动,戒烟限酒,心理平衡"成为一级预防的基本原则。可见,公共卫生政策的演变对医务社会工作的发展起着重大的推动作用。

(2) 社会福利政策。医务社会工作实务的基本特点是社会工作者在医疗照顾和健康照顾领域中为病人、家属和需要帮助人群提供的福利服务。医务社会工作服务是社会福利服务的重要组成部分。医学理论和知识是为了更好地服务病人,社会福利理论和知识体系是医务社会工作依靠的理论基础。因此,社会福利政策是推动医务社会工作发展的另一力量,相关福利制度和政策的发展变化将成为引导医务社会工作转动的重要风向标。

(二) 学科理论基础

医务社会工作的知识基础宽厚,来源广泛,主要由三部分组成。一是医学基础知识和医学科学体系,主要是回答有关疾病、病理、治疗和健康的基本知识。二是社会福利理论与社会工作知识,主要涉及社会福利制度与社会工作专业服务。三是其他自然科学和社会科学知识,主要为医务社会工作实务提供宽广的知识基础。下面我们将从医学和社会工作两个学科基础的发展来分析对医务社会工作的推动作用。

1. 医学模式的转变与健康照顾概念的兴起

医疗卫生事业与健康照顾服务体系是中国社会政策框架与社会福利体系的重要组成部分。健康照顾(Health Care)我们习惯将其翻译为"卫生保健"。健康照顾的前身是医疗照顾(Medical Care),医疗照顾的基本含义是有关医疗议题的服务活动,内涵及外延主要局限于临床医疗活动,非临床医疗环节和服务通常不包括在医疗照顾概念中。健康照顾概念将健康的议题由医护人员扩展到医护人员和医院以外,由医疗机构的临床治疗扩展到非临床治疗活动,由狭义的身体健康无病扩展到广义多元化的健康,由单纯生理疾病诊断扩大到疾病预防、治疗、保健、康复。

健康照顾概念兴起的背后最根本的动力是传统生物医学模式转变为现代生物—心理—社会医学模式的客观需要，是促进公民身体健康、精神心理健康和社会适应能力完善结合的需要。20世纪70年代以来，西方国家和中国的医学模式已同生物医学模式，转变为生物—心理—社会医学模式，但是中国生物医学模式主流地位仍无实质性变化。他们主要关注和擅长治疗生理疾病，无力顾及病人和家属的心理问题、社会问题。这种医学模式的转变也推动着以健康照顾为主流的医务社会工作在中国医疗卫生系统的变革。

2. 社会工作的发展

工业革命以来，传统的农业生产的社会结构受到严重冲击，新的社会结构逐渐产生、兴起。从伊丽莎白的《济贫法案》首次明确了政府应负起社会救济的责任，到欧美国家出现有组织的志愿性济贫活动，再到如今社会工作服务于各领域。可以看出，社会工作经历了慈善阶段、社会保障事业阶段和专业社会工作阶段。社会工作的发展为医务社会工作的发展提供了坚实的理论基础。

三、医务社会工作的发展历史

（一）欧美医务社会工作的历史沿革

欧美医务社会工作专业发展历史悠久，基本可以分医疗救助、医院社会工作、医务社会工作、健康照顾社会工作四个不同的历史发展阶段。欧美医务社会工作的四个发展阶段反映了医学模式和福利制度的演变，也反映了医务社会工作发展规律。

第一，医疗救助和缓解贫困阶段。医务社会工作起源于英国《济贫法案》时代的医疗救助，侧重于帮助患病的穷人。虽然是低水平的救助活动，但是它首次在身心健康、医疗服务、社会工作专业服务和个人福利之间建立专业联系。然而，医疗救助服务并不等于医务社会工作。

第二，医院社会工作阶段。医务社会工作起源于英国，但专业化发展程度最高的是美国。医院社会工作阶段时间大约从1905—1945年。此阶段的医院社会工作主要受心理学和生物医学的影响，服务对象主要侧重于微观治疗取向的个人。医院社会工作是在医院中协助医生解决病人及其家属心理性、社会性问题的职业化服务。

第三，医务社会工作阶段。1946年，世界卫生组织提出新健康概念，标志医务社会工作进入新阶段。这一阶段的基本特征是医务社会工作主要受社会学和社会医学的影响，服务对象侧重社会群体和社会组织，医务社会工作专业教育、专业组织、专业研究、专业杂志、工作场所和专业服务体系已稳定确立，专业地位和专业权威已确立。

第四，医务社会工作结构性转型和健康照顾社会工作时期。时间从20世纪70年代福利国家改革和生物医学模式转变为生物心理—社会—社会医学模式至今。这个阶段，医务社会工作受到心理学、社会学、经济学等多学科影响，服务对象由微观个人、中观社区和组织扩大到社会环境与制度安排,医务社会工作范围内容由单纯医疗服务扩大到所有"生理、心理、社会健康有关"的领域。

(二) 中国医务社会工作的历史沿革

总体来说,欧美国家医务社会工作的历史发展及规律为我国医务社会工作制度建设积累了丰富的历史经验和教训,为改善我国公民身心健康和提高生活质量提供了直接的参考和借鉴。然而,并不能就此认为医务社会工作是一个"舶来品"。早在1921年,北京协和医院就成立了社会服务部,这也是我国最早的医务社会工作,迄今为止已走过近百年的曲折历程。然而不同于发达国家,在这近百年的时间里,我国医务社会工作乃至整个社会工作的发展都经历了各种起伏。

第一阶段是1921—1949年。这一时期是中国现代西医制度、社会工作实践和医务社会工作制度建设的萌芽、起步阶段。这个阶段我国医务社会工作主要是借鉴国际社会经验,只有欧美国家的少数医务社会工作者和有关社团,先后在我国少数城市建立医院并引入医务社会工作制度。其间,以美国罗氏基金会建立的北京协和医院最为著名,并于1921年在协和医院创建"社会服务部",开展医疗救助、家访随访和种类社会服务,并将此模式推广到南京、济南、上海等地的少数医院。

第二阶段是1949—1967年。中华人民共和国成立后,中国以一股新的社会主义力量屹立世界。西方国家对中国进行全面封锁,加之其他历史原因,中国社会和西方世界基本隔绝。政府主要借鉴苏联模式,在福利体制上也建立了国家保险型的社会保障制度,政府在医疗卫生领域扮演全能角色。在党和政府领导下,医疗卫生领域做了大量工作,如建立群众性的爱国卫生运动、公共卫生、地方病和寄生虫防治,等等。这种制度安排适应当时要求,极大地改善了人民的生活状况和身心健康状况。其中,许多工作虽然不是以"医务社会工作"的名义出现的,但实质上属于医务社会工作范畴。

第三阶段是1967—1977年。这10年,中国经历了"文化大革命",国家建设的重心转移使得许多工作全面中断,其中也包括社会工作。医务社会工作也未能幸免,错失了较好的发展机会。

第四阶段是1978年至今。这一时期是医务社会工作恢复、重建的阶段。1978年党的十一届三中全会揭开当代中国历史新篇章,为医疗卫生领域的改革及借鉴国际医务社会工作的经验提供了良好的宏观社会环境和机遇。中国医务社会工作议题,最早是由医务工作者于1984年提出来的。但是,由于当时卫生系统内研究队伍人员数量少,其社会影响不大、不广,基本局限于"学术圈子之内"讨论与同行间交流。随后的医药卫生体制改革使得公立医院"市场化"趋势越来越强,凸显了"看病难、看病贵"问题,医患之间出现了结构性紧张关系。这种宏观环境与医药体制改革存有的问题为医务社会工作复兴和开展提供了结构性动因。

2000年至今可以看作我国医务社会工作全新时代,社会工作教育蓬勃发展,医院"社会工作部"大量建立,相应的社会组织也应运而生,医务社会工作理念、组织体系、服务实践、人才队伍和政策研究逐步兴起并完善。目前，我国医务社会工作仍存在绝大多数在岗医务社会工作者由医护人员兼任，或由其他人群以自愿者身份开展，缺乏一定的专业性和职业性。

四、医务社会工作的工作领域和主要内容

（一）国际医务社会工作主要介入的领域及工作内容

梳理国际医务社会工作的发展来看，医务社会工作可以介入的五大领域为疾病预防和公共卫生领域、疾病治疗与医院临床医疗服务领域、疾病治疗与精神健康领域、医疗康复与康复领域、社区健康服务与家庭医学领域。总的来讲，可以归纳为预防—治疗—康复三大块。从这五大领域、三大块介入医务社会工作，为我国医务社会工作的开展和开拓未来发展领域提供了方向。

1. 疾病预防与公共卫生社会工作介入领域

疾病预防是依据科学的医学和卫生知识，有计划地推行各项公共卫生措施、控制传染病、卫生教育，以达到建立促进大众健康的生活环境，确保个人健康的目标。在目标上，疾病预防与社会工作的目标具有重叠之处，这成为社会工作介入的背景。

医务社会工作者主要通过健康促进、健康教育及应对突发公共卫生事件的方式介入疾病预防领域。健康教育是诱导人们养成并保持有利于健康的生活，合理地利用已有的保健设施，自觉自愿地从事改进个人和集体的卫生状况或环境的活动。健康促进是指促进人们维护和提高他们自身健康的过程，是协调人类与所处环境之间的战略，规定个人与社会对健康各自所负的责任。健康教育和健康促进是"预防为主"的原则和"人人健康"目标的结合与具体落实。世界卫生组织把健康教育与健康促进列为当前预防和控制疾病的三大措施之一。在人们对健康的需求越来越高的现代社会，公众预防疾病的意识逐渐提升，也为医务社会工作的展开提供了平台。

在突发公共卫生事件中，医务社会工作可以在事件发生前、发生时和发生后积极展开工作。第一，事前介入。在公共卫生事件发生之前，医务社会工作者担负起倡导者和教育者的角色，提供一系列的专业服务，致力于环境的改善，消除不利于人类健康的消极因素，防止公共卫生事件的发生，或减少其发生的可能性。第二，事中介入。在事件发生过程中，社会工作者必须针对具体的情况，进行广泛的社会动员，防止事态的进一步扩大，设法减少和消除群体性心理恐慌，同时动员各种社会资源，特别是社会性支持。第三，事后介入。事后介入的焦点和重点是让有关个体或群体能适应新的环境，为受害者提供抚平创伤的温馨环境，为预防同类或相关事件再次发生，使突发公共卫生事件给人类造成的危害降到最低限度。

2. 疾病治疗与医院社会工作介入领域

疾病治疗的主体是患者与医护人员，但患者往往除了生理上存在病痛以外，还可能有心理因素或社会因素的存在。现代的生理—心理—社会医学模式告诉我们,在疾病治疗过程中对个体身心、生活等方面的照顾需要更迫切。因此,疾病治疗过程中社会工作介入显得尤为重要和必要。社会工作者可以通过构建和谐的医患关系、解决患者在诊疗过程的问题、制订出院计划等方法介入医院社会工作。

3. 疾病康复与康复社会工作介入领域

康复社会工作是针对以残疾人为主体的康复需要者所开展的专业社会工作。康复训练为了减轻疾病所造成的影响所采用的是医学的、教育的、职业的、心理的和社会的等综合训练手段和措施。在诸多的康复活动中,康复训练是适应性最广、最简便易行的。康复训练的主要内容有生理康复训练、心理康复训练、日常生活技能训练、人际交往技能训练、职业技能训练。

一般来说,目前大多数康复机构的康复训练由以下几个步骤组成。

(1) 康复诊断。主要诊断患者已有的、具体的功能缺损,需要哪些方面的恢复帮助,而非诊断患了哪种疾病。

(2) 确立康复目标。根据病情及服务对象的实际需要、康复诊断及患者自身及家庭情况来为患者确定切合实际的康复目标。

(3) 制订周密的康复训练计划,包括具体采用怎样的康复方法、阶段、地方,等等。

(4) 实施康复训练计划。康复计划的实施最好在家庭、社会等要求达到康复目标的环境中进行。家庭和社会是正常的生活环境,而机构则拥有专业设备和服务的优势。

(5) 康复治疗的评定。康复训练完成后,应由专业人士评定康复训练实施的实际效果。同时,也可以采用患者的效果评估。

(二) 我国医务社会工作主要介入的领域及工作内容

1. 医院社会工作

医院社会工作的对象主要是病人及家属,医务社会工作的开展主要是为了满足对象治愈疾病恢复健康的需要、安顿好病人及其家属的情绪和生活的需要、获得医护人员的尊重和心理关怀的需要、解决由疾病带来的经济问题的需要。医院社会工作对象所面临的问题可以总结为病人及其家属的心理调试、医患关系紧张和医疗费用增长造成病人负担过重。

医院社会工作可以分为在医院门诊部医务工作、医院住院部医务社会工作、家庭医疗医务社会工作和临终关怀的医务社会工作。

2. 公共卫生社会工作

公共卫生医务社会工作的对象是社会公众,保护公众免受疾病的侵扰并健康生活是其目标。因此,公众在公共卫生方面的需要包括健康生活的需要、突发公共卫生事件发生后心理疏导的需要、卫生保健的需要。公共卫生医务社会工作的对象可能存在的问题有对公共卫生知识缺乏了解、各种突发传染病频繁出现,威胁公众健康。

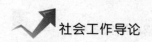

公共卫生医务社会工作主要通过健康宣传和健康管理等方法，提升社会公众的健康意识，使公众获得良好的个人健康管理服务。同时通过介入教育如何掌握传染病的防控方法来提高公众应对风险的能力。

3. 精神健康社会工作

精神健康社会工作主要是指社会工作者在精神病防治及心理卫生机构的社会工作服务。社会工作者主要负责对精神病症患者与发病有关的个人资料的收集和分析、对精神疾病患者家属做心理辅导、对较轻度精神疾病的个案工作治疗、辅助患者的康复训练、为精神健康问题患者回归社会服务、有关精神健康问题的调查研究等工作。

五、医务社会工作本土化过程中值得关注的几个领域

根据我国医务社会工作发展的现状和我国当前的国情，除了前面分析到的医务社会工作可以介入的领域外，如下几个领域急需医务社会工作的介入。

（一）家庭健康促进

医务社会工作的服务内容可以从预防—治疗—康复三个层面展开，预防医学可分为三个层次，其中初级预防的两个方面任务为促进健康和特殊防护。促进健康是指人们提高卫生知识水平、坚持体育锻炼、有选择地定期进行健康检查、合理营养、保护环境、清洁饮水、污染无害化处理、创造良好的劳动条件和生活条件、注意合理生活方式、纠正不良卫生习惯等。特别在人民的物质文化生活水平得到极大程度的提高以后，人们对健康的需求不断增加，人们对健康的要求也不断提高。家庭是社会的最基本单位，对于"家本位"意识较深的中国人来讲，将健康促进工作落实到家庭的层面对于医务社会工作的本土化进程，对于提高百姓的接受度有着极大的积极影响。如果把健康教育及健康促进放在家庭这一层次是最容易落实的。妇女、儿童、老年人、慢性病人、残疾人都是健康服务的重点人群。在预防、治疗、康复三个阶段中，治疗最主要发生在医院，而对于有健康需求的百姓而言，那并非人们生活的常态。而预防与康复更容易在家庭、在社区中得到满足。在家庭中实现有利于健康的生活方式的养成，营养保健、妇幼保障、环境保护等健康预防工作都可以在家庭得以开展。将这些工作在家庭中进行不仅可以最大限度地扩大享受健康的群体，降低成本，还能让公众在享受健康的同时得到最好的社会支持，提高效用。

重庆市柏扬社区社会工作者刘平在开展健康服务活动中，将一些生活工具与道具搬上了讲台。她不仅向居民宣传了健康营养知识，还在现场演示人均25克油放在锅里是多少，6～8克盐放在勺中究竟有多少，一瓶饮料中含糖量相当于几块方糖等，让居民将健康的理论知识具体化、形象化，加深了居民的印象。同时，社会工作室还向居民发放油壶、卷尺等生活用品，使所学的营养知识更好地落实到生活实处，提高人们的健康意识。

（二）构建和谐的医患关系

近年来因为医患矛盾而引发的突发事件屡见不鲜，病人家属围堵医院、殴打医生、破

单元四 熟悉社会工作服务领域：组织与机构

坏医院财物等事件层出不穷。2013年5月4日，卫生部发出紧急通知，要求各级卫生行政部门协调公安机关向二级以上医院等重点医疗机构派驻警务室，共同加强医疗机构治安管理。此前，4月30日，卫生部、公安部已联合发布了《关于维护医疗机构秩序的通告》，禁止任何单位、任何个人以任何理由和手段扰乱医疗机构的正当秩序，侵害患者的合法权益，伤害医务人员人身安全，损害医疗机构的财产。

我国医疗纠纷、医疗事故频发、医患关系紧张与我国现行医疗体制有关，同时与缺乏缓解紧张的平台有关。现在医疗纠纷的处理方式主要有三种途径，分别是医患双方自行协商、卫生行政机关调解和人民法院诉讼，但是这三种途径在实际操作中均遇到困难。医务社会工作者以第三方的身份介入医患关系的调节，将成为一支新的力量。而医患关系和医患沟通是医务社会工作介入的优先领域，改善医患关系是医务社会工作战略重点和最佳介入策略。在改善医患关系方面，正确处理医护人员和病人、家属间关系，加强相互信任和相互配合。在医疗纠纷前期、中期、后期，医务社会工作者能够充分发挥医院管理的社会预防、危机社会干预和社会服务的作用。在医疗纠纷方面妥善处理医疗事故和医患之间紧张对立关系，确保双方的合法利益。医务社会工作者积极搭建交流和信息公开的平台，减少因误解、冲动而引发的冲突事件。同时，医务社会工作者运用相关知识和社会工作技巧进行综合协调，发挥各个社会系统的最大效用，在确保双方合法利益的前提下平息纠纷事件。

（三）保健卫生服务向农村社区延伸的趋势

由于我国的历史遗留问题、城乡二元体制结构及我国现在的医疗资源国情等多方面因素，我国目前的社区健康服务的范围基本是城市社区。在城市化进程中，越来越多的城市生活、生产方式影响农村社会，为农村社会带来经济增加、居住条件改善，同时带来一定的隐患。例如，工业垃圾、生活垃圾如何处理，如何调整生活方式、生活习惯以适应新环境等问题。自给自足的小农经济时代的传统养身、保健方式面对现行的新型环境显得有点苍白无力。农村初级卫生保健不仅需要国家加大对农村医疗资源的投入，还需要一股力量来改善农民的保健知识，让农民共享国家文明发展成果。医务社会工作者可以通过农村社区健康教育和健康促进介入到农村初级卫生保健中，并发挥积极、有效的作用。

Y 阅读案例

深圳市健康促进模式的试点建设及效果评价

为了探索创建具有深圳市特点的社区健康促进模式，选择深圳市福田区下沙社区作为试点，以社区健康服务为健康促进平台，以8项卫生保健知识知晓率和10项卫生行为形成率为观察指标，同时对社区内主要健康问题、重点人群主要健康教育需求进行干预及效果评价。结果经过3年干预，社区居民的健康知识、行为水平有较大提高。干预前健康知识知晓率为 68.82%，干预后为 75.73%，差异有显著性意义（P，0.01）。干预前健康行为形成率为 54.15%，干预后为 58.46%，差异亦有显著性意义（P，0.01）。社区高血压、糖尿病控制情况：高血压患者的血压有效控制率由 2002 年的 62.07% 提高到 2005 年的 84.15%；糖尿病患者的血糖有效控制率由 2002 年的 62.50% 提高到 2005 年的 68.18%。育龄妇女生殖道感染 RTIs 防治知识干预前、后的效果比较：对 RTIs 知识的总知晓率由干预前的 55.90% 上升至干预后的 69.60%；育龄妇女相关行为的正确率由干预前的 67.30% 上升至干预后的 78.70%；育龄妇女 RTIs 患病率由干预前的 33.60% 下降至干预后的 27.20%，差异有显著性意义（P，0.05）。结论政府支持、部门协助、卫生部门牵头、社区参与、规划设计、监测评价是深圳市行之有效的社区康促进工作模式。

（资料来源：张丹霞，陈宇琦，庄俊汉，等．深圳市社区健康促进模式的试点建设及效果评价［J］．中国全科医学，2007，10（1）：52—55，有改动。）

S 思考题

1. 健康在医务社会工作中有着怎样的地位？
2. 除了医院，医务社会工作者还能介入哪些工作领域？
3. 在社区层面开展医务社会工作的优势有哪些？

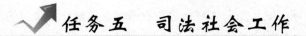

任务五　司法社会工作

R 任务描述

本项任务通过引导学生阅读案例、参与项目体验式活动等方式帮助学生了解以下两个问题：

1. 司法社会工作的内容有哪些？
2. 司法社工如何开展社会工作服务？

D 导入案例

司法局联手社工帮扶矫正人员　少年"大佬"被感化

原是一名外企主任的曹广明"改行"司法社工已经四年，曹广明说，这些有过犯罪经历的未成年人，比其他人过早进入了社会，这些"老油条"在心理上有障碍，帮扶他们是最困难的。"不能用专业的术语和他们沟通,这样会让他们产生格格不入的感觉。"曹广明表示,需要从他们的言行举止、表情等方面入手,观察他们内心的需求,让他们知道你明白他们内心的需求,这样他们才会愿意打开心扉和你沟通。

曹广明说,这些年来,帮扶过很多未成年人,其中最典型的是小李这个个案。

"小李(化名)的身世坎坷,他刚出生就被亲生父母遗弃,一名奶奶考虑到家中无男孙,把他抱回家中收养,但家里从来不敢认这个'儿子'。"曹广明说,由于是属于私自收养,他的奶奶不敢公开承认小李是她的孙子,这样让小李从小就产生心理障碍。后来由于在学校受到欺负,小李索性不去上学,开始在一些龙蛇混杂的地区拉帮结派。后来,成为"大佬"后,小李为了铁胆义气和能力地位,参与了团伙抢劫。但后来被捕并判处有期徒刑11个月,缓刑1年3个月。广州市中级人民法院委托广州市尚善社会服务中心,对他进行细致的帮教扶助。

曹广明说,被判缓刑后,奶奶对小李越发失望,常常对小李冷嘲热讽,经常和家人产生矛盾,直到有一天晚上他打电话到社区中心,说:"我受不了了,我要杀了奶奶!。""但幸亏他想起了我们(社工),才没有酿成大祸。"曹广明说。后来社工介入后,主动关心小李的生活近况和思想动态,让他诉说心中苦闷、宣泄不满。同时与其家人进行交流沟通,指出教育中存在的问题。这样,经过一段时间的介入矫治,他与家庭的矛盾冲突逐渐化解、家庭关系得以调适,成为一个乐观向上的阳光少年。"现在,小李为了重新过生活,已经去往外市工作,平时回来,都会找我聊聊天。"

(资料来源:http://news.dayoo.com/news/201303/13/85080_29485093.htm,有改动。)

案例思考

通过阅读案例资料思考司法社工的必要性和重要性。

体验活动

观看春雨社工服务社司法社工宣传短片,以小组为单位形成观后感并总结汇报。

知识链接

2011年10月13日,中组部、民政部等18部委联合印发了《关于加强社会工作专业人才队伍建设的意见》,确定专业社会工作未来的发展是服务于包括社区矫正工作在内的多种领域,为其提供专业人才和理论支撑。为此,北京市大兴区司法局在研究思考中推动工作,在实际工作中创新提升,于2012年2月与中国政法大学社会学院签订了《大兴区社区矫正引入专业社会工作合作项目协议书》,开始了社区矫正专业化过程的探索。

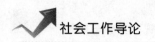

一、司法社会工作的内涵

(一) 司法社会工作的概念

"社会工作是以利他主义为指导,以科学知识为基础,运用科学的方法进行的助人服务活动。"顾名思义,社会工作的核心在于助人服务活动,以其特有的社会知识专长为手段帮助他人。这是社会工作的共识,也是社会工作的核心。

司法社会工作,就是进入刑事司法领域,以利他主义为指导,以科学知识和方法为基础的专业的助人活动。司法社会工作应贯穿于刑事司法活动的始终,并服务于犯罪预防、犯罪侦查、犯罪检察、犯罪审理、犯罪矫正、帮教安置等各个刑事司法环节。

以上是社会工作和司法社会工作的学理概念,结合刑事诉讼中的司法实践,司法社会工作的定义,也可以归纳为:在刑事诉讼中,以第三方身份介入,以其专业的社会科学知识,为犯罪嫌疑人、被告人、服刑人员提供社会人文关怀,最大限度地实现刑法的预防犯罪的本质目的。其内容应包含为司法机关提供定罪量刑的犯罪心理评估,以及为服刑人员早日回归社会提供心理疏导等相关矫正的工作。

综上所述,司法社会工作是指司法社会工作者综合运用社会工作专业知识和方法,为社区矫正对象、安置帮教对象及边缘青少年等弱势群体提供心理疏导、职业技能培训、就业安置等社会工作服务,以提升其自我机能、恢复和发展社会功能,最终达到预防犯罪、稳定社会秩序的专业服务过程。

(二) 司法社会工作的目的

司法社会工作的目的可概括为 18 个字:辅导案主更新;预防重新犯罪;共建和谐社会。

(1) 通过运用社会工作专业方法,充分调动社区资源,对社区矫正对象和刑释人员进行社会化教育,对其遇到的困难进行相应的帮助,使其能适应并顺利回归社会。

(2) 通过帮助社区矫正对象和刑释人员在融入社会的过程中,积极引导社区居民参与对社区矫正对象和刑释人员的教育改造和监督,从而增强社区居民的法律意识和社会责任感。

(3) 通过运用专业的社会工作方法,预防再次犯罪,维护社会稳定,实现国家的长治久安。

二、司法社会工作的内容

(一) 针对社区矫正对象的具体服务内容

1. 协助司法行政部门对社区矫正对象的管理

管理的主要内容包括根据相关的法律法规加强对矫正对象的有效管理,规范他们的行为,确保社区矫正工作的正常秩序,确保非监禁刑罚的有效执行。

2. 协助司法行政部门对社区矫正对象的教育

通过个别教育、集体教育、社区教育等多样化的教育方式,使矫正对象提高对所犯行为的认识,逐步养成良好的行为习惯,使他们在思想上、素质上、行为习惯和道德习惯上都能适应社会的需要,实现人格的重新社会化,顺利地回归社会。教育的主要内容包括法律法规教育、文化和职业技术教育、生活和社会功能教育等。

3. 鼓励参与公益劳动和实践活动

根据矫正对象的身体、技能状况,安排一定时间的社区公益劳动,公益劳动情况记入档案,作为考核与鉴定的依据。通过参加公益劳动,使他们增强与社区环境的联系,加强与社区居民的互动,增强对社会的责任感,回报社会。

4. 心理辅导和心理矫正

对矫正对象进行心理矫正。根据矫正对象的个别化需求,结合犯罪原因、心理类型、现实表现等制订心理矫正方案,进行个案管理及服务,通过心理咨询等引导,矫正其不良心理和行为。

5. 资源整合

注重整合社区矫正工作各成员单位的资源优势,包括劳动保障部门、民政部门、司法行政部门等,积极协助社区矫正对象解决生活、就业、心理等方面存在的问题和困难,从而激发其潜能,促使其顺利回归社会。

(二)协助社区矫正工作机构开展对拟判处非监禁刑事被告人进行判前社会调查

在司法审判前,社会工作者的主要工作是协助社区矫正工作机构工作人员开展对拟判处非监禁刑事被告人的个人、家庭、社会环境进行社会调查和评估,全面了解被告人的生活环境、犯罪背景、人格特征和心理健康状况等情况,公正如实地反馈给刑事审判庭,为人民法院对其定罪量刑提供参考。

(三)针对刑释人员的具体服务内容

1. 协助司法行政部门对刑释人员的跟踪管理

管理的主要内容包括对辖区刑释人员进行走访调查摸底,形成动态管理资料,根据刑释人员的实际需要提供个别化服务。

2. 提供资源链接,为刑释人员回归创造有利条件

刑释人员的顺利回归需要家庭及社会等系统的支持与援助,社工将根据刑释人员的资源系统,作为各个资源系统的链接者,对刑释人员的家庭及社会系统进行修复、维护及加强。同时注重整合社区各成员单位的资源优势,包括劳动保障部门、民政部门、司法行政部门等,积极协助刑释人员解决生活、就业、心理等方面存在的问题和困难,从而激发其潜能,促使其顺利回归社会。

3. 协助司法行政部门对刑释人员的法制教育

为了使刑释人员学法守法，更好地融入社会，可通过社区教育、成长小组等多样化的教育方式，对刑释人员进行法制教育，提高他们的法律意识，预防再违法犯罪。例如，发放普法宣传资料、开展普法知识讲座，组织学习政治理论和《中华人民共和国宪法》《中华人民共和国刑法》《中华人民共和国治安管理处罚法》等法律法规，让刑释人员摒弃以前不良行为，服从司法所工作人员的教育和管理，遵纪守法，规范自己的言行。

4. 个案辅导

根据刑释人员的需求，运用社会工作专业的知识、方法和技巧，帮助其个人或家庭发掘和运用自身及其周围的资源，改善个人与社会环境之间的适应状况，实现刑释人员对自我的尊重、肯定和能力的重塑及社区居民对服务对象的接纳和肯定。

5. 小组工作服务

社会工作者通过运用小组工作模式，策划符合刑释人员身心特征和需求的小组服务计划书，发挥小组的支持和发展功能，促使刑释人员之间的有目的的互动互助，使参加小组的个人获得自我的认同、行为的改变、社会功能的恢复和发展。

6. 社区服务

通过定期安排矫正对象参与社区服务，培养他们的责任感以及让社会人士对他们有正确认识。并在社区进行宣传，消除居民对服务对象的歧视和排斥，并调动居民积极参与和协助服务对象，使他们感受到社会的关怀与温暖，重新为社会再做贡献。

三、司法社会工作的方法和技巧

（一）运用个案工作的方法

运用个案工作的专业知识和技巧，为社区矫正对象和安置帮教对象提供更好融入社会的思想政治教育、心理辅导、行为矫正，培养其适应社会生活的方法策略，协助犯罪人员自我省察、自我改变，重新塑造符合社会规范的行为，以便能够回到社会，成为社会所能够接纳的成员。

社会工作者强调"每个人都有与生俱来的价值和尊严"。因此，不管被矫正对象和刑释人员曾经实施了多么恶性的犯罪行为，都应该尊重其人格。工作者尊重的态度可以为矫正对象营造一个安全、温暖、宽松、自由的环境，使其消除戒备，愿意与社会工作者建立起信任、和谐的工作关系，从而有利于开展进一步的矫正工作；透过尊重，唤醒矫正对象的自尊，激发其重新审视自己，肯定自己的价值，恢复生命的勇气与信心，最终实现助人自助、回归社会的目标。

（二）运用小组工作的方法

通过不同的社交、治疗小组，帮助他们认识自我、增强社会责任感和社交能力，通过不同的辅导、支援小组，帮助他们处理情绪、就业、亲子关系等问题，以及通过同辈团体的相互规劝而抗拒违法行为。

针对矫正对象面临的共同问题开展小组层面的活动，其主题设计如下。

（1）针对矫正对象返回社区初期普遍存在的自卑、消沉、缺乏自信等问题，开展以"建立健康自我观，重塑自信"为主题的小组辅导。

（2）针对矫正对象参加矫正管理制度安排的日常活动与学习、工作之间时间冲突的问题，开展科学安排时间、妥善处理冲突的小组辅导。

（3）针对矫正对象与过去不良团伙有千丝万缕联系、缺乏健康社交支持网络的现象，可开展以"交真朋友、走自新路"为主题的小组辅导。

（4）针对矫正对象家庭环境不良及家庭成员间缺乏有效互动等问题，开展以"改善家庭环境、加强有效互动"为主题的小组辅导。

（5）针对矫正对象求学、就业、生活等困难，开展以"立创业志、走自强路、重塑自我、拥抱生活"为主题的小组辅导。

（6）针对矫正对象缺乏社会责任心和成就感的问题，可以开展以"我为社区添砖瓦，我是社会有用人"为主题的小组辅导等。

（三）协助服务对象通过就业融入社会

根据市场需求的变化，结合矫正对象的就业动机、工作期望、经济状况及家庭情况，协助有关部门进一步完善就业培训和服务体系，提供相关职业心理辅导，定期定点开展社区职业培训活动，邀请专家、职业规划技师等志愿者为服务对象提供就业咨询、技能培训、职业导航规划、兴趣能力测试等服务。增强培训的力度，加大培训的针对性、实用性和有效性，努力提高培训成效。如若发生工种改变的，协助他们进行职业再培训，学习新的职业技能与知识，适应新岗位的需要。

（四）协助开展社区教育

对罪犯在出监所前进行适应性教育训练，将矫正对象集中，讲授社区矫正工作的意义、目的及工作制度，同时组织罪犯学习社区矫正有关政策规定，宣讲《社区矫正告知书》，消除罪犯对社区矫正的疑虑和抵触情绪；开展社区矫正、最低生活保障政策等内容的展览宣传，为社区矫正罪犯回归社会创造条件。

（五）协助开展社区宣传活动

由于矫正对象过去的行为造成对社会和他人的伤害，社区居民对矫正对象还有戒备、防范、恐惧、排斥等情绪和行为，为了消除这些不良因素的影响，需要政府部门在开展社区矫正工作的同时加大对矫治社会工作的宣传力度，通过在社区开展宣传活动，如举办讲座、派发宣传单、组织志愿者活动等，使社会成员了解矫治社会工作的价值理念，接受社会工作的工作方法，去除对犯罪人员的传统错误认知，接纳社区中的矫正对象，为矫正工作的顺利开展营造良好的社会氛围。

阅读案例

龙岗区平湖街道开展司法社会工作宣传活动

广东的社区矫正工作从 2006 年开始，在 4 个市 7 个区局部试点，2008 年在各地级以上市全部实施试点，2010 年起在全省全面试行。到 2010 年年底，全省地市、县区、镇街实现了社区矫正全覆盖。截至 2012 年 1 月，全省所有的 21 个地级以上市、121 个县（区、市）、1623 个街道（乡镇）司法所累计接收社区服刑人员 235 970 人，再犯罪率仅为万分之八。

2010 年 4 月 20 日，深圳龙岗区 16 名司法社工在平湖街道平湖广场举行了一场主题为"关爱满鹏城，社工伴你行"的司法社会工作宣传活动，吸引了广大市民驻足观看，取得了较好的宣传效果。活动现场划分了社工咨询、互动游戏、有奖问答及展板展示 4 个区域。通过社工现场宣讲、宣传图画展示、互动趣味游戏、派发宣传资料等多种方式，寓教于乐，向广大市民宣传司法社会工作的服务理念、服务内容、工作方法等知识。整个活动共派发宣传资料 2000 余份，接受现场咨询 130 多人次，深受参与者的好评。

据介绍，社区矫正社会工作是司法社会工作的主要内容之一，是指司法社工在专业价值观指引下，运用专业理论、方法和技巧，为社区矫正人员提供思想教育、心理辅导、行为纠正、信息咨询、就业辅导等服务，促进其顺利回归社会的专业活动。

（资料来源：http://www.szmz.sz.gov.cn/xxgk/ywxx/shxx/gzdt/201004/t20100427_1704111.htm，有改动。）

思考题

1. 司法社会工作的方法有哪些？
2. 司法社会工作的内容有哪些？

单元五

社会工作的未来

单元介绍

　　社会工作未来的发展是社会工作学习体系的一个重要部分，它的发展反映了社会对社会工作的需求，也体现了社会工作专业本身的价值所在。社会工作未来的发展具体体现在社会工作教育和社会工作行业的发展。本单元将讨论社会工作教育和社会工作行业的内容、发展历程、发展前景等，让学生了解社会工作的未来发展方向，明确自己未来的发展目标。

单元目标

1. 了解社会工作教育的发展历史与趋势。
2. 了解社会工作行业的现状与未来发展趋势。

任务一　社会工作教育的发展历史与趋势

R 任务描述

　　本项任务通过教导学生认识社会工作教育概论及未来发展趋势，帮助学生了解以下两个问题：

1. 社会工作教育的内涵。
2. 中国社会工作教育展望。

D 导入案例

加快推进专业社会工作发展

社会工作是一种帮助人和解决社会问题的工作。它帮助社会上的贫困者、老弱者、身心残障者和其他不幸者，预防和解决部分因经济困难或生活方式不良而造成的社会问题；开展社区服务，完善社会功能，提高社会福利水平和社会生活素质，促进社会的稳定与发展。就我国专业社会工作发展现状、面临问题和推进思路等问题，记者近日采访了民政部社工司副司长柳拯。

专业社会工作发展迅猛

记者：党的十六届六中全会第一次从中央层面作出建设宏大社会工作人才队伍决策部署后，我国专业社会工作取得了哪些重要进展？

柳拯：在发达国家和地区，专业社会工作已有100多年的发展历史。在我国，专业社会工作起步较晚，但发展很快，尤其是党的十六届六中全会以来，我国专业社会工作实现了跨越式发展。

一是专业队伍不断壮大。目前，全国258所高校开设了社会工作本科专业，60所高校和科研院所开展了社会工作硕士专业学位教育，每年毕业学生近2万人。同时，通过职业水平考试，产生了5万多名持证社会工作专业人才。目前，全国社会工作专业人才达20余万人，已成为我国社会建设的一支重要力量。

二是服务平台不断拓宽。近年来，国家加大了社会工作岗位开发力度，已开发了6万多个社会工作岗位。其中，在民政类事业单位开发设置了1万多个社会工作岗位；在城乡社区开发设置了4万多个社会工作岗位。此外，指导和鼓励各地加大社会工作服务机构培育力度，发展了700多家民办社会工作服务机构，为社会工作专业人才发挥作用提供了重要平台。

三是实践探索不断深入。2007年以来，民政部在全国165个地区和260家单位开展了社会工作专业人才队伍建设试点，形成了以上海为代表的政府与社会组合发展模式、以深圳为代表的社会组织运作为主的发展模式以及以江西万载为代表的政府运作为主的发展模式。这些经验模式，为在全国范围内推进专业社会工作提供了重要示范与参考。

四是服务成效不断显现。近年来，各地积极引导社会工作专业人才重点围绕城市融合、灾后恢复重建、新农村建设、劳资关系与医患关系调解等问题，开展专业社会工作服务。汶川地震发生后，全国2000多名专业社工迅速赶赴灾区，协助当地政府开展灾民救助、心理疏导、生计发展及社会支持体系建构等工作；广东东莞专业社工积极介入城市流动人口服务，协助广大"新莞人"尽快融入当地社区，实现户籍人口与外地人口的和谐共处。专业社会工作人才在优化社会服务、创新社会管理、促进社会建设方面的作用正逐步显现。

政策框架初步形成

记者：政策制度是加强社会工作专业人才队伍建设的核心环节，是发展专业社会工作的重要保障。目前我国出台了哪些政策规范鼓励专业社会工作的发展？

柳拯：为加强社会工作专业人才队伍建设，中央有关部门出台了不少政策，地方也探索建立了一系列政策制度。从中央层面看，2010年4月中央颁布的《国家中长期人才发展规划纲要（2010—2020年）》将社会工作人才提升为国家六支主体人才队伍之一，确立了社会工作人才在我国人才发展大局中的重要地位。2011年10月，中央18部门和群团组织发布了《关于加强社会工作专业人才队伍建设的意见》（以下简称《意见》），2012年3月，中央19部委和群团组织又发布了《社会工作专业人才队伍建设中长期规划（2011—2020年）》（以下简称《规划》）。《意见》和《规划》是我国专业社会工作发展的纲领性文件，其发布实施奠定了我国专业社会工作发展的制度基础。同时，2006年以来，民政部等部门围绕社会工作职业水平评价、登记管理、继续教育、岗位开发设置和民办社工服务机构发展等环节出台一系列专项政策。在地方，北京、上海、广东等地也相继出台了加强社会工作专业人才队伍建设的政策措施。目前，我国综合政策与专项政策相衔接、中央政策与地方政策相配套的专业社会工作政策框架初步形成。

（资料来源：http://news.xinhuanet.com/politics/2012-04-25/c_123034937.htm，有改动。）

案例思考

1. 国家为什么要大力支持社会工作发展？
2. 社会工作教育在其中应承担什么样的角色和责任？

Z 知识链接

一、社会工作教育的起源与发展

（一）国际社会工作教育的起源与发展

社会工作教育源于西方的济贫服务。16世纪英国圈地运动以后，偷盗者、乞讨者增多，社会不安因素增多，英国政府不得不考虑救济贫民问题。1601年，英国政府颁布了《济贫法案》，政府以积极作为的方式，介入福利领域，干预贫困问题，并组织失业者从事劳动，安排未成年的孤儿学工，从此解决贫困成为了政府服务最初的存在形式，但针对社会服务的教育或训练并没有出现。工业革命后期，英国处在城市化急速发展的时期，各类矛盾尖锐，环境卫生和住房问题尤为突出。奥克塔维亚·希尔（Octavia Hill）利用父亲的遗产在伦敦的一个叫作小地狱（Little Hell）的地方买下了3幢极为破旧的住宅，并加以改造后出租给穷人，为贫困者提供廉价的房屋服务，并招募志愿者提供房屋服务。后来这些志愿者重视自身的价值观，并接受慈善组织的价值观。奥克塔维亚·希尔开始考虑对志愿者进行培训。他通过给志愿者写信、聚会等多种形式培训志愿者，目的在于使志愿者"学会面对人，学会理解所生活的环境，能够改善自己，熟悉能够为人们提供帮助的各种不同的机构"。但奥克塔维亚·希尔的这种"社会工作教育"还不具备明确的教育形式。

19世纪末，随着社会的发展，社会服务的规模和范围不断扩大，社会服务需求的质量要求也不断提高。英美等国的慈善组织开始关心对志愿人员和服务人员的训练，改善社会服务机构的服务质量。1893年，英格兰由济贫院和英国慈善组织会社开设了一个两年制的"慈善训练"学校，开启了社会工作专业教育培训的历史。1896年，英国慈善组织会社为志愿者开办了一项讲座，随后与伦敦大学社会学和经济学基金和利物浦大学社会科学院合作，为志愿者提供实务课程。此后，许多社会工作教育培训课程陆续建立。1898年，美国的纽约慈善组织会社举办了为期6个星期的训练课程，训练受薪的"友善访问员"。同时，荷兰的阿姆斯特丹社会工作学院成立，开设两年制的社会工作教育课程。1904年，纽约社会工作学院成立，原来6个星期的社会工作训练课程也拓展为一年课程。1910年，美国的哥伦比亚大学等高等学院开设了社会工作课程。1919年，美国社会工作教育计划于1919年成立了专业社会工作训练学院协会，1927年改为美国专业社会工作训练学院协会。1952年，美国专业社会工作训练学院协会提出了社会工作学院标准。此后，公立学校纷纷设立社会工作系科、成立社会工作学院，举办学士课程，社会工作专业教育不断发展与完善。

西方社会工作的专业教育和训练，大大促进了社会工作人员和队伍的发展，这为专业社会工作发展提供了重要的条件，而社会工作专业教育和训练的发展和日益正规化则有力地促进了社会工作的形成。

（二）中国社会工作教育的起源与发展

与西方社会工作教育发展过程不同，中国社会工作教育首先在高等学校得以发展，开始于20世纪二三十年代。在一批欧美留学归来致力于教育的学者的倡导下，燕京大学于1922年成立社会学系，1925年，该系改为社会学与社会服务系，这标志中国社会工作专业正式开始发展。之后，沪江大学、东吴大学、之江大学、金陵大学、金陵女子文理学院、复旦大学、暨南大学、清华大学等高等院校陆续开设了社会服务和社会工作方面的课程或专业，培训社会服务的专业人才。同时，政府和民间在战争年代开办了各种福利院，也在一定程度上推动着社会服务的发展。尽管高校和社会对社会工作的发展有一定的作用，但在当时，社会工作教育并没有正式形成和得到充分发展。

新中国成立后，受当时的社会环境影响，社会工作作为一个专业，失去了其发展的土壤。1952年全国高等教育院系调整时，社会学、人口学、社会工作等专业被一同取消，中国社会工作教育进入了一个长达30多年之久的停滞期。

改革开放后，中国社会工作教育发展可以划分为以下三个时期：1978—1986年为社会工作教育恢复重建时期；1987—1999年为社会工作教育初步发展时期；2000年至今为社会工作教育向专业化和职业化发展时期。

1. 社会工作教育恢复重建时期

1978年党的十一届三中全会后，中国开始以经济建设为中心，解放思想、实事求是，社会主义事业开始走向健康发展的道路，社会工作发展也迎来了它的春天。1986年，教育部在中山大学召开"全国高校系统社会学专业发展工作会议"，社会工作被当作社会学的应用学科确定为社会学专业的发展方向之一，这成为社会工作课程发展的开端。同年，原国家教委批准在北京大学社会学系设立社会工作专业，北京大学社会学系增设社会工作与管理专业，高校开始设置社会工作专业。北京大学开设社会工作专业标志着中国社会工作教育的专业设置恢复到了中断前的水平，中国社会工作教育恢复重建的任务基本完成。

2. 社会工作教育初步发展时期

1987年9月，为了推动社会工作的发展，民政部召集知名社会学和社会工作专家，在北京马甸举行社会工作教育论证会，确认了社会工作的学科地位。1989年，北京大学开始招收首批社会工作专业方向的硕士研究生和本科生。与此同时，吉林大学、厦门大学、上海大学也开设了社会工作专业或课程。中断30多年的社会工作教育开始在高等院校得到发展。1993年，中国青年政治学院建立社会工作系，成为社会工作教育在中国恢复以后首个建立的系级专业教育机构。

1994年4月，亚太地区社会工作教育协会与中国社会工作教育协会（筹）联合举办第二届华人社区社会工作教育发展研讨会。会议期间，中国社会工作教育协会宣告成立，中国社会工作教育的发展由此获得了组织的支撑，从此社会工作教育走上了组织化的发展道路。

1987—1999年，社会工作教育在全国获得了一定的发展，高校纷纷开设社会工作专业，招收社会工作学生。截至1999年年底，中国开办社会工作本科专业的学校为27个。另有一些高校开设了社会工作课程或专科专业，社会工作教育得到发展。

3. 社会工作教育向专业化和职业化发展时期

2000年既是人类迈入21世纪的开端，又是中国社会迈入"全面建设小康社会"的历史阶段。与此同时，经济体制改革和国有企业改革所带来的社会经济问题也逐渐显露出来，城乡差别扩大、城乡贫困问题、城乡居民基本生活保障和公共服务体系建设问题日益突出。转变政府职能与社会管理方式，建立公共财政制度框架，大力发展公共服务成为时代要求。越来越多的社会问题使得政府开始对社会工作重新审视，社会工作推动社会发展的功能也受到越来越多的重视。2000年高校扩招后，开设社会工作课程的本科学校由原来的27家发展到2010年的260多家，教育部在2009年开设了社会工作硕士的办学，目前全国范围开设社会工作专业的本、专、硕高校总量约达到350家，社会工作学生总量也逐步增加，人才输出的能力增强。

2006年10月11日党的十六届六中全会通过的《中共中央关于建构社会主义和谐社会

若干重大问题的决定》指出，要建立健全以培养、评价、使用、激励为主要内容的政策措施和制度保障，对社会工作人员的从业给予保障、激励，并通过制度建设规范其行为；要在公共服务和社会管理部门配备社会工作专门人员，从政策层面推进职业化进程。这就要求社会工作人才培养进一步从可持续发展的理念出发，进一步做好社会工作专业人才培养的规划，为社会建设培育一支专业型、复合型、务实型的专业社会工作者队伍。

2010年6月6日，《国家中长期人才发展规划纲要（2010—2020年）》经中共中央、国务院批准，将社会工作人才队伍列入国家重点发展的六大人才队伍之一，并制定相应目标（详见本单元任务二）。同时考虑到工作的需要，民政等部门对干部进行在职培训，讲授社会工作内容，从而形成了以往的行政性社会工作与专业性社会工作相结合的发展格局。特别是近年来随着社会主义市场经济的快速发展，使得社会工作也快速发展起来，专业社会工作在我国逐步恢复、发展、壮大，走上了规范化的道路。

二、社会工作教育的内涵

何为社会工作教育？中国社会工作界从几个方面对它作了如下界定：一是认为社会工作教育是训练学生接受社会工作专业价值观，将专业价值内化为其个人价值观的过程；二是将社会工作专业理论和专业价值观通过学生成长进行整合的过程；三是通过教育者和受教育者的共同活动将不可直接操作的理论转化为能够作用于实践过程的专业方法和专业技能的过程，并通过对学生的教育和训练，使之得以在社会工作专业实践中应用。这些概念突出了社会工作教育的独有属性。

1. 社会工作教育是专业价值观的培养与塑造的过程

社会工作的专业价值观是社会工作专业最为显著的特征。社会工作的服务对象是社会生活中的弱势群体，社会工作者的价值观会直接影响社会工作专业服务目标的实现，并同时影响社会工作者的行为表现。社会工作教育始终应关注学生价值观的培养，这不仅要教之社会工作价值与伦理规范，更要通过实际的反思与运用，使之内化为自身的素质与修养。因此，在社会工作教学过程中，要有意识地将社会工作利他主义的价值取向、助人自助的专业精神贯穿到教育的全过程中。

2. 将社会工作专业价值观内化为学生个人成长

社会工作教育的目的是培养专业的社会工作人才，社工人才与其他专业人才很大的一个区别就在于社工人才的价值观，这是一个专业社工首先应该具备的基本理念。社会工作教育注重将社会工作价值观与学生个人的价值观结合，帮助学生实现社会工作专业价值观与个人价值观的统一和内化，形成每个社工所特有的价值观。这样，才能去助人使之实现自助，影响此案主自助的程度至他也能去助人。但每个人的生活阅历不同，生命中难免有许多盲点与弱点，这就需要社会工作教育从对社会工作者的培养入手，使其经验到自身的改变，正确处理个人成长中的负面因素，树立正确的社会工作价值观。

3. 社会工作教育是帮助学生将吸收的理论转化为实践的过程

社会工作是一门实操性非常强的专业，是训练学生将学到的理论作用于实践的过程，最终还是以实际运用为主要教育目的。因此，在社会工作的教学中，需要特别注重对专业实践的教学，通过社工实验室模拟教学和社会专业实践等结合的方式，帮助学生将社工专业理论方法转化为具体的、可操作的专业方法和技能，实现社会工作的专业化价值。

三、社会工作教育课程

社会工作教育的实施包括课程教育、实习教育和实践教育。它们三者之间关系密切，共同促进着社会工作教育的发展。其中，课程教育是最基本的，也是最主要的，主要侧重于向受教育者传递社会工作的各种理论、技巧；实习教育是帮助受教育者在一定时间内、在岗位实践的过程中加深对社会工作理论的理解，并从中掌握一定的专业技巧；实践教育则是受教育者真正面向社会以职业社会工作者的身份从事专门的社会工作，运用所学的知识和技术为案主提供专业服务，并受薪，是一种职业化行为。由于课程教育是基础，是实习教育和实践教育的前提，本节主要阐述课程教育。

社会工作专业课程是社会工作者必须掌握的知识和技能的一种存在形式。课程的设置必须考虑到社会工作专业教育目标、受教育者的经验与背景及各课程之间的内在逻辑性。中国社会工作教育协会在 2001 年社会工作年会中，规定了社会工作专业（本科）课程设置的 8 门主干课程，即社会工作导论、社会学概论、社会调查研究方法、社会个案工作、小组（群体）工作、社区工作、社会行政（社会政策）、社会保障。另有两门拟加课程，即社会心理学、中国社会福利思想史（社会福利制度、社会福利思想）。还规定了社会工作专业学生不少于 400 小时的专业实习。而作为社会工作主干课程，必须包括以下几个方面的基本内容。

（1）价值。价值是指社会工作的方向。它可以帮助学生了解个人价值偏好、专业价值，反思价值冲突与伦理困境，寻求个人价值与专业价值的共融。

（2）方法。方法是指社会工作的介入途径。帮助学生掌握社会工作的主要工作方法，包括个案社会工作、小组社会工作、社区社会工作和社会行政等主要社会工作方法。

（3）实务。实务是指社会工作的具体工作领域。它可以帮助学生通过实习以整合课程知识进入实务领域。包括家庭社会工作、学校社会工作、矫治社会工作、医务社会工作等社会工作领域。

（4）行动。行动是指社会工作的实施过程。本内容旨在帮助学生掌握从接案到结案的整套专业服务过程。包括接案、评估、计划、服务、评估与结案。

（5）技巧。技巧是指社会工作具体的实施艺术。技巧的课程训练帮助学生掌握在实施过程中基本技巧。例如，会谈技巧、沟通技巧、倾听技巧等。

由于国内的社会工作教育起步较晚，目前在社会工作教育领域受欧美社会工作理论和实践模式的影响较大，社会工作在课程设计时大多会遵循一些国际普遍的准则，而缺乏对中国社会实际发展脉络和社会现实需要的考量，使得中国目前的社会工作教育的本土化工作还没完成。因此，在实际教学过程中，应充分考虑这一现实问题并注意避免。

四、现阶段中国社会工作教育发展的问题

（一）中国社会工作教育发展存在着不平衡性

中国目前有300多家设置社会工作本科专业的高校，但大多分布在东部沿海地区，其中发达省、市（北京、上海、江苏、广东等）发展较快，而中西部地区则发展缓慢。且由于各省市政策、资源的不平衡，对于社会工作的推动力度不等，使得中国社会工作教育发展存在较大的不平衡性。但随着社会经济发展水平的提高，各级政府对社会工作的支持力度不断加大，这种差距将逐步缩小。

（二）社会工作专业教育仍处于较低水平

我国社会工作教育发展起步晚，专业师资力量匮乏，大部分从事社会工作教学的老师都是半路出身，自2009年开设社会工作硕士学位以后，高校里才开始陆续引进了本土培养的社会工作硕士毕业的青年教师，但当下社会工作教师的主体还是非社会工作专业出身。由于社会工作教育师资的不专业和缺乏系统的专业训练，使得在教育学生时也产生了同样的问题，社会工作理论滞后于社会发展，专业实践缺失严重，专业督导能力较弱，使得高校社会工作教育的整体水平不高。除了师资较弱的问题外，整个教学的基础水平和教育资源也相对不足，如开展社会工作教学必需的社会工作实验室，很多学校暂无能力创建，即使创建了，也缺乏软性教育资源；此外还有社会工作专业课程评估体系和科学标准缺位等问题，都在一定程度上制约了社会工作教育的发展水平。

（三）社会工作实务培养能力与实习资源不足

受师资和目前教育水平的影响，高校教育的实务教育能力远远落后于理论教育能力，老师缺乏对学生进行专业实践的督导能力，实务教学大多以讲解理论为主，缺乏实战，学生能够较为系统地了解社会工作方法和理论，但缺乏实操能力，一旦进入机构实习，基本没有办法马上开展工作，需要机构进行"二次加工"。除了高校实务教育能力有限外，缺乏专业的实习机构和专业督导资源也是原因之一。学生找不到专业的实习场所，只能在民政局、街道、社会福利等部门从事与社会工作不十分对口的实习工作，实习内容也偏行政，缺少专业实习的机会。同时，实习单位因为人力有限专业程度不够，也缺乏对学生的专业督导，使得原本非常重要的专业实习并没有发挥应有的作用，也在很大程度上影响了学生实务能力的提升。

五、社会工作教育的未来发展

当今的世界，是一个复杂多变、各国相互联系在一起的世界，同时是一个问题多发的世界。各国在经济社会发展过程中会遇到各种各样的问题，如环境保护问题、就业问题、

人类安全问题、低收入群体社会保障问题等，这些问题都困扰着各国政府。同时，科学技术的进步和经济的全球化给人类带来方便的同时，也给人类带来大量的负面问题。社会对社会福利和社会工作的需求进一步上升。社会工作作为一门实用的学科，在解决社会问题上发挥了重要的作用。人类社会进入 21 世纪后，对社会工作而言，新世纪既是机遇，又是挑战，如何把握机遇，迎接挑战，社会工作专业教育未来何去何从？是一个值得我们讨论的话题。

（一）国际化与本土化的结合

中国社会工作教育协会 1999 年年会上，北京大学教授王思斌在主题报告中提出了"总结我国本土的社会工作经验，丰富有中国特色的社会工作知识体系"的期望。社会工作本土化是指外来的东西进入另一个社会文化区域并适应后者的要求而生存和发挥作用的过程，在吸收西方的社会工作理论、知识、实践的同时，需要结合自身发展的实际和需求。

在中国社会工作教育恢复重建之初，我国对产生于西方文化脉络和社会制度下的社会工作理论、知识、方法和技巧，采取的基本是"拿来即用"的态度，较少考虑这些是否适用、是否需要消化改造。在"怎样引入"和"引入什么"等问题上，社会工作学界比较谨慎，主导意见是社会工作教育要遵循国际通则。在此后相当长的时间里，中国社会工作教育就是按照遵循国际通则的指导思想进行教育教学的。例如，课程体系的设置、实习教学的安排、社会工作价值观的培养等，都按照我们理解的"国际通则"执行。但是随着中国社会经济的发展以及中国初级阶段的国情，我们必须明确提出社会工作"本土化"的概念和任务，重视从地方性本土经验中发展出本土性知识。要在汲取西方社会工作价值观、理论、方法精华的基础上，对其实行本土化改造，使之与中国国情相适应。同时，总结社会工作的实践经验，形成反映中国特色与包含中国经验的社会工作理论框架和实践模式，促进社会工作理论与实践的渗透与结合，促进中外社会工作的沟通与融合。

（二）理论与实践的结合

香港理工大学社会学者阮曾媛琪教授认为，社会工作教育的目的是培训能够处理社会问题的社会工作人员，扮演推动社会发展的重要角色。这指出了社会工作教育的目的在于培养用于解决问题的实践工作者。从我国社会工作教育的历程看，社会工作尚未形成一门独立的职业，社会工作实践者少之又少；社会工作教育无论从理论基础还是实践经验来看，都显得相当薄弱，同时我国学界长期存在着重理论、轻实践的情况，理论与实践之间整合面临着很大的困难。

2008 年 9 月 2 日，温家宝总理来到都江堰最大的安置点社区"勤俭人家"考察灾后社会工作服务与管理的情况。在考察上海社会工作服务团时，温家宝同志指出，"社会工作对于和谐社会的建设的确很重要"。在 2008 年汶川大地震的减灾、救灾行动中，社会工作者发挥了不可忽视的作用，而社会工作重要之处是能为社会造就更多解决社会实际问题的实践者。

在我国社会工作教育中，应以务实的、问题解决为基础的实践导向推动社会工作专业教育。社会工作教育者是实践的社会科学家，社会工作教育者不能做图书馆式的学者，必须深入社会服务的实践领域。同时，在发展社会工作教育的过程中，必须采取谨慎和务实的方式，在方法上要侧重理论和实践的整合，更突出宏观实践的重要性，这一点是中国社会工作教育发展路径和策略不同于西方发达国家的重要方面。在社会转型加快和社会风险日益增加的中国，社会工作专业发展应把重点更多地放在社区、社会组织能力发展和政府社会政策水平的提高的目标上，只有这样，社会工作的发展才有可能获得长期的生命力。

阅读案例

民政部答保障基本民生发展社会服务
——李立国部长回答关于社工发展问题

2013年3月13日上午10时，十二届全国人大一次会议新闻中心在梅地亚中心多功能厅召开记者会。民政部部长李立国，副部长姜力、窦玉沛就"保障基本民生，发展社会服务"等相关问题回答中外记者的提问。

中国国际广播电台、国际在线记者提问说：我的问题关于社工，我们知道社工被誉为是"社会工程师"，在一些国家具有极高的美誉度和社会地位，但是现在在中国，这个人群并不为广大的公众所认知，甚至很难感觉到他们的存在。现在越来越多的社会名人还有年轻人投入这种公益的事业，我的问题是，民政部在规范和鼓励热心公益的人士投身公益方面会有进一步的措施吗？

民政部部长李立国回答说：专业社会工作，在世界上已经有上百年的发展历史了。在我国20世纪20年代也开始兴起了专业社会教育和社工的服务。由于当时积贫积弱的国情，社工发展的规模和影响力都极小。改革开放以来，尤其是20世纪80年代中期以来，民政部根据社会发展的需要，倡导和兴起社工在新的历史时期的恢复和发展，从教育事业到社工岗位开发，以及工作的社会作用的发挥，都逐步前进，不断取得新的重大进展。

以2006年为标志，我国主管部门制定下发了《关于社会工作者职业水平评价暂行规定》，掀起了大规模加强专业化、职业化社工队伍建设和专业社工作用的新的高潮。到前年又由中组部牵头，有关部门参与制定了《关于加强专业社工人才队伍建设的意见》，随后又编制了《社会工作专业人才队伍建设中长期规划（2011—2020年）》。到2012年年底，通过职业水平考试获得职业资格证书的专业社工已经有8万多人。

我们在民政服务领域和一些社区、社会组织，以及相关领域的社会服务中，开发的社会工作岗位已经超过7万个，从事专业社工的人员已经超过30万，但是与国际社会社工发展的比例、社工作用的范围和程度相比，我们还处于起步发展的阶段，差距还比较大。因此，要通过开发社工工作岗位、建立社工薪酬保障制度、建立评价和激励措施来推进专业社工的发展和社会作用的发挥。

刚才这位记者提到了，这项职业现在还没有成为对青年人就业有吸引力和能够稳定就业的岗位。他所谈的情况和观察是属实的，这是因为专业社工的认知度还有待提高，专业岗位的开发和设置有待扩展，专业社工的薪酬和社会保障待遇有待提高，专业社工的发展路径有待规范。因此，我们也将从这几个方面来努力，推进社工更好的发展，社会作用更好的发挥。

（资料来源：http://bj.people.com.cn/n/2013/0313/c349760-18290390.html，有删减。）

思考题

1. 政府为什么要大力支持社会工作行业发展？
2. 社工教育应如何适应社会工作人才发展的需求？

任务二　社会工作行业发展的未来

任务描述

本项任务通过教导学生认识社会工作行业及未来发展趋势，帮助学生了解以下两个问题：

1. 社会工作行业发展的现状。
2. 中国社会工作行业未来发展展望。

导入案例

社会工作行业组织的合肥模式

在第三次全国社会工作协会工作会议暨社会工作行业组织建设与发展论坛上，合肥市社会工作协会获颁"社会工作行业组织建设优胜奖"。这一切源于合肥依托政府资源高速、高效建立起社工协会网络的社会工作行业组织建设模式。

政府重视是前提

合肥社工协会的发展速度令人称奇。之所以取得这样的速度，正如合肥市民政局局长张炜所说：领导重视是前提。这从合肥市社会工作协会的领导名单可以看出：协会会长经批准由合肥市政协主席董昭礼担任，合肥市委组织部、合肥市财政局、市发改委、市民政局等18个部门负责同志为副会长，执行会长为合肥市民政局局长张炜，秘书长由合肥市民政局调研员陶梅婴担任。

出席会议的合肥市市长张庆军说：随着经济的快速发展和社会的加速转型，社会工作和社会行业组织的作用愈加突出，已成为加强和创新社会管理的一个重要抓手，成为推动社会和谐发展的一个重要保障。重视程度可见一斑。

可以说，合肥市各级党委政府、人大、政协，以及各级各单位各部门的领导，都对社会工作和协会工作给予了大力度的支持。2013年，社工协会实施的政府购买居家养老服务项目，覆盖市属4区和3个开发区的70周岁以上低保老人、70岁以上空巢老人（无子女）和90岁以上高龄老人，市区两级财政的投入就达到6000余万元。蜀山区财政也在今年投入1000余万元资金用于发展社会工作。

网络体系全覆盖

各级政府及相关部门的大力投入，使合肥市的社会工作网络迅速形成。

2012年4月17日，合肥市社会工作协会成立。

2012年6月13日，合肥市首家街道级社工协会——蜀山区西园街道社会工作协会成立。

2012年8月31日，合肥市首家区县级社工协会——庐阳区社会工作协会成立。

2013年4月7日，合肥市全市4县4区1市均成立了社会工作协会。

2013年7月，4个主城区街道全部成立社会工作协会。

只用了一年多一点的时间，合肥市就实现了社会工作协会县（市）区和4个城区街道（乡镇）的两个全覆盖，形成了纵向到底、横向到边、上下联动的协会组织网络体系，实现了两个结合。一是将协会工作与18个副会长单位的职能紧密结合，推动协会工作在各部门、各单位、各领域的契入、结合和发展；二是将协会工作与社区服务紧密结合起来，立足社区基层网络，借助社区服务力量和综合服务平台，带动社区志愿者队伍。

建立机制创新发展

在社会工作起步阶段，政府的强力支持是一个较普遍的现象，只是力度有所区别。这与起步阶段社工及社工机构发育不全密不可分。

需要指出的是，截至2013年8月底，安徽省全省获颁社会工作者职业水平证书的有965人（其中颁发社会工作师登记证书285人，助理社会工作师登记证书690人）。

自上而下建立协会后，合肥市各级重点建设了推动行业发展的建设机制：第一，构建社会工作领导管理机制，确保开展社会工作有领导重视、有机构负责、有专人落实；第二，建立社会工作教育培训机制，合肥市社工协会就联合高校和社会培训机构，合力开展教育培训工作，促进教育培训服务系列化，开展了社会工作人才队伍建设试点；第三，形成社会工作人才激励保障机制，建立了社工聘任、评价和薪酬保障制度。包河区重点扶持民办机构，委托合肥市首家无业务主管单位社会组织——合肥市爱邻社会工作服务社具体负责居家养老服务中心的运营管理，免费提供500平方米机构集中办公场所，并通过购买服务方式提供资金及相关支持。

(资料来源：http://gongyi.china.com.cn/2013-09/24/content-6328440.htm，有改动。)

案例思考

1. 社会工作行业组织与政府有何联系？
2. 社会工作行业组织"合肥模式"给社会工作行业发展带来的启示是什么？

知识链接

行业选择是每个大学生毕业后必须做出的一项重要决定。无论是在企业、政府部门从事办公室工作，还是当一名教师、一名医生或一名社会工作者，都应该了解该行业对自己专业知识的要求及该专业的行业资格证，甚至该行业未来发展的趋势。行业的选择还会影响个人生活的其他方面，包括行为方式、价值理论、职业道德、自我满足感及生活质量等。社会工作行业同样如此。但在当下，受薪资低、社会认同度不高等普遍观念的影响，很多学生在毕业时并没有选择从事社会工作行业，造成了非常令人惋惜的人才流失。实际上，社会工作与社会上任何一个职业一样，有自己专业的价值理念和方法，从事社会服务工作，在开展工作的同时领取劳动报酬，甚至比其他职业要创造更多的社会价值和长远意义。因此，理性的认识社会工作，了解当下中国社会工作发展的现状，掌握行业发展的未来方向，对每个社会工作专业的学生来说都是极为重要的事。

一、社会工作行业分类

社会工作行业按社会工作性质，应分属提供服务的经济活动，与其他服务行业如代理行业、旅游行业、租赁行业一样，从事社会服务领域。

（一）按提供服务的主体分类

社会工作行业按提供服务的主体分类可分为专业社工、志愿者、非专业服务提供者。

（1）专业社工。这是指受过专业教育和培训的社会工作者，遵照社会工作的价值理论，采用社会工作专业方法，由社会工作专业组织根据人们需要而提供的有步骤、全面性、以解决社会问题、促进社会公平和社会发展为目的的社会服务工作。专业社工一般都持有社会工作师资格证书，就职于专业的社工机构或其他非社工类社会组织、政府的社工岗位，绝大部分不属于政府官员而是职业的工作者，领取薪水提供专业服务。

（2）志愿者。对于很多从事其他职业的人来说，参与社会工作服务的另一种途径是当志愿者。志愿者参与社会服务主要是出于个人的爱心和服务社会的主观意愿，不以领取劳动报酬为目的，但可享受极少量的志愿者补贴。志愿者的专业性要求一般不高，只要有爱心，经受过一定的志愿者培训都可以做志愿者。但志愿者并不能从严格意义上变成提供社会服务的专业主体，社会组织也不能完全依赖志愿者提供专业服务，必须要有自己的专业

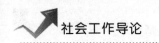

人才，但志愿者在补充社会服务的人力资源方面起到了重要的作用，也利于在社会上形成一种"义工文化"，利于社会的发展进步。

（3）非专业服务提供者。在政府部门和社会组织中，有些职位专门进行福利活动或解决弱势群体的困难，如城市社区工作者、民政部门的社会救济、社会福利工作人员等，他们的工作与社会工作有着紧密的联系，但又不是完全按照社会工作方法开展工作，很多时候要承担行政职能。对于他们的专业性要求较专业社工要低，目前国内很多从事这方面工作的人员都不是社会工作专业出身，也没有受过系统的训练，但一般接受过相关的培训，部分人员也考取了社会工作师资格证，在基层和社会福利部门发挥着重要的作用。他们一般是属于基层政府、街道、社区聘请的社区工作人员，也有少部分是政府官员。

（二）按服务对象分类

社会工作行业服务对象主要是社会弱势群体。弱势群体是指由于成员基本生活需要未能得到满足而形成的社会生活困难者。若以服务对象来分类，则可分为老年社会工作、儿童社会工作、青少年社会工作、妇女社会工作、残障社会工作、司法社会工作、医务社会工作、学校社会工作等多种类别。

（三）按服务方式分类

社会工作行业按服务方式分类可分为直接式（初级）服务或间接式（次级）服务。

直接式（初级）服务，是社会工作者直接面对服务对象或与服务受益人在一些直接的接触中，通过个案工作、小组工作及各种治疗、辅导、咨询等，以达到服务的目的。这种直接式的服务又称微观社会工作。

间接式（次级）服务，是社会工作者不直接面对服务对象，而以间接的方式提供服务以服务的功能，如社会政策、社会行政、社区组织与社区发展等。这种间接式的服务又称宏观社会工作。

（四）按提供服务的机构分类

按提供服务的机构分类主要可分为官办、民办、政府支持的民间机构三类。

1. 官办机构

由政府部门发起或主办，经费由国库或地方财政开支，聘用专业社会工作者开展服务工作，如社会福利院、军休所等。他们一般属于事业单位，财政纳入预算，工作较稳定，但机构总量小，不以服务社会普通弱势群体为主要目标，行政性较强，主要以设立社工岗位为主，不以社会工作为主要服务方法。

2. 民办社会工作服务机构

一般由个人、民间团体独立或联合举办，注册性质为民办非企业单位，以民政局为主管单位。目前在我国，民办社工机构是提供服务的机构主体，就是人们常说的社工机构。社工机构以专业社工为主要工作人员，为社会弱势群体提供专业的服务，资金主要来源于政府购买和募捐。社工机构一般有比较强的专业价值和理念，重视服务的专业性和员工的发展，但目前主要面临的挑战是政府购买服务的资金量较小，项目不持续，自主筹款能力较弱、服务的专业性亟待提升等问题，但随着政策的不断倾斜和社会认知度的提高，这一情况将逐步改善。

3. 政府支持的民间机构

这类机构从性质到运营方法都与民办社工机构很相似，但主要区别在于有政府支持的背景，所以在项目购买、政府支持等方面都享有优势，但主要问题是对政府的依赖性较强，自主造血能力弱，机构运营有一定的行政色彩，一旦政府不再支持，机构将面临重大的生存挑战。

随着国家改革步伐的快速前进，将公共服务适量地交由民间机构来运行似乎已是大势所趋。因此，官办或者有官方背景的机构将会越来越少，民办社工机构将会越来越多，政府应大力鼓励和支持民办社工机构的发展，为社会弱势群体提供更加专业的服务。

（五）其他分类

不同国家、国际组织、地区因社会工作涉及对象、领域、部门、区域不同而采用一种多维的或综合的标准来对社会工作行业涉及的方方面面进行分类。联合国社会发展委员会将社会工作行业从事的工作分为调节社会关系、进行职业介绍和职业辅导、实施社会安全或社会保险、倡导合作事业、进行社会教育、进行公共救助、实行老年救助、推进城乡建设、推进社会运动、从事社会福利行政、社会工作教育等方面的工作。

我国社会工作行业提供服务可分为社会救助、社会保险服务、社区发展和社区建设、社区福利服务、老年人福利服务、儿童福利服务、妇女福利服务、残疾人福利服务、心理卫生服务、就业服务、流动人口福利服务、家庭福利服务、军人军属服务、社会矫正服务，等等。

二、社会工作行业组织

在我国，社会工作行业组织目前主要是以社会工作者协会的形式存在，如中国社会工作协会、上海市社会工作者协会、深圳市社会工作者协会等。社会工作行业组织是社会工作专业人员和机构进行自我管理与服务的平台，是加强社会工作专业人才队伍建设，推动社会工作事业发展的重要力量；同时，社会工作行业组织也是现代行业组织体系的重要组成部分，是加强社会工作行业管理与服务的重要载体。但是，在现阶段，各地的社工协会主要还是由政府牵头发起，并由一些政府官员担任要职，是一种自上而下的推动管理，而社会工作者群体的发声和影响力较小，按照国际经验，社会工作者协会应是社会工作者的联合体，是社工群体利益的代表，诸如工会的职能，但在我国现阶段，这一功能体现得还不是很充分，需要广大社会工作者思考，并不断地为自我充权。

三、社会工作行业发展现状

（一）政策支持力度大，前景看好

自20世纪80年代高校开始恢复社会工作专业以来，我国开始正式进入社会工作行业的恢复和发展期。2006年可视为社会工作行业开始发展的元年。2006年7月20日，人事部、民政部联合颁发《社会工作者职业水平评价暂行规定》和《助理社会工作师、社会工作师职业水平考试实施办法》，这标志着我国社会工作者职业水平评价制度的正式建立。随后，中共十六届六中全会在《中共中央关于构建社会主义和谐社会若干重大问题的决定》中提出了"建设宏大的社会工作人才队伍"的战略部署，这是中国社会工作发展史上的重要转折。2010年，中共中央、国务院发布的《国家中长期人才发展规划纲要（2010—2020年）》将社会工作人才作为国家重点发展的六类人才之一，确立了社会工作人才在国家人才发展大局中的重要地位。2011年10月中央18部委和群团组织发布的《关于加强社会工作专业人才队伍建设的意见》，以及2012年3月中央19部委和群团组织发布的《社会工作专业人才队伍建设中长期规划（2011—2020年）》，是中国专业社会工作发展的纲领性文件，是中国专业社会工作发展史上的里程碑，其发布实施奠定了中国专业社会工作发展的制度基础。

目前，我国综合政策与专项政策相衔接、中央政策与地方政策相配套的专业社会工作政策框架初步形成，各地抓住机会形成了"上海模式""深圳模式""广州模式"等。应该说，这些政策制度从指导思想、目标任务、发展思路、对策措施及操作办法等方面都打上了深重的本土烙印，在世界社会工作发展史上具有独特位置和鲜明特色。通过教育培养和职业水平评价，截至2014年3月，全国社会工作专业人才已有36万人（其中，持证社会工作专业人才12.38万名），已成为中国社会建设的一支重要力量。政策出台如此迅速，推动力度如此之大，让我们对中国社会工作行业未来的发展充满信心。

（二）社工机构快速发展，专业人才供不应求

国家先后出台的《关于民政事业单位岗位设置管理的指导意见》和《关于促进民办社会工作服务机构发展的通知》，把社会工作岗位确定为民政事业单位主体专业技术岗位，将性质不同、种类繁多的民政机构统一为以提供社会工作服务为基本职能的单位；通过降低登记门槛、简化登记程序等方式鼓励和扶持民办社会工作服务机构发展。随着政策的颁布与实施，社工行业也发生了巨大的变化。截止到2016年，全国已开发了18万多个社会工作岗位，为社会工作专业人才发挥作用提供了重要平台。

在社工机构快速增长的同时，行业的专业人才储备量已经明显供不应求。据上海青翼社会工作人才服务中心对中国社工行业人力资源现状的内部调查显示，仅2013年一年，仅深圳市就有约1 000个新增社工岗位，全国的专业社工需求量保守估计约在6 000人，但同年社工专业毕业后从事社工行业的学生数量不超过2 000人（按每年社工毕业

生为2万人左右，从事社工行业的平均数量为10%左右估算）。由此可以看出，社工行业的"人才荒"已经到来，人才的供不应求已经是行业公认的问题。因此，高校应抓紧社工人才的培养，社工学生应认清形势，更多地选择投身社工事业，创造社工行业的未来。

（三）现阶段资源来源渠道窄，供给有限，开发潜力大

一般来说，社工机构的资源来源应包括四个方面，即政府购买、社会（个人）捐赠、基金会/企业赞助、服务性收入。但在目前，我国社会工作服务机构的主要资金来源是政府，如深圳市每年从福利彩票基金和政府财政中拿出部分来支持社工机构发展，开展公益创投购买服务项目，每年每家提供50万元的资金支持开办社区服务中心等。上海市每年也通过公益创投、公益招投标、政府直接购买等方式支持社工机构发展。虽然政府支持力度大，但也造成了资金来源单一的问题。在提供直接服务的实务型社工机构中，基本90%以上的资金是来源于政府购买，而同样能提供资金支持的诸如基金会、企业等资助单位则较少收到社工机构的项目申请，同时服务性收入则几乎为0（美国为51%）。另外，受我国社会实际情况的影响，社会（个人）捐赠尚未形成风气，这一部分的比例也非常小。因此，虽然目前政府的大力支持已经为社工机构的发展提供了重要的条件，但仍有很多资金来源渠道尚待开发和突破，社工机构应不断加强自身的组织发展能力、资源筹措能力，提高自身的专业服务水平和公信力，以此来开拓新的资金来源渠道，实现自身的快速发展。

（四）行业整体的专业性体现不足，亟待加强

我国的社工行业因为起步晚，同时受目前教育水平有限和社会发展环境的影响，使得我国社工行业目前的专业性水平较低，主要表现在以下两个方面。

一是社会工作人才的专业性较低，主要表现为专业服务水平低。很多社工虽然受过系统的社会工作教育，但由于缺乏实践，所以到了岗位上依然是新手，需要从头开始学，在开展工作的过程中也不能很好地体现专业价值、运用专业方法解决问题，自然就影响了社工作为专业工作者的形象，得不到服务对象和出资方的认可。

二是社工机构的专业性体现不足。目前国内很多社工机构的创始人都不是社工专业出身，对于社工的专业理念和方法不很了解，同时由于缺乏社工机构管理经验，使得机构的管理较为不专业，对于一些对社工机构发展而言非常重要的能力缺少关注，如人力资源管理、财务管理、项目管理等，都不能很好地体现社工机构与传统企业的差异，体现社工机构的专业性，这也是值得很多社工机构思考的部分。

四、中国社会工作行业的未来展望

（一）社会工作行业发展的国际经验

社会工作起源于慈善事业和社会救助，在其发展的历程中，社会工作行业组织起到了巨大的推动作用。社会工作行业性组织在为社会工作者提供服务、促进社会工作教育、规

范社会工作行业等方面，发挥着提供服务、反映诉求、规范行为、促进发展的作用。而以社会工作为主要业务范围的民办机构，可以建立一整套社会工作服务、督导、培训、交流的体系，对提高社会工作专业化，增强社会影响，提升服务水平有很大的促进作用。其他民办机构则可以根据其工作需要接纳社会工作人员，运用社会工作的专业理念、技能和方法，提升服务的质量。在美国，美国社会工作者协会（MASW）和美国社会工作教育委员会（CSWE）有力地促进了美国社会工作专业的发展。

无论服务性质如何，社会工作者的工作内容都有相似之处，但是针对不同的弱势群体还有其独特性。例如，老年人服务和儿童服务就不同，青少年服务和医务社会工作也不尽相同等。这就需要社会工作者在不同实务领域在工作实践中运用不同的理论、技术手段和该领域的特殊语言。

据社会工作和社会工作人才队伍建设网介绍，以美国为例，社会工作行业已经从传统的家庭及儿童社会服务、青少年服务、康复服务、老年人服务、社区组织和发展等，拓展到雇员培训、残疾人服务、艾滋病支持服务、酒精及药物滥用社会工作、职业或工业社会工作等领域。可见，社会工作在广泛的领域发挥着解决、预防和发展的功能。另外，在许多社会问题频发的领域，官方机构不便于出面开展直接的服务，而民间机构的社会工作者则没有这样的限制和顾虑，他们能够直接为社会弱势群体、边缘群体甚至问题群体提供专业服务，从而拓展社会工作领域，发挥社会工作功能，及时发现和解决各类社会问题。

近年来，美国社会工作者队伍不断扩大，截至2012年，约有100万多人从事社会工作，约200人中就有一位专业社工。这100万的社会工作者中，除了少数选择从事专业研究、项目策划与管理或者政策发展（间接社会工作）以外，绝大多数社会工作者更愿意选择能和服务对象直接接触的服务领域，也就是直接社会工作。美国的四大社会工作领域中（儿童、家庭和学校社会工作，医疗和公共卫生社会工作，精神健康和药物滥用社会工作，及项目规划和政策发展社会工作），前三类属于直接社会工作，有时候业内人士也称之为微观社会工作。

1. 儿童、家庭和学校社会工作

儿童、家庭和学校社会工作为有需要的儿童、家庭和学校等提供的专业服务和救助，其最高目标是最大限度地发挥儿童及其所在家庭的能动性，确保儿童能够身体、心理、智力全面健康成长。这一领域的最终受助对象就是儿童和家庭成员，家庭和学校是提供服务的平台，所有的服务项目都围绕着儿童及家庭成员成长过程中可能遇到的困难和问题来制定和实施。美国常见的与儿童相关的问题包括单亲家庭儿童、儿童领养、儿童寄养、儿童忽视、儿童虐待、儿童遗弃、少女怀孕、行为偏差、旷课逃学，等等。常见的家庭问题则包括老人照顾、亲子关系、婚姻关系等。要给有问题的儿童提供帮助，必定要牵扯到其生活的环境和照顾其生活的家庭，往往不是简单的经济救助就能解决问题，还涉及其所处的社会支持网络、家长的婚姻状况、住房条件、交通能力，或者其在学校的表现、人际关系等方方面面，这是一个系统工程。因此，这一领域里的社会工作者提供的具体服务十分广泛,如在学校里配合任课教师或班主任来帮助问题儿童;或者自己开办专门的工作坊,有针对性地纠正儿童行为偏差或改善沟通技巧,改善人际关系;在家庭中,社会工作者采用沟通、协调和培训等手段,帮助成年子女寻找照顾父母的最佳方案;由于工作压力太大而引发的家庭问题,也在社会工作者的服务范围之内,解决这类问题的常用方法是专业辅导或治疗。所以,社工业内的儿童福利社会工作者、婚姻家庭辅导员(咨询员)、婚姻家庭治疗师、老年社会工作者、学校社会工作者等,都是这一领域的社会工作专业人士。

2. 医疗和公共卫生社会工作

这类社会工作为那些慢性病患者、急性病患者、绝症患者及其家庭提供社会心理支持的社会工作服务,目的是让他们能够积极地面对病痛及病痛所带来的影响。这一领域里最常见的疾病包括老年痴呆症、各种癌症、艾滋病和各种精神疾病。服务不仅包括给病患及其家属的辅导,还包括病患住院和出院后的各种安排,从饮食安排到治疗器械的到位等。这一领域的社会工作者除掌握社工知识和技巧外,还需要有相关的医学知识。在器官移植或一些老年病的案例中,治疗小组必须包括一名医疗社会工作者,共同参与治疗方案的制订和实施。医疗和公共卫生社会工作者就业的机构通常是医院、专业护理机构(如养老院或老年中心)、个体或家族开办的医疗服务机构和地方政府机构。

3. 精神健康和药物滥用社会工作

安德鲁·理查兹(Andrew Richards)在一个治疗吸毒和酗酒的门诊中心担任社会工作。每周二晚上,安德鲁都会组织一个家庭小组,这些家长的共同点是:都有一个高中年级的、吸毒或酗酒问题的孩子。假设某晚小组要讨论的题目是"同伴影响",帮助孩子如何应对同伴迫使他们使用毒品或酒精的压力。其中一位家长认为要态度坚决地说"不";而另外一个则相信让孩子去接受治疗是解决问题的唯一途径;有的家长倾向于允许孩子犯错误,相信只有孩子自己尝到苦头才会知道好歹。安德鲁知道他在小组里运用的技巧就是尽量让每个家长去分享别人的观点,并且让每个观点都有机会被正反两个方面仔细推敲。最后,每个家长都必须决定自己如何去处理这个问题。

精神健康和药物滥用社会工作的服务对象相对比较清晰,是患有精神疾病和有药物滥用问题的人。药物滥用是一个较为专业和学术的词语,指的是人们平时所说的酗酒、吸烟、吸毒或严重的药物依赖等。社会工作者在这一领域里提供的服务包括:一对一的或小组治疗、外展活动(如宣传、公众教育等)、危机或紧急干预、社会康复、日常生活技能训练等。此外,社会工作者还会参与到受助对象回归社区和社会的规划当中。由于美国鼓励采用社区精神健康中心或类似的更人性、更有利于病患回归社会的机构来服务精神病患者,美国精神健康社会工作者多就业于地方政府开办的社区精神健康中心。而药物滥用的治疗机构形式较为多样,有私人治疗中心,也有地方政府支持的治疗中心或强戒所,这些不同的机构里都有社会工作者从业,被称为临床社会工作者。

4. 其他领域的社会工作者

其他领域的社会工作者主要是间接社工实务工作者,如项目策划者、政策制定者等。

他们的主要任务是通过政策分析、项目策划和规则制定，为直接社会工作开展创造良好的环境。重大社会问题的发现和界定通常都由这些人完成，并根据实际情况提出合理的立法建议或其他解决问题的办法。通常他们还会参与项目或政策资金的募集活动，为项目或政策的可行性创造条件。这些社会工作者多就业于政府机构、社区管理中心和教学、科研机构。

（二）中国社会工作行业的未来展望

我国长期以来实行的计划经济体制，造成了"强政府、小社会"的发展局面，社会工作的成长也烙上了制度的印记。从社会工作行业发展的顶层设计到政策的实施推进，政府都在其中承担了重要角色，但是，社会才是社会工作赖以生存的原始土壤，社会工作行业的发展是推进社会工作融入社会管理服务领域、广泛发挥社会工作作用的根本途径，是社会工作专业化、职业化、社会化、本土化的必由之路。而在这个过程中，政府的职能和角色将逐渐淡化，社会组织和社会工作者的作用将日益显现，我们认为，未来中国的社会工作行业将向以下几个方面发展。

1. 政府与社会组织合作将进一步深化加强，促进政府角色转变

国务院召开的第十三次全国民政会议明确提出要适应政府职能转变的需要，大力培育发展社会组织，推动政府部门向社会组织转移职能，开发更多的公共资源和领域，通过政府购买服务等形式，将政府的事务性管理工作、适合通过市场和社会提供的公共服务，交给社会组织承担。研究制定政府购买社会工作服务的政策是2012年中央人才工作协调小组的工作要点，也是社会工作职能部门民政部的重点工作任务。下一步，重点做好三项工作。一是出台购买政策。鼓励有条件的地区加大政府购买社会工作服务实践探索力度，积极开展政府购买社会工作服务调研，认真总结各地政府购买社会工作服务经验做法，抓紧做好《关于政府购买社会工作服务的指导意见》研究论证与出台工作。二是加强机构培育。继续落实国家关于促进民办社会工作服务机构发展政策，总结推广各地民办社会工作机构孵化基地建设经验做法，进一步完善民办社会工作服务扶持政策，建立政府购买社会工作服务机制，加快培育民办社会工作服务机构，为转变政府职能提供机构支持。三是推进岗位设置。要继续做好公益服务事业单位和社区社会工作专业岗位设置工作，推动有条件的地方率先健全完善在城乡社区开发设置社会工作专业岗位政策，为出台全国社区社会工作专业岗位设置政策奠定基础。由此可以看出，政府将更多的公共服务职能转交给社会组织已是大势所趋，社工机构在未来将承担更多的主体功能，发挥作用。

2. 社会工作的本土化将得以完成

中国的社会工作，并不是西方国家社会工作特征的简单复制，而是一个由众多力量交互作用的社会建构过程。西方社会工作是在助人实践中逐渐发展起来的。与自下而上、先社会后政府的社会合作发展路径相适应，西方社会工作走的是一条"助人实践—专业教育—职业服务"的道路。中国的社会工作是外部输入的，从历史与现实角度看，中国社会

工作的本土化进程是在教育为先的专业化和实践为用的职业化基础上推进的，并以政策的保障和强势推进为依靠，这是中国社会工作本土化的现实特点，也反映了中国社会工作制度建设的基本成效。虽然中国社会工作的本土化建设时间不长，但方向已定，随着政策的大力推进、社工机构的快速发展，社会工作的专业化、职业化探索将日益清晰，并形成符合中国本土特征的社会工作。

3. 民办社工机构的力量将得到长足发展

随着政府职能的转变，社工机构承担社会工作服务的重要角色将日渐显现。无论是开展直接服务的实务型社工机构，还是开展平台服务的支持性社工机构，抑或是开展专业支持服务的评估性社工机构，随着社会的发展，社工从业人员的增加，社会对社工认同度的提升，社工机构将迎来一个广阔的发展空间，无论是从数量上还是质量上，都会有很大的突破。服务领域分工细化，协同合作能力增加，资源整合能力提升，专业水平得到发展，这都将是社工机构未来的发展方向。

4. 重视社工专业人才的培养，社工人才的作用将得以体现

2010 年 6 月 6 日，《国家中长期人才发展规划纲要（2010—2020 年）》经中共中央、国务院批准，将社会工作人才队伍列入国家重点发展的六大人才队伍之一，制定了社会工作人才队伍的发展目标及主要措施：发展目标为适应构建社会主义和谐社会的需要，以人才培养和岗位开发为基础，以中高级社会工作人才为重点，培养造就一支职业化、专业化的社会工作人才队伍。到 2020 年，社会工作人才总量达到 300 万人。主要举措中则提出要建立不同学历层次教育协调配套、专业培训和知识普及有机结合的社会工作人才培养体系，加强社会工作学科专业体系建设，建设一批社会工作培训基地等。国家对社会工作人才队伍建设的突出强调和重视为中国社会工作行业的发展提供了新的契机，为社会工作专业毕业生提供了就业平台。新世纪的中国社会工作行业发展将抓住前所未有的机遇，在应对发展进程中面临的各种问题、挑战的基础上，实现跨越式发展。可以预见，在未来中国必将形成全球最大的社会工作人才队伍体系。

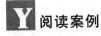
阅读案例

中国社会工作发展报告（2015）节选

2015 年，社会工作各界同仁深入贯彻党的十八大会议精神，围绕社会工作发展需要，在社会工作事业发展顶层设计、社会工作人才队伍建设、社会工作专业服务等多方面全力推进工作开展，取得了骄人的成绩，为促进社会和经济协调发展做出了积极贡献。

一、社会工作事业发展顶层设计

1. 社会工作首次纳入政府工作报告

2015 年 3 月 5 日，国务院总理李克强在政府工作报告中指出要"支持群团组织依法参

与社会治理，发展专业社会工作，志愿服务和慈善事业"，这是继2006年党的十六届六中全会提出"建设一支宏大的社会工作人才队伍"这一战略部署后，在社会工作发展史上又一个具有里程碑意义的大事。

2. 社会工作再次纳入国家法律

2015年12月27日，第十二届全国人大常委会第十八次会议通过了《中华人民共和国反家庭暴力法》，对社会工作服务机构开展心理健康咨询、家庭关系咨询、家庭暴力预防知识教育做出了明确规定，强调各级人民政府应当支持社会工作服务机构开展反家庭暴力服务。这是继2014年《社会救助暂行办法》之后，社会工作被再次纳入国家层面的法律。

3. 各部委政策保障联合推进

2015年1月1日，财政部、工商总局印发的《政府购买服务管理办法（暂行）》开始实施，该办法明确规定社会工作服务应当纳入政府购买服务指导性目录。

2015年5月4日，民政部、财政部联合发布《关于加快推进社会救助领域社会工作发展的意见》，对社会救助社会工作开展做了全面规定。

2015年6月，国家卫生计生委、民政部等10部门出台《全国精神卫生工作规划（2015—2020年）》，要求加强精神卫生社会工作专业人才培养使用，这是该领域首次提出推进精神卫生社会工作政策的要求。

2015年12月15日，国家禁毒办、公安部、民政部等11部门联合颁布《全国社区戒毒社区康复工作规划（2016—2020年）》，明确提出要加快建立禁毒社会工作专业人才队伍，明确"到2019年底进度解读社会工作者占社区戒毒社区康复专职工作人员比例达到30%以上"。

二、社会工作专业服务机构发展现状

1. 中国社会工作协会升级，社会工作行业组织蓬勃发展

2015年3月18日，中国社会工作协会正式更名为中国社会工作联合会。更名后的中国社会工作联合会成为同性质、同类别社会组织的中枢组织和联合平台。

2015年5月22日，中国社会工作学会在北京正式成立，成为社会工作领域首个国家一级学术团体。

2. 社会工作平台进一步加强，社会工作行政管理机构不断健全

北京、天津、辽宁、黑龙江、上海、浙江、安徽、广东、重庆、宁夏、新疆、大连、青岛、深圳等14个省（区、市）和计划单列市民政部门分设了社会工作处（办公室），上海、新疆、贵州、内蒙古等省（区、市）设立了社会工作事业单位。北京、重庆、黑龙江、宁夏、辽宁等省（自治区、直辖市）民政厅（局）单独设置了社会工作处。

截至2015年底，各地在事业单位、城乡社区开发设置社会工作专业岗位181273个，比2014年增长59.1%。其中，北京、辽宁、上海、江苏、山东、广东等地专业社工岗位数量超过1万个。

三、社会工作专业领域实务推进深度

1. 创新示范项目，预防青少年犯罪

依据《关于加强青少年事务社会工作专业人才队伍建设意见》，团中央联合民政部联合开展了青少年社会工作服务项目示范活动，确定了101个全国首批青少年事务社会工作示范项目。

2. 参与救援行动，合力搭建协作平台

重庆、上海、深圳、北京、广东、四川等地相继成立灾害社会工作服务队，根据灾情需要，及时为受灾人员提供生活救助、心理疏导、情绪抚慰、关系重建等服务。在天津港爆炸事件中，天津市以各级行政区域或教育、医疗等专门领域的社会工作行业组织和社工机构为平台，建立了社工统一协调小组，开展救援。

3. 加强组织建设，降低服刑期人员的再犯罪率

通过政府购买社区矫正社会工作岗位、培育扶持能够承接矫正服务的社会组织和社会工作服务机构、组建社区矫正社会工作者队伍，确保社区服刑人员在矫正期间再犯罪率一直保持在0.2%左右的较低水平。

4. 协调整合资源，探索禁毒社工工作模式

党中央、国务院下发《关于加强禁毒工作的意见》后，我国不少地区尝试运用社会工作手法介入禁毒戒毒工作。第二届中国社会工作珠江论坛就我国禁毒形式、禁毒戒毒社会工作政策、理论、方法、实务、组织发展、人才培养等方面进行了深入讨论。

5. 深化医疗改革，促进医务社会工作迈上新台阶

《中共中央国务院关于深化医疗卫生体制改革的意见》中首次提出，"完善医疗执业保险，开展医务社会工作，完善医疗纠纷处理机制，增进医患沟通"。截至2015年11月底，全国有13 632家医疗机构开展了社工服务，有19 195家医疗机构开展志愿者服务。

（资料来源：2016年3月8日《公益时报》，第10版，有删减。）

S 思考题

1. 中国社会工作行业发展有没有统一模式，为什么？
2. 中国社会工作本土化过程中最大的困难是什么？

参考文献

[1] O. 威廉·法利,拉里·L. 史密斯,斯科特·W. 博伊尔. 社会工作概论 [M]. 隋玉杰,等译. 11版. 北京:中国人民大学出版社,2010.

[2] 马尔科姆·派恩. 现代社会工作理论 [M]. 何雪松,译. 上海:华东理工大学出版社,2005.

[3] 宝拉·艾伦-米尔斯. 儿童青少年社会工作 [M]. 范志海,李建英,译. 上海:华东理工大学出版社,2006.

[4] 王冠. 女权主义在社会工作机构的实现研究 [J]. 中华女子学院学报,2011,23(6):44—48.

[5] 陆士桢,王玥. 青少年社会工作 [M]. 北京:社会科学文献出版社,2005.

[6] 章友德. 青少年社会工作 [M]. 天津:天津大学出版社,2010.

[7] 陆士桢,李江英,洪江荣. 中国青少年社会工作实务案例精选 [M]. 上海:华东理工大学出版社,2010.

[8] 王思斌. 社会工作导论 [M]. 北京:高等教育出版社,2004.

[9] 费梅苹,韩晓燕. 青少年社会工作案例评析 [M]. 上海:华东理工大学出版社,2010.

[10] 全国社会工作者职业水平考试教材编写组. 社会工作实务(中级) [M]. 北京:中国社会出版社,2012.

[11] 范明林. 社会工作理论与实务 [M]. 上海:上海大学出版社,2007.

[12] 徐美燕,董海宁. 社会工作实务 [M]. 杭州:浙江大学出版社,2012.

[13] 库少雄. 社会工作实务 [M]. 北京:社会科学文献出版社,2002.

[14] 聂鹏,贾维周. 社会工作方法 [M]. 北京:中国轻工业出版社,2005.

[15] 周沛. 社区社会工作 [M]. 北京:社会科学文献出版社,2002.

[16] 芮洋. 社会工作方法 [M]. 北京:机械工业出版社,2011.

[17] 范克新,肖萍. 团体社会工作 [M]. 北京:社会科学文献出版社,2008.

[18] 田淑梅,刘波平,赵继颖. 团体社会工作 [M]. 哈尔滨:东北林业大学出版社,2006.

[19] 赵芳. 团体社会工作——理论·实务 [M]. 北京:知识产权出版社,2005.

[20] 黄耀明. 小组工作方法在大学生成长中的实践分析——以漳州师范学院人际交往训练小组为个案 [J]. 闽南师范大学学报(哲学社会科学版),2005,19(2):

118—121.

[21] 林万亿. 团体工作 [M]. 台北：三民书局, 1985.

[22] 黄丽华. 团体社会工作 [M]. 上海：华东理工大学出版社, 2003.

[23] 顾东辉. 社会工作概论 [M]. 上海：上海译文出版社, 2005.

[24] 吴华, 张韧韧. 老年社会工作 [M]. 北京：北京大学出版社, 2011.

[25] 周沛, 曲绍旭, 张春娟, 等. 残疾人社会工作 [M]. 北京：社会科学文献出版社, 2012.

[26] 张文霞, 朱冬亮. 家庭社会工作 [M]. 北京：社会科学文献出版社, 2005.

[27] 王思斌, 李洪涛. 社会工作专题讲座 第十四讲 家庭社会工作 [J]. 社会工作上半月（实务）, 2010(3)：20—24.

[28] 关信平. 社会工作介入农民工服务：需要、内容及主要领域 [J]. 学习与实践, 2010(4)：91—99.

[29] 郭蓉. 职业生涯规划 [M]. 北京：国家行政学院出版社, 2009.

[30] 周沛. 一项急需而有价值的社会工作介入手法——论企业社会工作 [J]. 社会科学研究, 2005(4)：107—113.

[31] 管亚东, 王冠. 企业社工：离开襁褓开始蹒跚学步 [N]. 深圳商报, 2011-07-25 (A14).

[32] 王红艺. 企业社会工作介入农民工服务探析 [J]. 青海社会科学, 2012(1)：125—129.

[33] 周沛. 企业社会工作 [M]. 上海：复旦大学出版社, 2010.

[34] 肖慧欣, 黄子杰, 李跃平. 浅论医务社工在医师社会支持系统中的角色 [J]. 中国医学伦理学, 2009, 22(2)：144—145.

[35] 刘继同. 医务社会工作导论 [M]. 北京：高等教育出版社, 2008.

[36] 刘梦. 小组工作 [M]. 北京：高等教育出版社, 2003.

[37] 张河川, 姜缙. 医务社会工作在医疗服务中的运用——以肾透析病人为例 [J]. 社会工作下半月（理论）, 2008(6)：37—39.

[38] 张昱. 矫正社会工作 [M]. 北京：高等教育出版社, 2008.

[39] 李迎生, 韩文瑞, 黄建忠. 中国社会工作教育的发展 [J]. 社会科学, 2011(5)：82—90.

[40] 柳拯, 黄胜伟, 刘东升. 中国社会工作本土化发展现状与前景 [J]. 社会工作与管理, 2012, 12(4)：5—16.

[41] 王思斌. 体制转变中社会工作的职业化进程 [J]. 北京科技大学学报（社会科学版）, 2006, 22(1)：1—5.

[42] 莫拉莱斯, 谢弗. 社会工作：一体多面的专业 [M]. 顾东辉, 等译. 上海：上海社会科学院出版社, 2009.